現代の黙示録 II

ガブリエルの怒り

空不動

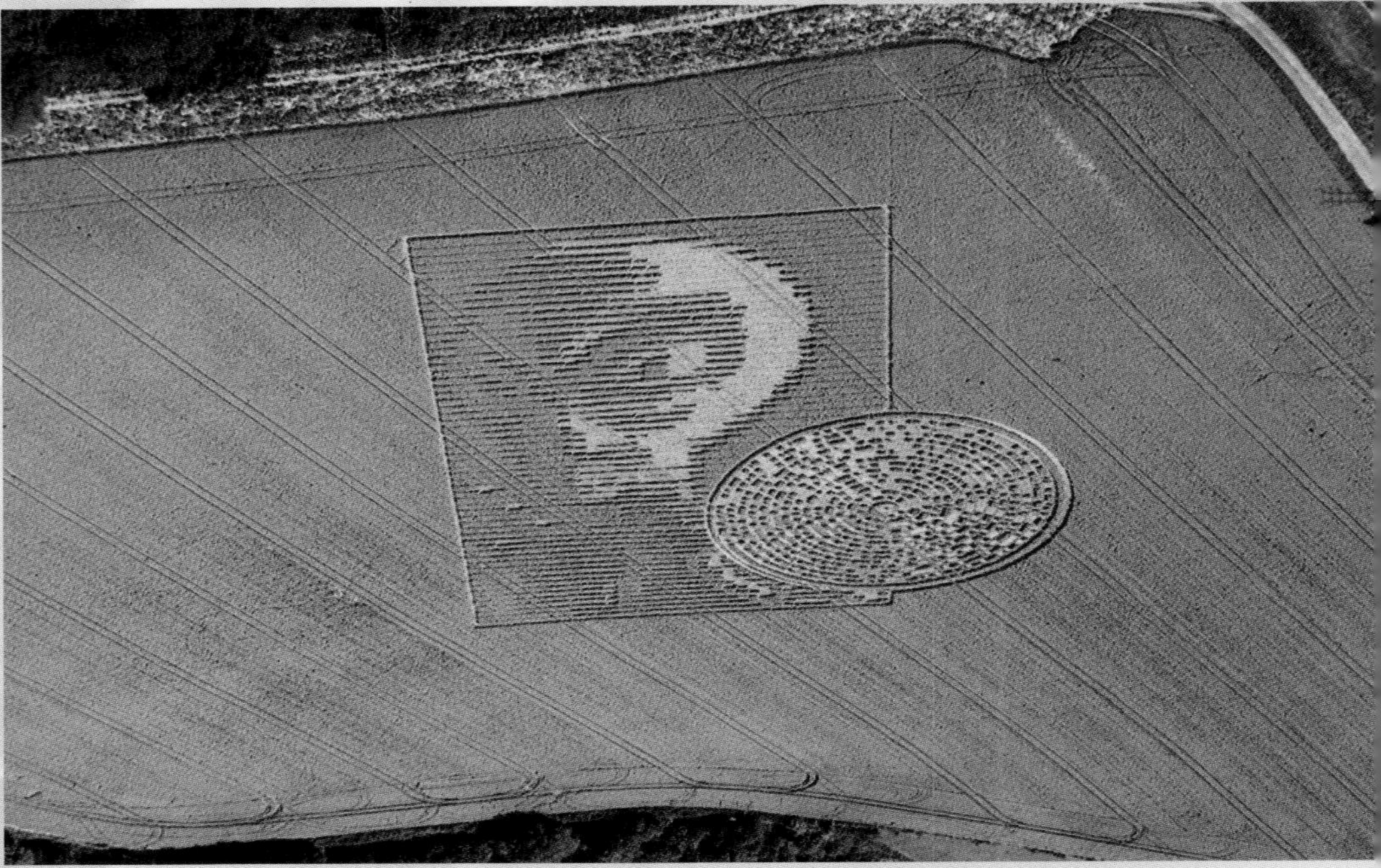

©Lucy Pringle

宇宙人グレイと円盤

2002年8月15日
イギリス・ウィンチェスターに
突如出現したミステリーサークル

ここには宇宙人グレイの肖像とバイナリーコードの暗号が刻まれた円盤が記されていた。

これが本書と深く係わってくることになる。

巻頭図 1

暗号を読み解くとそこには
宇宙人グレイから伝えられた
「地球人への警告」が記されていた

←警告メッセージの内容は次ページ

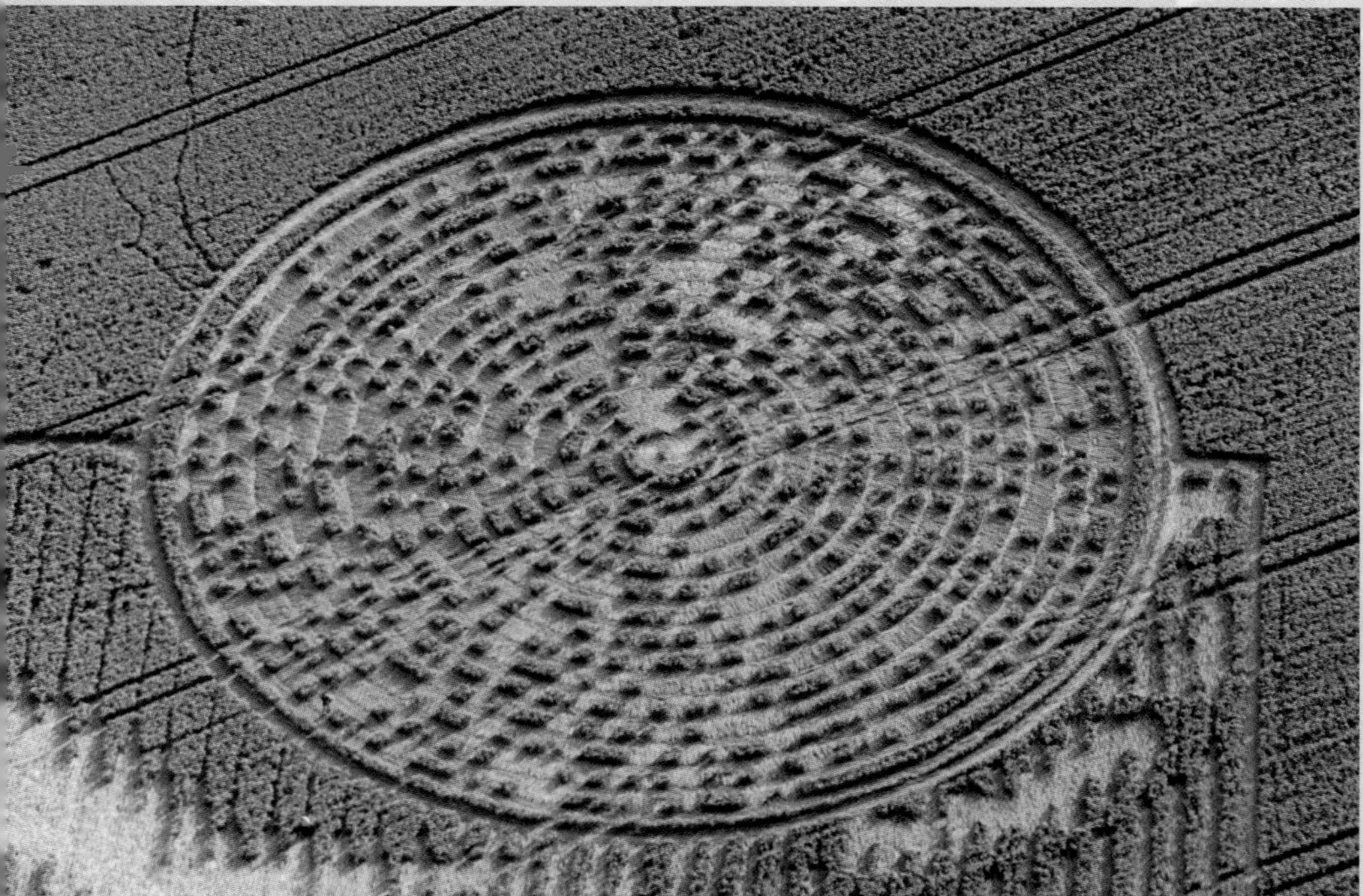

©Lucy Pringle

巻頭図２

グレイからの警告

【バイナリーコードの解読結果】

Beware the bearers of FALSE gifts
& their BROKEN PROMISES.
Much PAIN but still time.
BELIEVE, There is GOOD out there.
We OPpose DECEPTION.
Conduit CLOSING.

【直訳例】

「偽りの贈り物と、破られた約束の担い手
と、それらの結託した勢力に警戒せよ。
多くの苦痛がありますが、しかしまだ時間があります。
その後に良いことがあります。
私達は、欺瞞と対立して対抗しています。
連絡通路は暫く閉ざされます。」

宇宙と意識の概念図

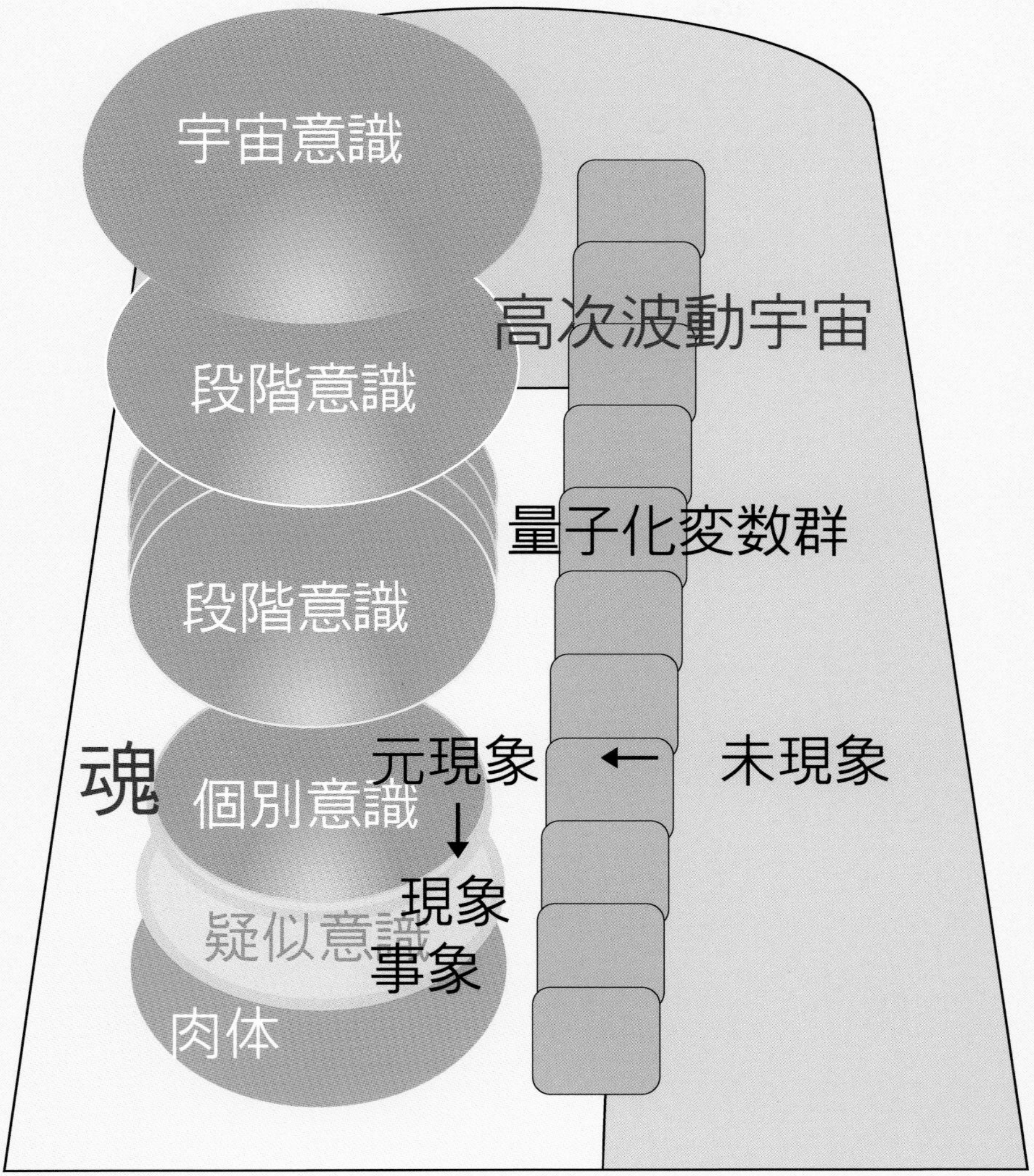

『宇宙と意識』より引用

『実在』としての宇宙意識
「非実在」としての疑似意識
過去の蓄積としての潜在意識ベクトル

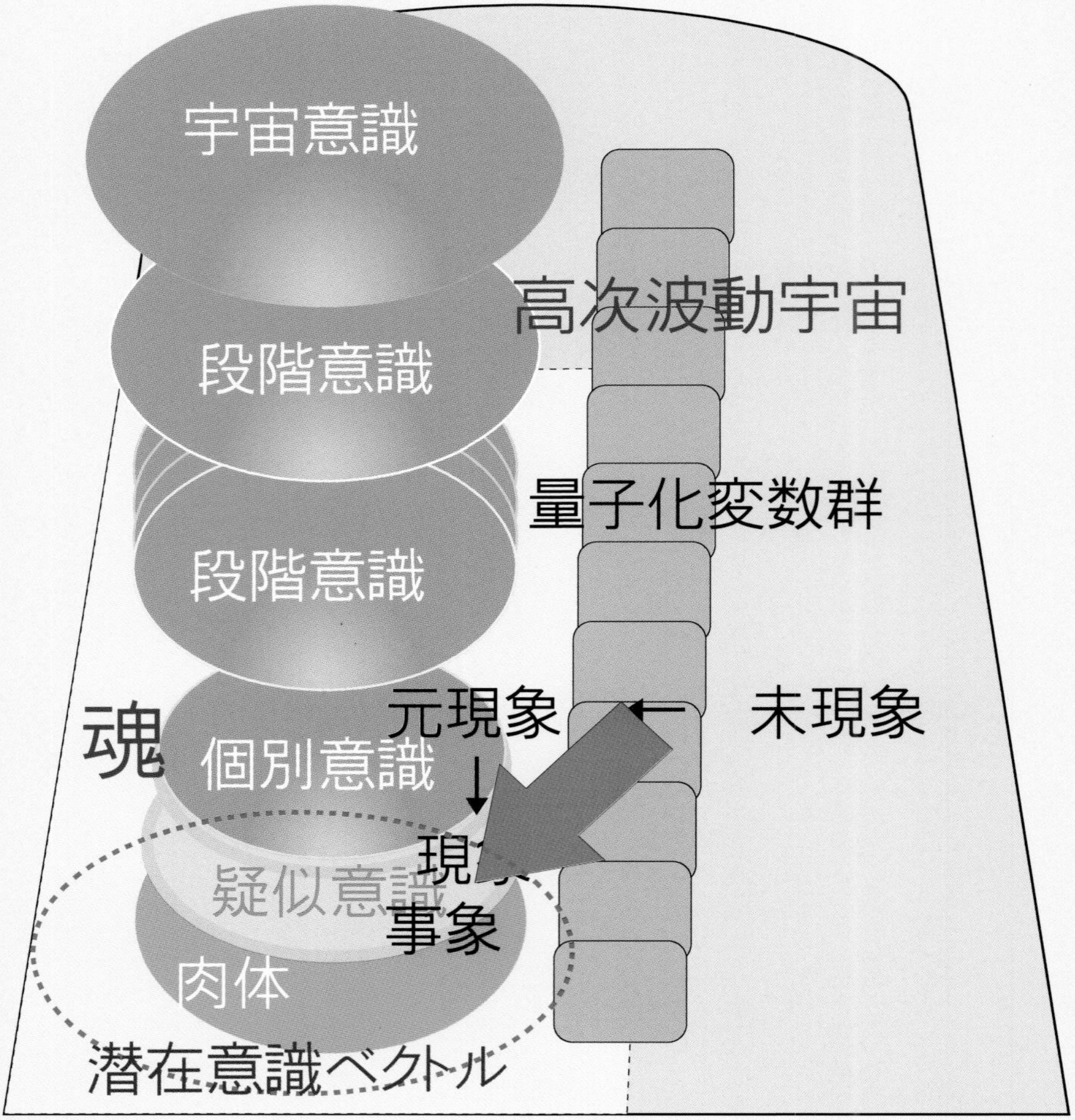

『宇宙と意識』より引用

般若心経による宇宙像との対応

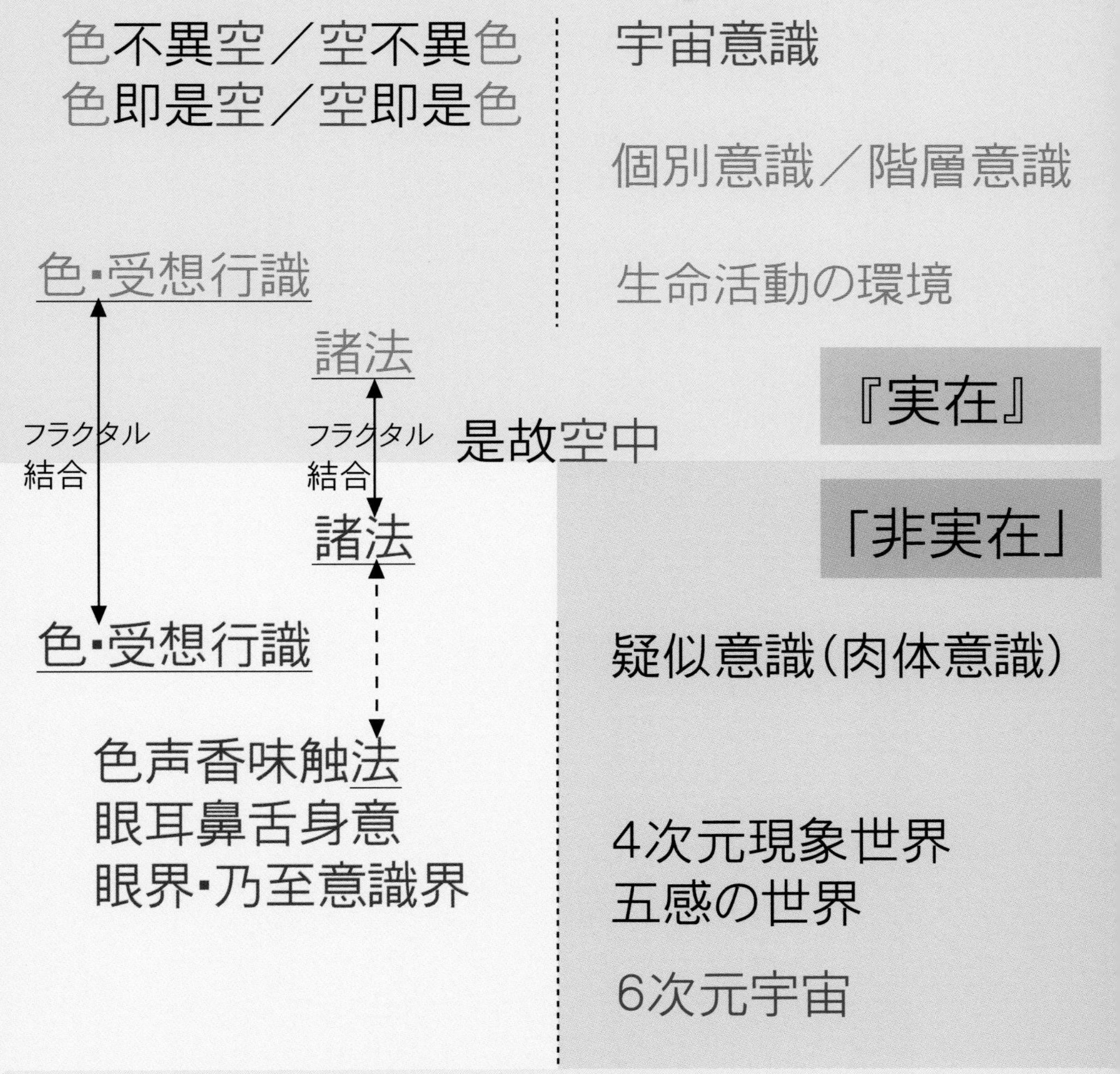

フラクタル結合
般若波羅蜜多　⇒　フラクタル共鳴

巻頭図6

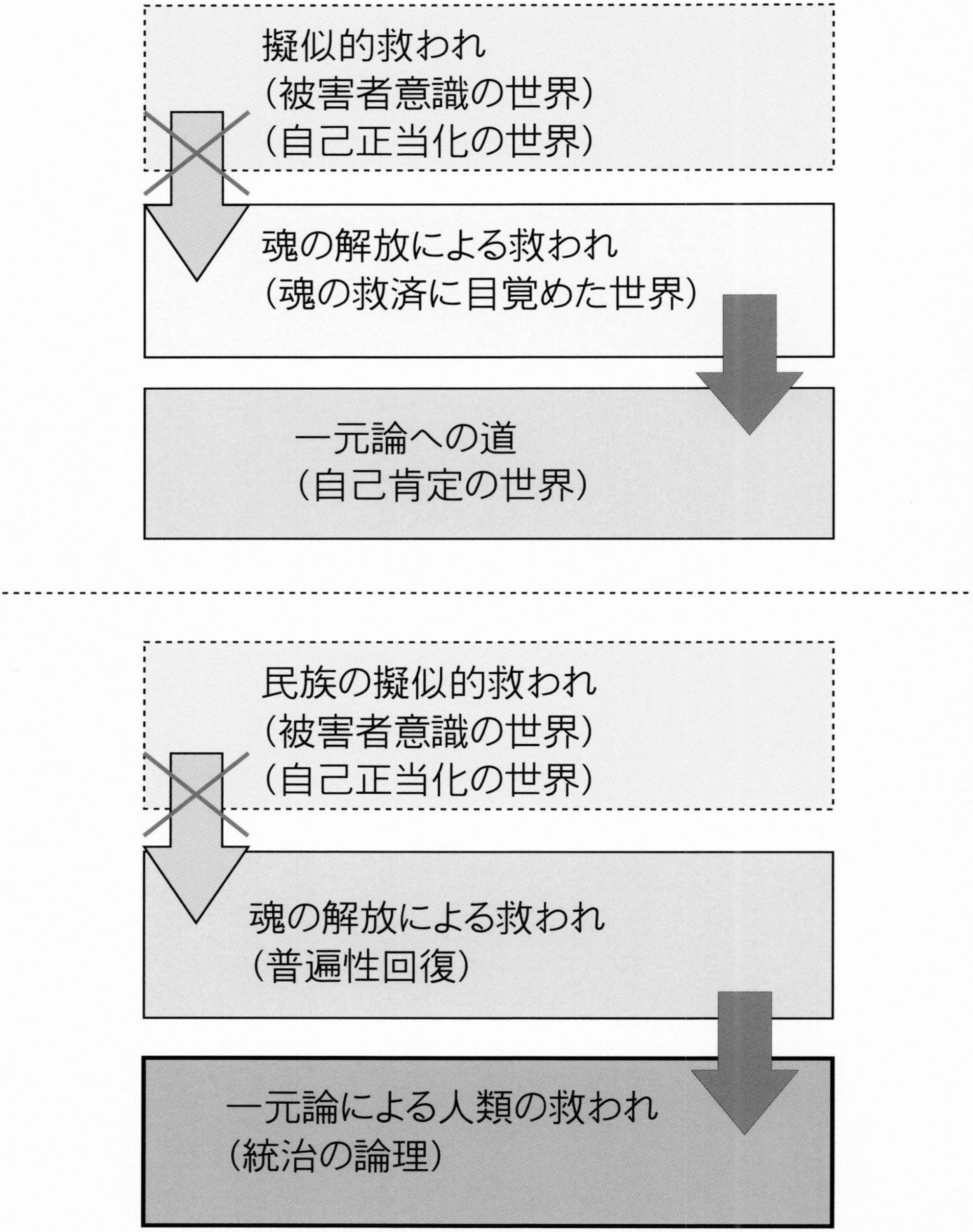
擬似的救われ
(被害者意識の世界)
(自己正当化の世界)
魂の解放による救われ
(魂の救済に目覚めた世界)
一元論への道
(自己肯定の世界)
民族の擬似的救われ
(被害者意識の世界)
(自己正当化の世界)
魂の解放による救われ
(普遍性回復)
一元論による人類の救われ
(統治の論理)

巻頭図 7

世界の潮流

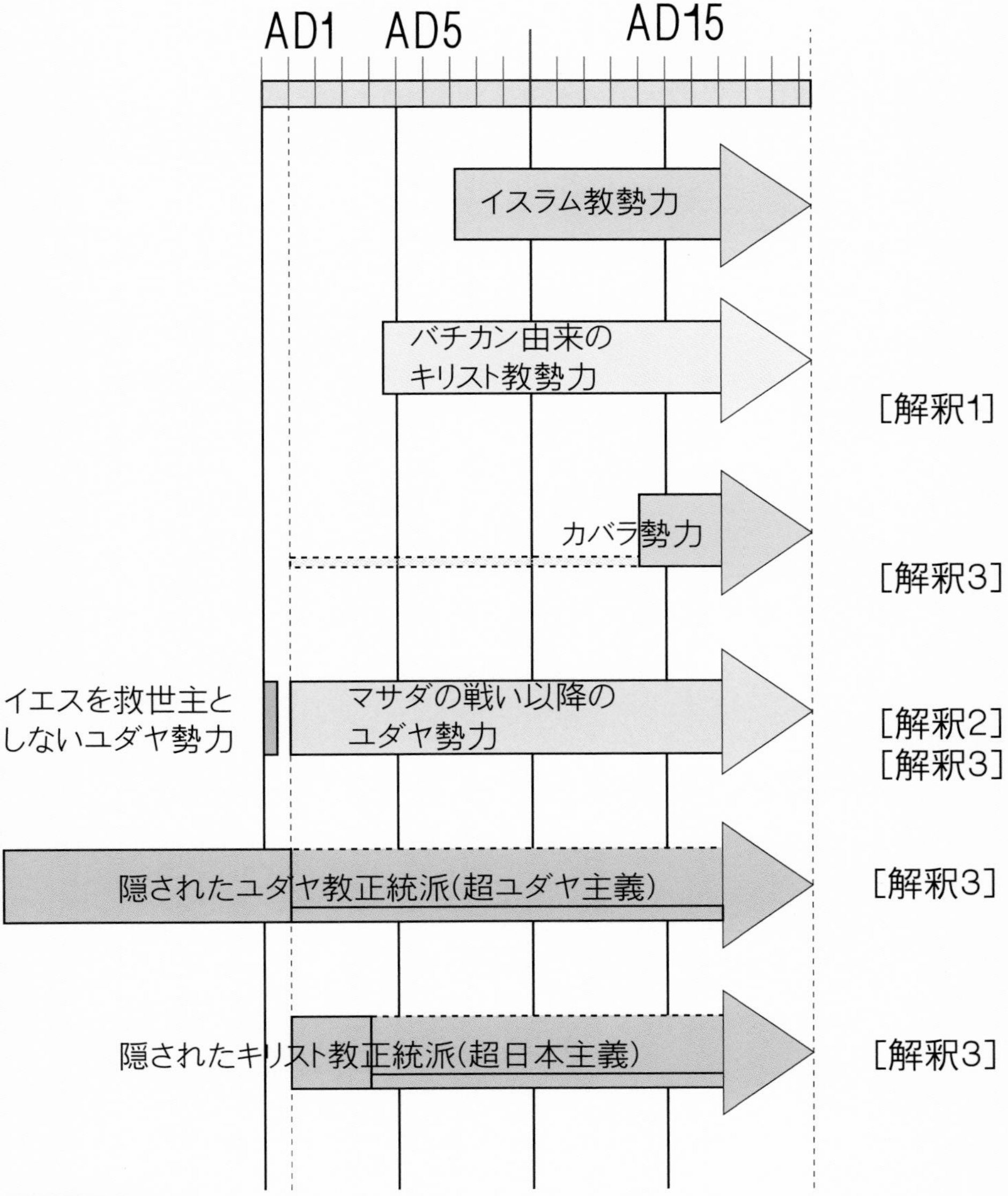
AD1
AD5
AD15
イスラム教勢力
バチカン由来の
キリスト教勢力
[解釈1]
カバラ勢力
[解釈3]
イエスを救世主と
しないユダヤ勢力
マサダの戦い以降の
ユダヤ勢力
[解釈2]
[解釈3]
隠されたユダヤ教正統派(超ユダヤ主義)
[解釈3]
隠されたキリスト教正統派(超日本主義)
[解釈3]

巻頭図 8

ユダヤの歴史（ガブリエルによる）

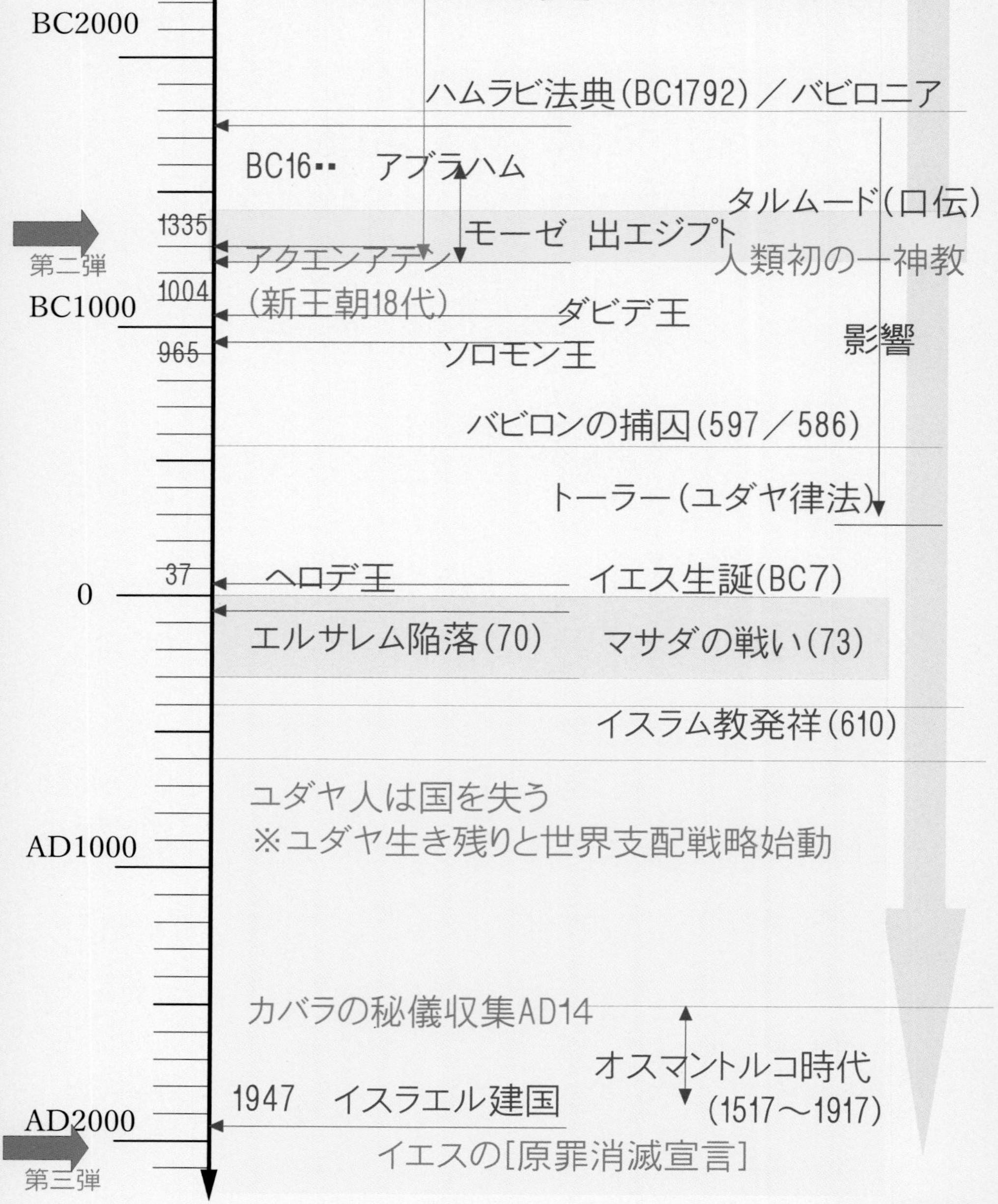
BC2000
ハムラビ法典（BC1792）／バビロニア
BC16‥ アブラハム
タルムード（口伝）
1335
モーゼ 出エジプト
第二弾
アクエンアテン
（新王朝18代）
人類初の一神教
1004
BC1000
ダビデ王
965
ソロモン王
影響
バビロンの捕囚（597／586）
トーラー（ユダヤ律法）
37
ヘロデ王
イエス生誕（BC7）
0
エルサレム陥落（70）
マサダの戦い（73）
イスラム教発祥（610）
ユダヤ人は国を失う
※ユダヤ生き残りと世界支配戦略始動
AD1000
カバラの秘儀収集AD14
オスマントルコ時代
（1517～1917）
1947 イスラエル建国
AD2000
イエスの［原罪消滅宣言］
第三弾

巻頭図９

単純な二分割の構図は間違い

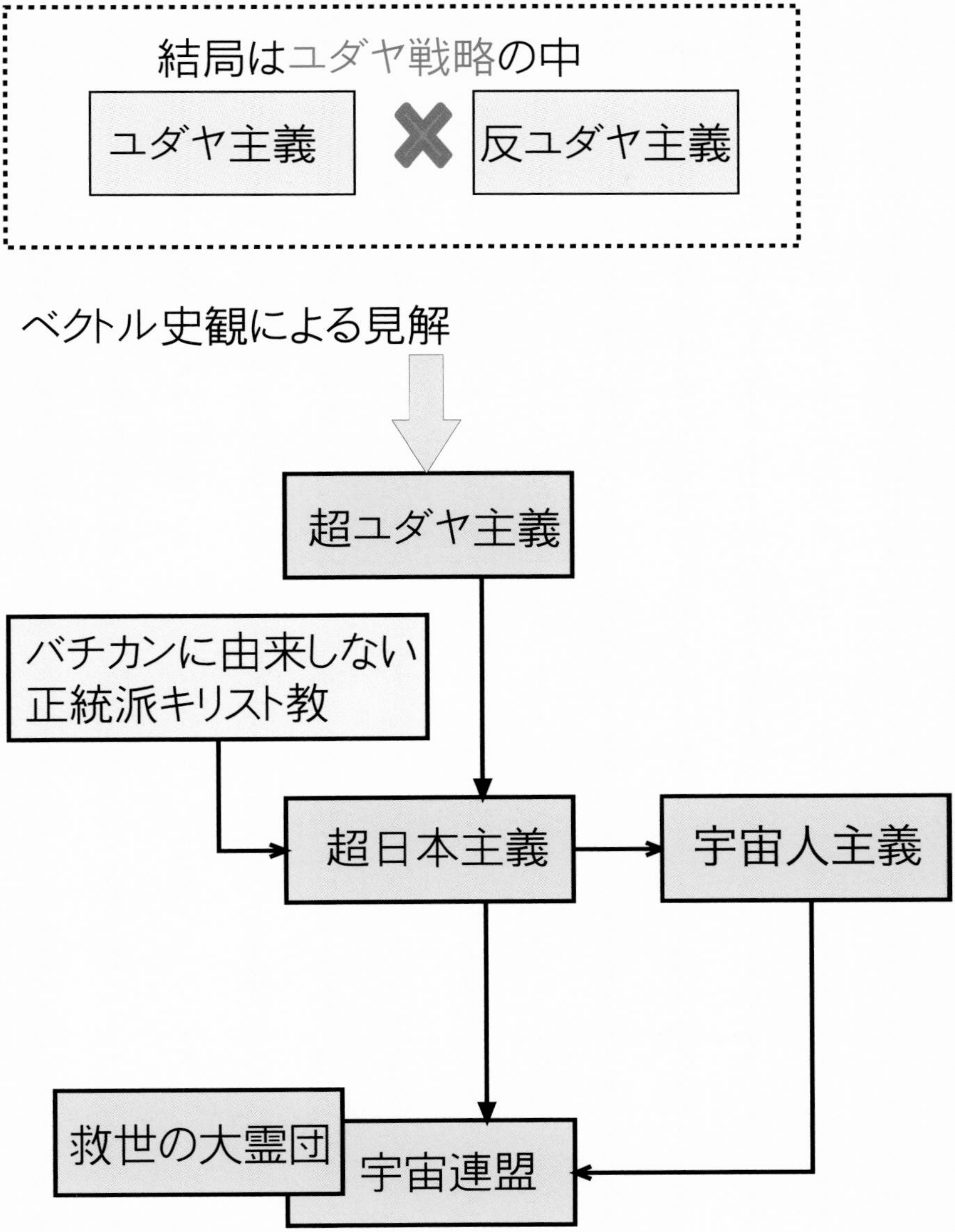

巻頭図 10

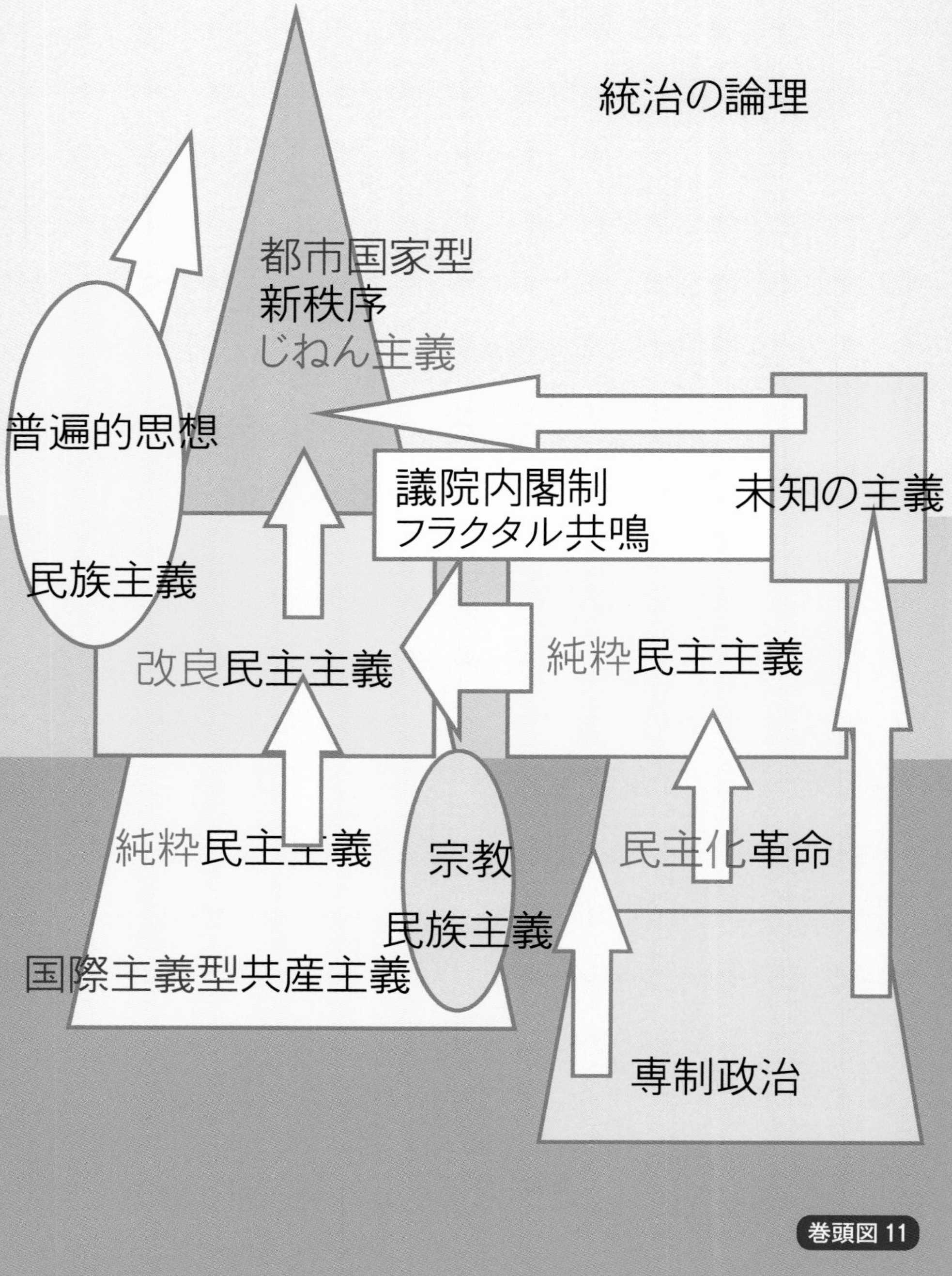
統治の論理
都市国家型
新秩序
じねん主義
普遍的思想
議院内閣制
フラクタル共鳴
未知の主義
民族主義
改良民主主義
純粋民主主義
純粋民主主義
宗教
民主化革命
民族主義
国際主義型共産主義
専制政治

巻頭図 11

統合時間平面(u,p)

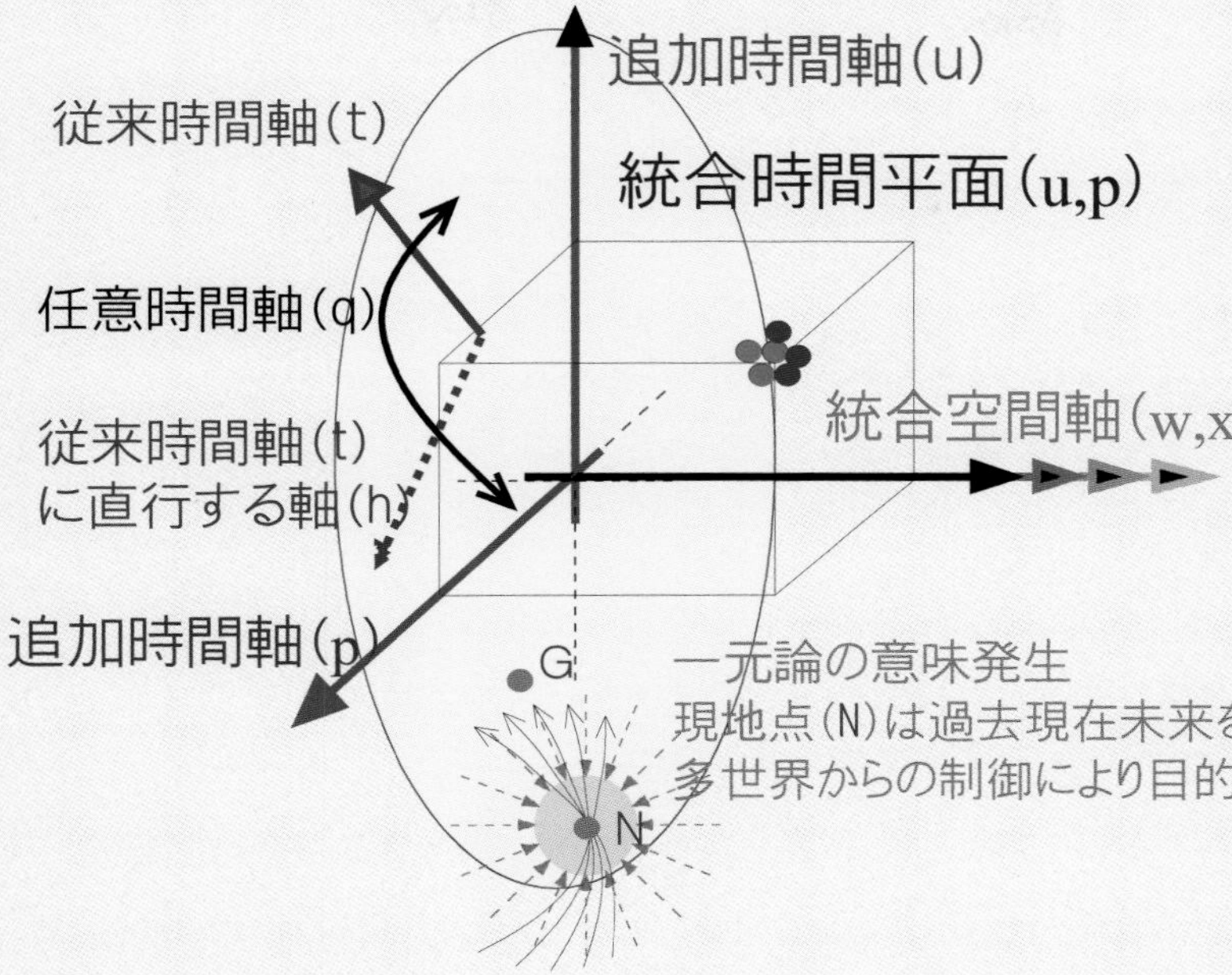

追加空間軸(w)＋従来空間軸(x, y, z)を合わせた統合空間軸(w,x,y,z)を定義する。

統合空間軸(w,x,y,z)に直交する統合時間平面(u, p)を構成する二軸は互いに直交している2軸である。
任意時間軸(q)がこの面内の曲線として自由な方向を取り得る。

我々の世界では従来時間軸(t)とそれに直行する時間軸を(h)を定義する。
原点が(0,0)でないのは、(q)及び(t)の始まりが任意であるからである。

『宇宙と意識』より引用

巻頭図 12

6次元世界で考える一元論

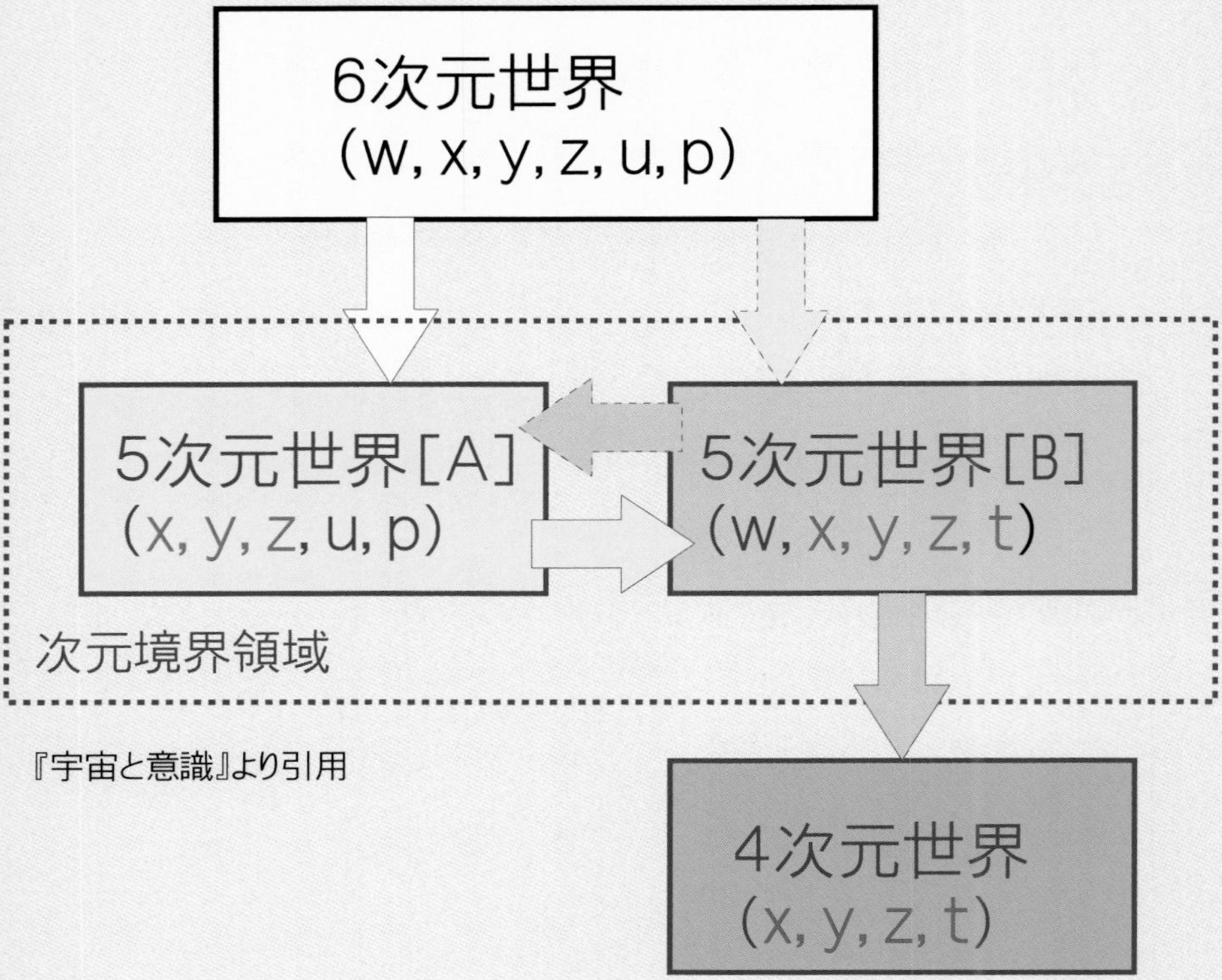

『宇宙と意識』より引用

4次元世界の時間は過去→現在→未来と一方的に流れる。

しかし、我々の住む世界は正確には6次元世界の一部であるから、6次元世界に戻って考えなければならない。

6次元世界で考えれば、我々は常に過去からだけではなく、未来から影響を受けている。つまり、複数ある未来の一つを選択することができる。未来に合わせて生きることができる。

即ち一元論では未来という結果から現在を解釈することができる。

般若心経との対応

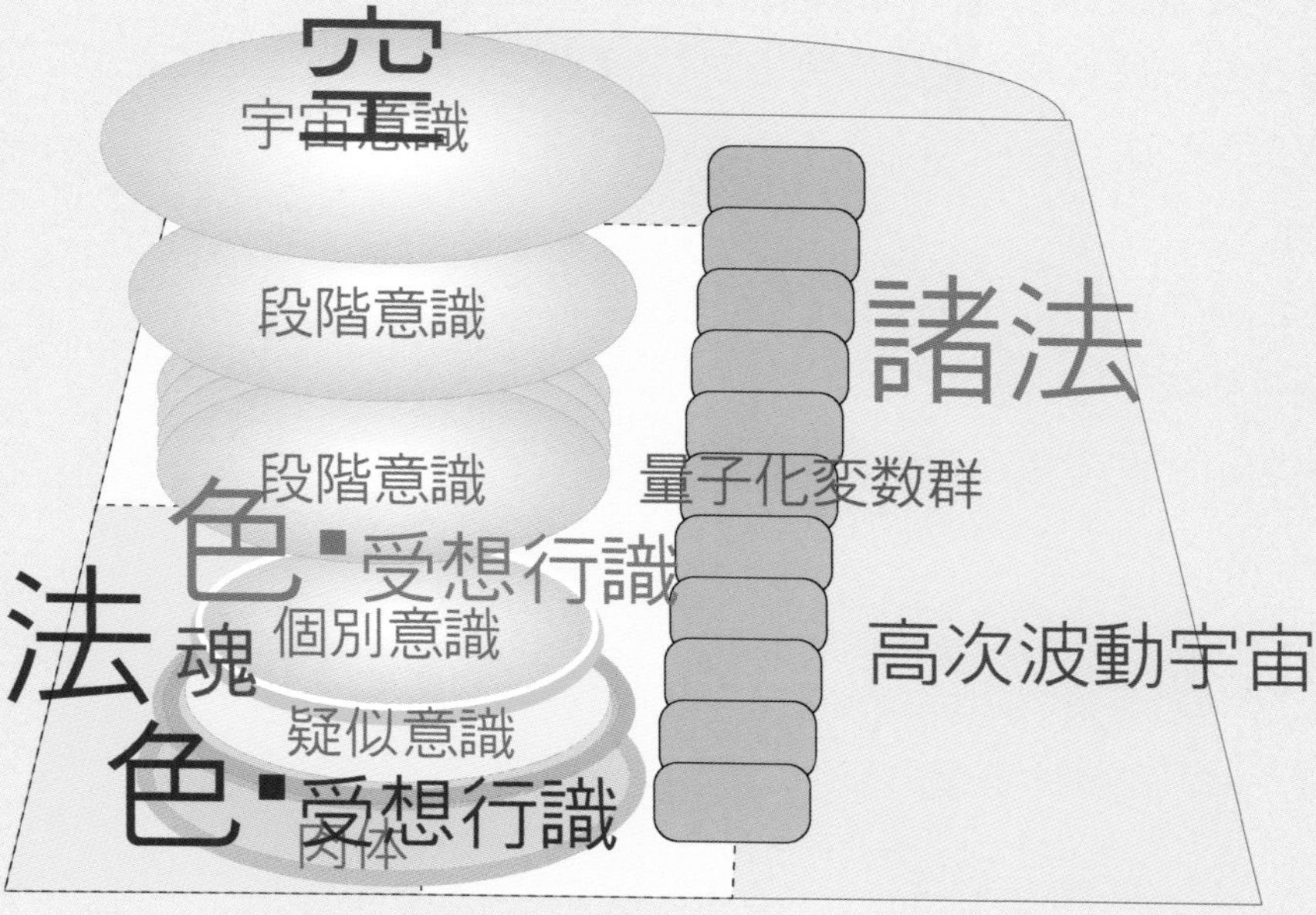

実在としての対応
空は宇宙意識に、魂は色に、個別意識は受想行識に対応し、諸法は高次波動宇宙に対応する。
般若波羅波羅蜜多はフラクタル共鳴に対応する。

非実在としての対応
色は肉体に、受想行識は疑似意識に、法は多世界宇宙から切り出した我々の4次元世界に対応する。

『宇宙と意識』より引用

巻頭図 14

あらすじ

古代に神と呼ばれた地球外知的生命体はシュメールで
人類を改良し、その記録が旧約聖書に記録された。
神はモーゼと契約をし、預言に従ってユダヤの救世主として
イエスを送った。

ところがユダヤ人はイエスを磔刑にしたことで神との契約を
自ら破棄してしまった。その結果ユダヤ人はエルサレムを
失いマサダの戦いで全滅し、世界に散った。

一方イエスの教えはユダヤ人限定であり原罪に縛られる
ユダヤ人を救うことであった。バチカンは原始キリスト教を
改竄し、ローマ帝国の統治の理論として新約聖書を編纂した。

これが地球を更に混乱させた。ユダヤはバチカン勢力と
結託し「人造の神」を作り、世界支配の計画を進めている。
このユダヤの暴挙を止めなければ、この地球は破滅してしまう。

グレイはバチカン勢力の欺瞞と戦い、ガブリエルはユダヤに
係わった自らの指導の責任上からグレイと共にユダヤの
作り出した欺瞞と戦っている。
さらに、ガブリエルはグレイと共に弥勒菩薩による人類普遍の
世界観を中心にして、最新の理論と普遍の価値体系によって
世界を統合し、日本から最終的に地球を救い上げようとしている。

現代の黙示録 II

空 不動

ガブリエルの怒り

はじめに

本著は前著『現代の黙示録／イエスは聖書を認めない』に継続するシリーズとして執筆されました。著者としては、この「黙示録」という新たな形式を確立しつつ、なるべく読者にもこの形式を理解して戴けるように書き進めたいと思っています。

「黙示録」という情報伝達手段について

本著は普通の執筆とは異なり、現代科学では未だ解明されていない個性と個性の交流によって執筆されました。そしてそれは意識と意識の交流であり、それは決して言葉ではなく、言葉が生成される直前の意識の状態が伝わってきて、それを自分の意識の中で言葉にして文章にするというような実に特殊な情報交流の手段によって為されたものです。

双方向の交流ではあっても私は主に受け手であって、このように一方向性の強い情報伝達手段によって纏《まと》められたものを「黙示録」と言います。

体験者にとっては実にリアルな体験なのですが、この状況を科学的に説明することはとても困難です。

そこで、私の体験を「黙示録」として著す限《かぎり》には、結論に向かって文章を纏《まと》めるのではなく、意識の動きや情報の流れの行ったり来たりや重複や途中修正があれば、それをそのまま経過をキッチリと書き留《とど》めることが重要との考えで書き進めました。そして、そこに多少の不整合があっても、我々の常識では信じがたいことであっても、それも重要な要素と考えて出来るだけ忠実に書き残しました。

ここに示した「黙示録」という形式は過去では「ヨハネ黙示録」が特に有名ですが、これは無言の中で復活のイエスから人間に一方的に伝えられる意味内容であり、それは日常の音声や文字による意思の伝達ではなく宇宙と人間の構造が深く関係した神と人間の意識の間での意思の伝達方法と言えます。

意識と意識の交流については宇宙の構造から導きだし、現代物理学でも扱うような様々な意識に係わる現象を交えて解き明かした、拙著『宇宙と意識』（献文舎）で詳しく述べましたのでそちらを参照して戴くことができます。

従ってこれは私が私の考えを纏《まと》めたものではなく、私への啓示やコンタクトとして共鳴してくる情報発信者の発する「意味」を私の意識構造で捉えて、私の持つ情報と体験を組み合わせて意味を再構成し、文章化したものであると言えます。

ただし「啓示」と言っても決して何かを保証するものではなく、その扱いには十分に慎重でなければなりません。そしてそのための吟味は重要な作業として本文中で詳しく述べることにします。

ここで、情報発信者の一人のガブリエルとは、原始キリスト教の発祥に於いてイエスの背後にいてイエスを指導した三大天使、ミカエル、ラファエル、ガブリエルの一人、あのガブリエルのことです。元々私はガブリエルの名前ぐらいしか知りませんでしたが、執筆を経験して私の最新の認識はガブリエルが全体の統治者であり、旧約聖書のモーゼの時代から働いていて、イエスの活動を背後で支えたのは当然のこととして、あのイエスもガブリエルの配下であるということです。

さらには、イスラム教の発祥においてもガブリエルはムハンマドを導いています。本著はそのガブリエルが私に託したメッセージという意味になります。

ここでは私自身の意識を相手の意識と共鳴状態に合致させて私の意識として捉えることになります。一切は意識の中での出来事なのですが、ただし今回は具体的なミステリーサークルという物理的な現象と密接に関連しながら意識の内部の出来事と物理現象との関連性をも示すことになります。

このような伝達方法を駆使して取得したイエスからのメッセージが、前著『現代の黙示録／イエスは聖書を認めない』であり、そしてガブリエルからのメッセージの意味内容を纏《まと》めたものが本著『現代の黙示録Ⅱ／ガブリエルの怒り』です。

前著の付録部分「人類への警告」以降を切り出し、そこに新たにⅢ章以降を追加して本著としました。本著Ⅱ章までは前著を踏襲しつつ、追加による時制の調整と話の連続性のための部分調整をしました。

このことによって人類の歴史的な実態を明確にし、本著を通して世界の多くの人々に向けて人類への警告を示し、その渦中に人々を導き、現代の危機的現状を理解してもらうことにあります。そして、そこから覚醒する人を見つけだし、共に人類の未来のために働く人達を結集し、特に近未来の地球文明改造のための活動に参入するように導くことにあります。

さらに、本著の特徴は「黙示録」に有るだけではなく、イギリスの小麦畑に物理的に描かれている巨大なミステリーサークルに英語で記された宇宙人からのメッセージに有ります。

しかもそれがガブリエルから紹介された形で、宇宙人グレイからの地球人へのメッセージを中心に話は展開するということに有ります。その宇宙人グレイからの英文のメッセージを中心に据えて、それをガブリエルの指導によって解釈していきます。その英文に隠されたメッセージを読み解くことが、ガブリエルから私に与えられた最初の作業となります。

ここで宇宙人グレイが存在するか、しないかの議論をするのではなく、その議論は他書に譲って、その存在は当然のこととして話を進めていきます。

ここにはこれを私に紹介したガブリエルが係わっていて、その深い意味から説き起こして私に伝えてきているのです。

読者にはこのような基本設定を知って読み進むことで「黙示録」という位置づけが十分意味のある意思の伝達方法であることがご理解戴けると思います。

不思議なことに慣れている私であっても、これだけ連続する「不思議」の体験はそう有るものではありません。科学技術的に地球人を遥かに超えた宇宙人の技術を目の当たりに見ながら、その技術もさることながら、その背後にある宇宙人からの警告を読み解き、今後の人類に必要となる情報を受け取ろうとして本著は書かれたのです。

本著が「黙示録」という表現手法だからこそ、何とか私もこれだけ沢山の内容を表現できるのだと思います。

執筆における私の立場

本著はかなり膨大な量になります。これだけの濃い内容を私の考えとして発表する方法もあると思いますが、最も根本的な立場で真実を貫きたいことから私は一番正直にかける方法を選択しました。それがこの「黙示録」というスタイルです。

イエスやガブリエルからのメッセージを、私としては可能な限り加工せずに著すことを心がけました。そして本著は「黙示録」ですから、読者は受け手の私の主旨としてではなく、送り手のグレイやイエスとガブリエルの主旨として正しく受け取って戴きたく思います。

今回グレイとイエスとガブリエルに深く係わりましたが、私は元々宗教的な人間ではなかったことが執筆に於いても知性を保って書くことが出来た、と思っています。この知性派の私が読む側であっても十分に納得して読めるようにするために色々と工夫しました。

私は元々理系の論理思考の強い人間であることを知って戴く必要があると思い、私自身の体験的記憶を多少話します。

子供の頃から天文学好きで天文学者になりたいと思って、野尻抱影の「天体と宇宙」をいつも小脇に抱えていました。中学の時に手作りの望遠鏡で最初に見た金星が欠けて見えたことの驚きが今でも心に残っています。

高校の時には電気技術者を目指していて、当時のミニチュア型真空管でスーパーヘテロダイン方式の携帯型ラジオを作って、自転車の前後にアンテナを立てて走行しながらラジオを聞くという「ながら運転」で曲芸のようなことをしていました。今なら危険運転と言われそうです。今のスマホはない時代でしたから、当時の私は時代の最先端をいっていると自負していました。

その後、大学の時には趣味の音楽好きと相まって電子回路と音響工学を独学して、当時最先端と言われた真空管式OTLアンプを回路設計から始めました。次にアルバイトで小金を貯めてスピーカーボックスを設計し下宿していた家の大工さんに機械を借りて二つで部屋が満杯になるような大きなスピーカーボックスを作り、さらにアンプ部分を秋葉原で部品を買い集め、一年掛けて組み立てました。

やっとそれが完成したその日にクラシック音楽を大音量でガンガン鳴らしたところ、ご近所から大変叱られたことが忘れられません。

大学では物理学を学び、卒業してからは国立大学の研究所に勤め、医学と工学の境界領域で十一年間「人間の視覚系の時間特性の研究」をしていました。

その後ＩＴ企業を立ち上げ、画像処理や自動運転人工知能の研究を続け特許も二十数件取得しています。そして今も研究者であり、そして経営者でもありながら日々を送っています。

このように私は元々物理学に強い関心のある人間でしたから、若い時代には唯物論的な考えを振り回していましたが、その時でも物理学の作る世界には限界を感じていて、常にそれ以上の世界を強く求めていました。

ところが二七才の時、突然「啓示」が下り、その時から一気に世界は変わり霊的な世界に入っていき、指示によって霊的修行を深めることになり、意識の世界に深く入っていきました。

そして、ここからが私の真骨頂であると私自身強く思っています。

神霊から、今後八年間という期間を示されて霊的指導が始まることを言い渡されました。私はその時天にも昇るくらい嬉しい気持ちになったのですが、同時に将来宗教団体を作ることになるのではないか、という強い懸念が生まれたのでした。

そこで私は神霊を相手に「私は宗教は好きではない。だから私を教祖にはしないで欲しい。それは私には似合わない。私は真理の探究者なのだから修行の為にならば何でもしますから」と、懇願しました。特に回答は有りませんでしたが、受け入れられたと確信しました。

私は霊的な交流が始まっても知的好奇心を持ち続け、物理学的な視点を失うことなく知性を研ぎ澄ませて、霊的な交流とは何を意味するのか、意識のメカニズムとは何なのか、との学問的探求心を失うことはありませんでした。

このような経験から、いわゆる科学的ということにも常々限界を感じていて、何とかして意識と物質の空白を埋めようと努力してきました。

しかも私は幾つかの原理特許を取得していますが、よく考えて見ればこれも宇宙からの情報を私の意識が受信している、という感覚です。これら全てを「自分で考えたもの」とはとても言えません。

私としては本著の執筆の大部分は宇宙から「伝わってきた情報」なので、それを「私の考え」とするのは無理があり、私の正直な気持ちではありません。

私にとっては今回の「伝わってきた情報」に関しては「黙示録」とするのが最も正直な態度であり、私の考えは「私の考え」として、それとは切り分けて表現することが最も適切と考えて本著を著《あらわ》しました。

折角ですから、知性派の私が霊的現象をただ不思議なこととして扱うのではなく、その時の意識の状態を説明し出来るだけ論理的に分かりやすく解説しながら、私の知性の目で吟味して議論を進めたいと思います。

本著はその様な私の著作であることを知って読んで戴ければ幸いです。

現代の黙示録Ⅱ

ガブリエルの怒り

目次

V章　統治の論理

Ⅵ章 一元論に統合する 311

むすび　387

序章

ガブリエルとの出会い

前著から本著に至る経緯

本著は前著からの継続で書かれていますが、前著を読んでいない人にも分かるように前著の大きな流れを示し、重要部分は多少重複させながらまとめておきます。

前著『現代の黙示録／イエスは聖書を認めない』ではイエスからのコンタクトで始まったのでした。私は日本人なので、どちらかというと仏教や神道の文化の中で育ちましたからキリスト教からは遠い位置にありましたが、イエスとキリスト教との乖離《かいり》は肌で感じていて、イエスに対しては関心がありましたが、キリスト教には近づきたくない気持ちが常にありました。

イエスとのコンタクトは、定例の講演会で私が予定していたテーマについてイエスに確認したい気持ちで祈っていた時に、それは突然始まりました。

最初に旧約聖書の創世記に記述された原罪について、私の質問に回答する形で直接イエスからのコンタクトがあり、そこから交流は始まったのです。

その後、現代のキリスト教の成り立ちについての質問では、イエスはご自分は現代のキリスト教とはまったく関係が無いことを明言されました。さらに、イエスの磔刑《たっけい》の意味についても知らされ、私は長年の疑問が解消し、その答えに深く納得したのでした。

イエスは現代のキリスト教の成立には一切係わりを持たない、との立場を確認し、このことでイエスと現代のキリスト教との乖離《かいり》は私の中で不動のものとなりました。

私は真理の探究者の一人として、イエスが係わらないバチカン由来のキリスト教から現代のキリスト教徒を救うために、彼らに本当のことを伝えたいという思いが強くなりました。

この件について、その時の私としては「バチカン由来のキリスト教に成立にご自身は関係ないとは言ってもイエスを信じる人達は沢山いるのですから、現代のキリスト教を信じる人達の気持ちを無視はしないでほしい」と、私には思われてきて、イエスにそれを確認したい気持ちになりました。そこで私は、矢継ぎ早に予言にあるような「再臨のイエス」はいつになるのでしょうか。イエスはユダヤ人を救うのでしょうか。それとも現代のキリスト教徒を救うのでしょうか。イエスは人類に今後どのように係わるのでしょうか。それらについて聞き出そうとしましたが、それに関する回答は何もありませんでした。イエスは「敢えて今は語らない」との姿勢を示していると受け取りました。

このようなイエスとのコンタクト、その後のムハンマドとのコンタクト、そしてガブリエルとのコンタクト、グレイとのコンタクト、と次々コンタクトが続き、その経緯をまとめて前著『現代の黙示録／イエスは聖書を認めない』を出版しました。

そして、特に前著執筆の終盤に、突然イエスからガブリエルに替わって、一気にガブリエルとの交流が始まりました。ガブリエルが出現してから、イエスに替わってガブリエルが常に前面にいて私の質問の全てに対して、しかもそれ以上のことに対していろいろと示してくれることになり、ここから新たな展開となり、それは本著に継続して長い密度の濃い交流が始まったのです。

私としてはよく理由も理解できないまま、コンタクトの相手側が一気にイエスからガブリエルに替わり、戸惑う暇もなくガブリエルの世界に入っていきました。

そして更に、出版から一年後再びガブリエルとの密接なコンタクトが始まり、明らかにされた様々な地球の問題点を『現代の黙示録Ⅱ／ガブリエルの怒り』として以下に示すことになります。

■ガブリエルの出現

時間は前著の執筆中に戻って、イエスとのコンタクトからガブリエルとのコンタクトに至るまでを少しずつ話していこうと思います。

イエスとのコンタクトから始まり、続いてイエスからの数々の啓示が集中的に与えられ、それを私は必死で纏《まと》め上げていました。そして遂にはムハンマドが挨拶に出てきて、イエスとムハンマドの密な関係を私に示して、私は「むすび」までを書き終えようとしていました。

ここまではどこまでもイエスへの質問とイエスからの依頼に応える形でコンタクトから得られた

様々な情報を「黙示録」という形式で『イエスは聖書を認めない』という主旨で纏《まと》める作業をしていました。

ところが、前著執筆の終盤に近づくにつれ、私の中にガブリエルの存在が意識されてきました。それが少しずつ育ってきて、やがて定常的になり、遂にはそれが強烈な存在にまで私の意識の中で成長して来たのです。

「何故それがガブリエルと分かるのだ」と問われれば、私は適切な回答を持ち合わせません。「とにかく分かるのです」としか答えようがありません。

これでは読者に対して余りにも説得性が不足していると思います。私の信用だけで言っているようなもので、知性派の私としては大いに不足感があります。

ここでフラクタル共鳴とは今後しばしば出てくる語句ですが、宇宙に共鳴している状態を言います。その中で私の個性を強調する場合は一極性フラクタル共鳴と言い、互いの個性を敢えて分けているときには二極性フラクタル共鳴と呼称します。

私はひとりの知性派として、それがガブリエルであることを客観的に証明出来るものならそれを是非したいのですが、何をどのように示したらそれを証明したことになるのかが分かりません。是非それを皆さんも一緒に考えてみて下さい。

答えは結局のところその内容から、その目的から為したことから、その背後にある「理念」と「方針」を受けとって、それがガブリエルだと理解する以外にないのだと思います。そこに期待して本著は書かれています。

ですから、読者の皆さんは本著を最後まで読んでくださることで「成る程これは本当にガブリエルなのだ」「確かにガブリエル以外にあり得ないのだ」と言って戴けると思っています。本著の最後にはそのような答えを用意しておきます。

それが、最後には証明されることを楽しみに期待して読んで戴きたく思います。

読む前にそれを証明することは出来ませんが、読んだ後にそれが証明されるというのは帰納法的であり、一つの証明方法かもしれません。


ところで、本著では主語を「私」という語句で全てを通していますが、その「私」の中には一極性フラクタル共鳴から二極性フラクタル共鳴に至る、何段階もの「私」がそれぞれの立場で発言をしています。現実を生きる修行者としての「私」から、ガブリエルと一体になって密な交流をしている「私」、さらに宇宙と一体となって話している「私」まで、様々な「私」が発言しています。

その各段階の「私」の切り分けは読者の判断で十分可能と思います。

さて、ガブリエルは私の戸惑いなど一切無視して、私が書いてきたイエスの主旨に関して私の語る内容の彫り込みが浅いという意味で大きな不満を示していることが分かりました。ガブリエルからは「これでは甘すぎる。事態はもっともっと深刻なのだ」と強く私に伝えてきます。

それを受けて私は「後半の部」を追加して、ガブリエルからのメッセージを追加する形で一冊の本に纏め上げました。そこまでが前著『現代の黙示録／イエスは聖書を認めない』です。

ガブリエルとしては［欺瞞《ぎまん》］に満ちたバチカン由来のキリスト教の再生は「それだけを取り上げて追及しても決して解決しない。それを取り巻くユダヤ問題や背景にある様々な思想集団の問題から解決していかなければならない」とするのがガブリエルからの忠告でした。

ガブリエルからすれば、私の執筆の姿勢が「中途半端で肝心の議論を避けている」と思っているのだと分かりました。私の姿勢は実際にその通りでした。

そして、その時ガブリエルに意識を合わせると、それは突然次のような指示がガブリエルから私に示されました。

それは「グレイから地球人に対する警告」を意味するあの二〇〇二年のミステリーサークルが、突然スイッチを入れたばかりの私の部屋のディスプレイに映し出されたのです。**【巻頭図1】【巻頭図**

2】【巻頭図3】
そこに示された宇宙人グレイから地球人類への警告文の解読と、その解釈の指示でした。
前著ではイエスとの交流があり、後半にはガブリエルだけではなくグレイの指導もあって、その内容を一冊にまとめたものが前著『現代の黙示録／イエスは聖書を認めない』です。

今回、ガブリエルの指導の下「グレイからの警告」を解読しながら、宇宙的視野を持つグレイの見解を基にして語ります。宇宙から見た地球の歴史の［欺瞞《ぎまん》］について語り、今後人間がその［欺瞞《ぎまん》］にどのように対処し、どちらの方向に進めば良いのかについて語ります。さらには、その方向だけ示されても人間はどうしたらよいのか分かりませんから、そのための方法論についても語ります。
つまり、読者は本著を読み進むにつれて、これがガブリエルによって歴史的に周到に準備された巨大プロジェクトであり、それが今スタートしたことが理解できてくるでしょう。

本著の経緯

前著出版から一年後、再びガブリエルからのコンタクトがあり、今度はガブリエルからの新しい追加メッセージを主体として、その内容を『現代の黙示録Ⅱ／ガブリエルの怒り』として纏めるように依頼があり、私とガブリエルの間で急遽《きゅうきょ》合意してこの書は生まれました。

本著ではガブリエルからの新たなメッセージとして、ユダヤ勢力が進める世界戦略についての新たな視点が付け加わりました。それが、近代から現代、そして近未来に大きな破壊的力を及ぼす危険が語られます。そしてそれは、物理現象としてイギリスの小麦畑に作られた、ミステリーサークルの解読を通してメッセージが構成されていきます。

そこで、本著『現代の黙示録Ⅱ／ガブリエルの怒り』では、前著『現代の黙示録／イエスは聖書を認めない』におけるイエスの発言を前提にしつつ、ガブリエルの立場から全体との関係を深掘りしてみたいと思います。

追加されたガブリエルからのメッセージは近代から現代に至り、さらには近未来に至るユダヤ勢力の地球世界に及ぼす破壊的な影響を危惧してのことです。

そこには欧米社会の底辺に浸透している怪しげな思想集団の影響が顕著で、それが無視できない危険な実態に触れることになります。

確かに私も、その様な怪しげな思想集団の存在は知っていました。しかし前著では、イエスのコンタクトに内容を絞り、複雑な時代背景となるユダヤ問題や西洋の複雑な歴史と、バチカン由来のキリスト教の絡み合いや、歴史の裏側にある秘密結社やオカルト集団などの問題などは敢えて避けようとしていたのでした。

しかし、そこまで手を入れなければ何も解決しないというガブリエルの忠告に従い、私としてもそれは納得できることであり、今回は意を決してガブリエルからの更なる指導を受けて、そこまで踏み込んでいく予定です。

さて、経緯説明は出来たので、いよいよ本文に入ります。

ガブリエルから私に対しての、最初にして突然の具体的メッセージは以下のように始まりました。

Ⅰ章

宇宙人グレイからの警告

実は、私はこの以下に示す二〇〇二年の「宇宙人グレイからの警告」を示すミステリーサークルの存在をこの時まで一切知りませんでしたが、ガブリエルからの指示と同時に、それは強烈に私の目に飛び込んできたのです。

「これを解読し、公表せよ」とのガブリエルからの最初の指示でありました。

この精巧なミステリーサークルは実に見事なものです。これは高度な科学技術がなければ出来ないことは明らかです。**【巻頭図1】【巻頭図2】【巻頭図3】**

しかし、科学技術にじっくり感動する暇も無く、私はガブリエルに導かれここに示された英語の隠された意味を解読するように指示されたのです。

そして、本著の主旨の中でこの謎めいた英語の訳文を理解しようとすると、私には何の迷いもなく自然にそのまま大筋の意味が理解できました。それは前著『現代の黙示録／イエスは聖書を認めない』（以下『イエスは聖書を認めない』とだけ表記します）の前半で書いてきた内容に完全に合致していると思えたからです。

ですから、私にとってはこの暗号は解けたも同然で、後は詳細を詰めれば良いだけだと思いました。ガブリエルは私がイエスからのメッセージを纏めるのが一段落するのを待ち構えていて、正にそのズバリのタイミングでこれを私に示したことは明らかでした。

ですから、この暗号の大筋はその場で理解できたのです。

本著では、バチカン由来のキリスト教の抱える問題と、その由来となるバチカンの問題と、さらにその原因を作ったユダヤ人の振る舞いに対する宇宙での位置づけに関して詳しく述べることになります。以後「キリスト教」とはバチカン由来のキリスト教を意味します。

そのために、以下の「宇宙人グレイからの警告」を重要な手がかりとしてガブリエルの立場から、更にはこのミステリーサークルの製作者であるグレイにも係わってもらって、私達の世界の深刻な問題を語ってもらうことになります。

※関連するYOUTUBEは以下の通り。
ミステリーサークルの謎を解く【2】　グレイ・円盤・偽りの贈り物
https://www.youtube.com/watch?v=_195IHFNcG4

□ヒストリーチャンネルより

二〇〇二年八月一五日イギリス、ウィンチェスターで発見されたミステリーサークルには宇宙人の自画像と円盤が描かれていて、その円盤には「0と1」のデジタル信号が表現されていました。それを研究者が急ぎ解析した結果「0と1」の信号はアルファベットに対応していて、そこから以下の文章が読み取れました。

関連資料はインターネットに載っていますから、是非確認してみてください。

バイナリーコードを解析し、英文とした結果を以下に示します。

解読原文は大文字と小文字が混在しています。

Beware the bearers of FALSE gifts & their BROKEN PROMISES.
Much PAIN but still time.
BELIEVE, There is GOOD out there.
We OPpose DECEPTION.
Conduit CLOSING.

【直訳例】

「偽りの贈り物の担い手と、彼らの破られた約束の担い手に気をつけなさい。多くの苦痛がありますが、しかしまだ時間があります。その後に良いことがあります。私達は「欺瞞」に反対し対抗しています。連絡は閉ざされます」

バイナリーコードの暗号は世界の研究者が解いてくれましたが、それでもこの英文の直訳では現実的意味が全く分かりません。既に幾つかの解釈が試されていますが、どれを読んでも警告であることは分かりますが、それが何の警告なのか、そして何が重大なのかもよくわかりません。

誰もが「自分の世界」で解釈しようとするために、なかなか核心を突けずにいるのだと思います。「自分の世界」という点では私も同じですが。

わざわざ宇宙人が地球人に警告のメッセージを送るとするなら、それは宇宙規模の話であり、何処かの国の内政や外交の問題ではないことは明らかです。それは、地球規模でのよほど重大なことを示唆していると思われます。そう考えるのが常識的でしょう。

ちょっと想像すれば分かるように、その警告のメッセージを誰にでも分かるように書いてしまうと重大であるが故に、世の中にかなりの混乱を生じさせてしまうことになるので、分かる人だけに分かるように書かれていると判断できます。

そこで、心に浮かぶままにこの英文をガブリエルに相談しながら、グレイともフラクタル共鳴体と成って解釈してみましょう。

以後、度々「フラクタル共鳴」という語句が出現しますが、これは詳しくは拙著『宇宙と意識』（献文舎）を読んで戴くとして、ここでは簡単に「全宇宙に共鳴すること」として理解して戴き、読み進む中で次第にそのイメージを膨らませていって下さい。

　私の仕事での比喩で説明してみます。

　フラクタル共鳴の中での様々な情報の交流は「こちらの受信器の高周波のノイズが激減したことで、高周波信号を受信しやすくなった」との比喩で表現できそうです。

　さらにこの比喩を続ければ、宇宙の中には高周波信号が常に行き来していますが、私は修行により内部発生のノイスを激減させたことにより、こちらの心の姿勢をニュートラルに保つことが出来るようになったのです。このことで、外部ノイズの抑制や自分が発生していたノイズが激減したことで、自由に信号を受信したり送信したりすることが出来るようになったと言えるでしょう。

　高周波以外に低周波信号がありますが、それは日常的に雰囲気として誰もが受けられる信号です。


　さて、そのフラクタル共鳴のなかで最初に私に応えてくれたグレイはとても優しい女性でありました。こちらがイメージしていたあの頭でっかちの姿から想像するようなベクトルとは全く違い、先ずは優しい面を示してくれてこちらを安心させてくれたのだと思いました。

　前提として、ガブリエルの種族の知的生命体（X）とグレイの種族の知的生命体（G）とは私の理解では異なる種族でありながら、両者は密な同盟関係にあり、役割分担しているのだと思うに至りました。以下、直接地球に係わる同盟の代表としての「グレイからの警告」となります。

さて、この警告メッセージの内容を以下に解釈していきます。前著『イエスは聖書を認めない』に追加する形で解釈を発展させていきます。

「グレイからの警告」の解釈

さて、この「グレイからの警告」の解釈について、本著の執筆に当たりガブリエルとの交流により、よくよく吟味する機会を得ました。

その結果、解釈には［解釈1］［解釈2］［解釈3］と三通り有り、連続して意味が発展していきます。［解釈1］が最も狭い意味で前著『イエスは聖書を認めない』の前半ではこれを採用しました。次に［解釈2］はガブリエルの主旨を取り入れて、前著でも後半はこの意味として解釈しています。

そして本著では［解釈2］から発展して［解釈3］に至りますが、そこに至る前にガブリエルの主旨を明確にするために［解釈2］を以下に示し、Ⅲ章まで進んでからここまでの連続性を重要視して［解釈3］に移行することにします。

従って、この章では［解釈2］とし、Ⅲ章で［解釈3］を示すことになります。

【解釈の基本】

上記【直訳例】に多少の手を加えて番号を振りました。

【1】 偽りの贈り物の担い手と、破られた約束の担い手に警戒せよ。

【2】 沢山の苦しみが生まれる。しかし、まだ時間がかかります。

【3】 信じなさい。

【4】 その痛みが去った後に良いことがある。

【5】 我々は地球上の［欺瞞］に反対し対抗している。

【6】 連絡通路を閉じる。

具体的な解読に入るには、最初の部分「偽りの贈り物の担い手と破られた約束の担い手に警戒せよ」を解読しなければなりません。

この比喩の意味が分かってしまえば、後は芋づるのように意味は解けてきます。

解読結果から言えば「警戒せよ」の警戒すべき対象とは、

第一に前著『イエスは聖書を認めない』で示してきた「イエスに対する間違った認識」「バチカン

とキリスト教の問題」であり、ここで「偽りの贈り物」とは新約聖書を意味します。

第二に「その歴史の根底にある旧約聖書に係わっていて、そこに預言された神との約束を破った当時のユダヤ人、そしてそれを踏襲する現代のユダヤ人」の問題であり、ここで「破られた約束」とは旧約聖書を意味します。

Ⅰ章での警戒すべき対象とはこの二つです。Ⅲ章以降ではさらに追加されます。

ここでの「新約聖書」「旧約聖書」との呼称はバチカンによるものであって、本来は「偽聖書」と「聖書」と呼称するべきてあり、このバチカン由来の呼称をここに使うことには抵抗がありますが、一般化されているので混乱しないために本著でもこの従来の呼称を使うことにします。

【1】現代のキリスト教の伝道者達と旧約聖書に預言された神との約束を破ったユダヤ人に警戒せよ。

(コメント1)

先ず「偽りの贈り物」とは、まさに現代のキリスト教の価値観を作っている新約聖書の事であり、そして「担い手」とはそのキリスト教の伝道者という意味になります。広い意味でバチカンを含むバチカン由来のキリスト教全般の発する「思考のベクトル」を言います。現代ではキリスト教関連の全てを含みます。

次に「破られた約束」とは新約聖書の元となっている旧約聖書のことであり、その担い手とはそこに預言された約束を破った人達の事を意味します。即ち神との約束とは「旧約聖書の預言に従い、ガブリエルが中心となってイエスを「ユダヤの救世主」として送り込んだ事」であり。次に約束を破ったこととは「ユダヤ人はイエスを自分たちの救世主とは認めなかったこと」その事です。

ここは重要箇所なので多少説明をしましょう。

ユダヤ教でも、原始キリスト教でも、イスラム教でも、その発祥に於いては常にガブリエル（イスラム名はジブリール）が係わっていて、一神教の神ヤハウエ（イスラム名はアッラー）を説きます。ところが一方で、紀元四世紀後半から五世紀にかけてローマ帝国のコンスタンチヌス帝によるニカイア会議等によって新約聖書が編纂《へんさん》され、バチカン由来のキリスト教が成立しました。ところがこのバチカン由来のキリスト教の発祥にはヤハウエもガブリエルも係わっていないだけではなく、肝腎要のイエスさえも一切係わっていないという「不都合な事実」が有ります。この経緯は前著『イエスは聖書を認めない』で詳しく述べましたので、詳細はそちらを参照してください。

この「不都合な真実」を抱えるのがキリスト教の闇の部分であり、それを正当化するのが「新しい約束」という名の「偽りの贈り物」であり、それは新約聖書を意味するのでした。

そこで「グレイからの警告」の第一は、彼らの「偽りの贈り物」であり、それは即ちバチカンが作って勝手に主張する新約聖書を指しているのは明らかです。

この「偽りの贈り物」の「担い手」は新約聖書を掲げて千七百年間にも及ぶ西欧の歴史の中でキリスト教文化圏を作り、結果、歴史そのものを大きく支配してきました。大きな意味では「偽りの贈り物」は西欧の歴史そのものでもあります。

「グレイからの警告」の対象は「偽りの贈り物」を作ったバチカンとその「偽りの贈り物」の拡散を続ける現代のキリスト教が作る歴史と行動原理であり、さらにはそれに留《とど》まらず、その元となっている旧約聖書における神との約束を破った旧約聖書の民ユダヤ人にまで及びます。

「グレイからの警告」の対象となるバチカン由来のキリスト教とユダヤ教徒とは、現代に於いても大きな影響力を持っていて、何故か協力関係にさえあり、それが人類の未来に対して重大な危険性をはらんでいると伝えてきます。「欺瞞《ぎまん》」同士が結託していると映ります。それについてはⅢ章以降に詳しく示すことになります。

【2】 ここに示した「警告」を放置しておけば、何か重大なことが起きて大きな苦しみが発生する。しかしそれには時間がかかる。だから早く問題を知ってそれを解決しなさい。

（コメント2）

「その時、世界に大きな痛みが生まれる。それには時間がかかります」の意味は直訳そのままで、この「グレイからの警告」の対象が解決されなければ多くの痛みが発生することを予言しています。

時間はまだあるとのことですが、現時点で二〇二〇年で十八年経ちますから、そろそろかも知れません。

執筆の指示のあったタイミングから考えて、新型コロナウイルスのパンデミックに無関係ではないと思いますが、この程度のことは始まりに過ぎず、事態はもっと重大と考えられます。むしろ我々はこの程度の危機の体験から多くを学び、未来に起こるであろう大災害に備えるべきです。

混乱に乗じて様々な混乱と不幸、そして争いが発生するということでしょう。しかし、その「多くの苦しみ」を私がこれを後述する一元論の中で解釈すれば「宇宙の法則の中でフィードバックを作用させて軌道修正し、次なる進化を推進すること」になったのです。

ここでフィードバックとは技術用語ですが「システムの誤差を検出して目的の方向に制御する仕組みと機能」を言います。これは便利な言葉なので、しばしば出てきます。

「グレイからの警告」とは我々地球人にとって何を意味しているのでしょうか。どのような位置づけになるのでしょうか。単なる第三者の意見なのでしょうか。

「グレイからの警告」とは、地球の問題を宇宙からの視点で判断して地球には歴史的に積み上げられた大きな問題があり、それが宇宙的に悪影響をもたらしていることを意味しています。それを地球人に対する警告として明らかにしたことを意味します。

グレイとは地球に係わる複数の宇宙人による連盟、即ち「宇宙連盟」からの地球への使者と考えるべきです。ですから「グレイからの警告」とはグレイという宇宙人の一種族だけを考えるのではなく「宇宙連盟からの警告」という意味を持つのです。

グレイとしては、その「多くの苦しみ」を減少させることは出来ても、皆無にすることはしないのです。地球を導こうとする宇宙連盟の規則上もそれは出来ないと思います。何故なら、それは後述するように宇宙は目的に向かって展開する生命活動が為されているからです。

宇宙が生命活動を営む限りには「そのための最低限の体験は、それがたとえ苦しみであっても必要な体験として存在する」という「基本的な決まりごと」です。

この必要最低限の苦しみから人類は多くを学ぶことが出来るのです。

間違った世界観が宇宙の法則によって思い通りになり、その結果「多くの苦しみ」を生み出すのであり、故意に与えたものではありません。

グレイは地球のために、それが最小になるようにかなりコントロールしてくれているのだと思います。それを忘れてはなりません。

【3】信じなさい

（コメント3）

「信じなさい」とはこの警告の内容を信じなさい。という意味であると同時に、グレイは地球人のことを考えて警告しているのだから、警告を送っているグレイを信じなさい。という意味になります。何と心強い言葉でしょうか。

グレイは対地球戦略の中で長期計画をもって地球の未来を考慮しながら、この時を選んで警告という形で係わっているのです。そのグレイの根本的なところでの善意を信じなさい、という意味に繋がります。ですからその善意を心から信じましょう。

【4】大きな痛みが終わればその後に良いことが起こります。

（コメント4）

大きな痛みが去った後には良いことがあります。

宇宙人グレイにとっては生きる上で、宇宙観とそこから発生する行動原理が重要なのです。たとえその途中に何らかの善意があったとしても、そもそもの原点に嘘があっては行動原理は肝心の場面で崩れ去ります。原点にある嘘とは前著『イエスは聖書を認めない』で十分に明らかにしました。

【5】我々（グレイ）は、これらの［欺瞞］に反対し対抗している。

（コメント5）

この警告を発したのはグレイであり、自画像を通して自らを名のったと言えます。そして「我々グレイは嘘で固めたキリスト教勢力の［欺瞞］とユダヤ勢力による［欺瞞］には対立する立場に居るのだ」と宣言して、警告者としての立場を明確にしたのです。

さらに「我々宇宙人グレイは既に地球の場の近くに居て、地球を見守っています」との背景の意味が浮かんできます。

グレイは地球のはびこる［欺瞞］に反対し、これらの勢力と戦っているのです。

これはグレイだけが戦っているのではなく、グレイの所属する複数の知的生命体による宇宙連盟が地球の未来のために戦っているということを意味します。

地球の支配勢力の［欺瞞］に満ちた人達の行動には付き合えないということなのです。

これは好き嫌いの問題ではなく、宇宙にとっての本質的問題であり、地球にはびこる不完全な世界観とそれに基づく価値観があまりに未熟なので、地球はそれだけの世界であり、人間はそれだけの生き物でしかないということなのです。

「世界観とそこから導かれる価値観が重要である」とするのは、そこに［欺瞞］が有っては地球の未来が無いということを意味します。私もそう考えていますから、私にはその意味がよくわかるのです。

従って宇宙人グレイとしては、これらの［欺瞞］に満ちた人達が支配する地球人に対しては、未熟な未進化な人類と位置づけて、支配者と被支配者の関係で付き合う以外にないということになります。「偽りの贈り物」と「破られた約束」に係わる人達の作る世界は真実ではなく［欺瞞］に満ちていることから「これではあなた方と良好な関係を作れない」と言っているのです。

そして、宇宙人グレイは［欺瞞］の勢力に対抗して地球の未来のために戦ってくれているのです。そして「自分たちは宇宙連盟からの使者であり『宇宙に遍満する知的生命体としての普遍的な世界観』と、［欺瞞］の無い正しい歴史観の中にいる、麦畑に描いた宇宙人グレイである」と言っているのです。

【6】連絡通路を閉じている。

（コメント6）

単なる通信回線ではなく、連絡通路としていることに意味があります。ここで連絡通路とは相互の時空の結合通路を意味しています。時間空間を歪めてグレイの待機する宇宙の何処かの場所と地球の目的の場所とを結合する技術を彼らは持っていることになります。つまりそれは時空の連絡通路のことです。グレイはこの時空の連絡通路でこのミステリーサークルを描いているのです。

「今は閉じている」の意味は、第一にこの警告文を描いてその後連絡通路は一旦閉じたものと理解できます。そして、ここには「おわり」とか「つづく」とかの意味もありそうです。そして第二に「連絡通路は今は閉じているが条件さえ整えば連絡通路を再び開くことができる」という意味を含んでいます。その後者の意味の方が重要でしょう。

私達人類はこの警告を受け入れ〔欺瞞〕の歴史を訂正し、新たな『宇宙に遍満する知的生命体としての普遍の世界観』を見つけ出し、それを私達の『人類普遍の世界観』として、その価値の下に未来への準備を整えて、連絡通路が復活される時を待つべきなのです。

語句の使い方として、以後『人類普遍の世界観』をその具体性によって『人類普遍の価値体系』と言い換えることもあります。

神との約束を破った民、ユダヤ人と真実に基づかない新約聖書による「偽りの贈り物」の歴史の延長上には混乱しか無いことは我々にもよくわかります。

人類に対して「いっときも早く『人類普遍の世界観』とそれに基づく正しい価値観つまり『人類普遍の価値体系』と、それによる正常な歴史を取り戻せ」という警告の意味になります。宇宙から見た地球の歴史こそ正しく、地球の中の断片を集めた歴史は正しくないのです。

ここで重要なことは、それをグレイが警告として我々に伝える限りには、その「やりなおしの道」は用意されているということになります。

危機感をもって警告を受け入れよ

「グレイからの警告」の裏には次のようなメッセージが隠れています。

それをグレイに語ってもらえば、それは即ち「宇宙時代には独善的な発想は禁物で、宇宙に普遍的に通用する本当の世界観が必要なのです」

そのように警告しても、もしその道が用意されていないとすれば、それは我々地球人を脅迫するだけになってしまいます。だから「グレイからの警告」には「その新しい道は用意されている。それを見つけなさい」と言っていることになります。

「地球人はこれから広い宇宙へと航海していく時機なのですから「井の中の蛙《かわず》」では生きていけません」「あなた方の本心はその広い宇宙でも通用する『人類普遍の価値体系』を求めているのです」

「『人類普遍の価値体系』を求め、それを探し出し、そしてどこまでも可能性に溢れた生命の本質にも常に心を及ばせておかなければならないのです」

「その『人類普遍の世界観』とそこから導かれる『人類普遍の価値体系』は、それをグレイが教えても良いが、これは地球人の未来を作る重要場面だけに、地球人の自尊心と独自性の確立のためにもこれだけは地球人自らの力で成し遂げることが最も重要なのです」「更には自ら屈辱的な被支配の立場に陥らないためにも、それが必要なことなのです」「そして既に地球にはあなたが開拓した『人類普遍の世界観』と、そこから導かれる『人類普遍の価値体系』が存在しているのです」「それがこの本には書かれている。それを我々（グレイ）は認めているのです」

本著の著者としての私は、宇宙人が私達地球人類と交流するためには正しい世界観に立ち、そこから生まれる宇宙的な歴史観と価値観を共有しなければならないと考えます。それ故に正しい価値観を相手に求めることは当然の事と思います。そこに基本的な一致がなければ距離を置くことになります。「グレイからの警告」の最後のフレーズはそのことを意味します。

世界観という最も根本の基本概念を互いに共有してこそ一つになれるのであり、それをしなければ共に生きられないと考えるのです。基本概念が共通であれば、それ以外の事柄はそれぞれの固有性として多様性の一つとして位置づけられるのです。

宇宙の中では常に正しいモノは正しいのであり、上位の価値体系は常に上位なのであり、そこを誰がどう考えようと勝手だという事はあり得ないのです。

つまり、「正しくないこと」を「正しい」と発言することは「嘘」になりますから、「嘘」を言えば、それに対する責任をとらなければなりません。

まあ民主主義社会の中でそのことを言えば、言論の自由は確保したとしても、何を言っても勝手ということはありません。常に発言に対する責任は伴うことになります。

これは私にとっては当然のことであり、たとえそれが地球人同士の関係であっても私はそう思います。そして、これが宇宙人同士の関係であるならば尚更のこと、相手の住んでいる世界観を最も重要視するでしょう。

ハッキリ言えば、地球人側がいくら「平和平和平和平和が大事だ。仲良くしよう」と言い続けてもそこに実効的意味は無く、相手は全く心を動かさないということなのです。「あなたの住んでいる世界観は何か。そこから生まれた価値体系は如何なるモノか。本格的に交流するならそれを示して欲しい」とグレイは言っているのです。

地球人にはその自覚が無くても、地球人そのものが自ら作り出した「欺瞞」の世界観によってキリスト教社会とユダヤ人社会は自ら崩壊しようとしているのです。

さらに、地球人の活動は既に彼らに様々な影響を与え、被害も与えているところまで来ているので、宇宙人としては地球人をこのまま放置は出来ないのです。

地球に係わる宇宙人としては、地球人に対して宇宙人の一員としての資格を得ることができるまで成長してもらわなければなりません。

その「偽りの贈り物」が人類に多大な悪影響を及ぼしているだけでなく、今や宇宙人の世界にまで【欺瞞】をまき散らしていて、既に放置できない段階にまで達しているとグレイは判断しているのです。

もし地球人類の価値観や世界観があまりに未熟なものであれば、古代に宇宙人が人類の祖先を徹底支配したと同じようにその未熟な世界観を強制排除するか、それとも遠くから抑制しつつ更なる進化を待つかそのどちらかでしょう。

当然、グレイとしても地球人が自ら【欺瞞】を解消して宇宙に通用する普遍的な世界観の下に普遍的な価値観を共有することで初めて成り立つ、両者の対等な関係を望んでいるのです。

しかし「グレイからの警告」にあるように、その時間の余裕はもうあまり残されていないとの彼らの判断です。何故なら、もし放置すれば人類は核戦争で自滅するかもしれない段階にあるからです。

未熟な世界観のまま形だけの対等な関係を作ろうとすれば、そこには忽ち対立が発生し戦争にも成りかねないのです。実際今はその危険があるのです。

宇宙人が人類を徹底支配することを避けるためにも、我々はもう一段階成長しなければならないのです。

私達はその危機感をもっともっと強く受け取るべきなのだと思います。そしてそのための「グレイからの警告」なのですから。

【欺瞞】の確認

「井の中の蛙《かわず》」とは第一にバチカンのことです。

この章はバチカンの【欺瞞】について述べて、後半では【欺瞞】の幅を広げていきたいと思います。

グレイから見れば滑稽なほどなのですが、実害が生じているので笑ってはいられない段階に来ているのです。

「バチカンが「偽りの贈り物」を作り上げ、その「担い手」が作り出すキリスト教の世界観、そして神との約束を破り、神の手から離れて勝手に行動するユダヤ人のあまりに排他的で独善的な世界観にはとても付き合えない」というのが宇宙人グレイの本音だと思います。

そして、バチカン由来のバチカンから離れたキリスト教各派もバチカンと同罪ですが、しかしその歴史的経緯には同情すべき点は多々あります。何しろイエスを救世主として認めているのはユダヤ人ではなく、これらのキリスト教徒なのだという極めて特殊な事情をここで再確認しましょう。

キリスト教徒の中でも初めにこの［欺瞞］と「偽りの贈り物」に気付くのは、このバチカンに反抗して離れたキリスト教徒なのかも知れません。それを期待したいと思います。この中にはバチカンに反抗して宗教改革をやった人達がいますから。

バチカンとしては既に袋小路に迷い込み、もう戻れない状況で背水の陣で虚勢を張って最後のあえぎでグレイに立ち向かっているように見えます。

グレイとしては「そこまで言うなら我々としては戦いを望まないし、我々は一旦手を引いて暫く状況を見守ることにする」という意味で「連絡通路は一旦遮断した」というコメントに繋がります。

バチカンが本著を読みさえすれば何が問題なのかを正しく理解することができます。

私の執筆の流れとしては、前著『イエスは聖書を認めない』が有っての本著『現代の黙示録Ⅱ／ガブリエルの怒り』（以下『ガブリエルの怒り』とだけ表記します）であるので、先に前者を読んで戴いてイエスの主旨をよく理解して戴いてから、後者を読んで戴くのが本来の順番です。

ただし、本著から先に読んだ方には前著のあらすじを以下に纏めて置いたので、その大筋だけでも知っておいて戴きたい。

私の執筆においては、当初にイエスが出てきて、その後のガブリエルの出現なので、その構成を知って戴ければさらによく本著を理解できるはずです。

■イエスは「原罪消滅宣言」によって教えを完結した

「原罪消滅宣言」は前著『イエスは聖書を認めない』の中で、イエスから私の意識を通して為されました。その中で詳しく書きましたが、イエスが明らかにした「原罪消滅宣言」とイエスの教えの経緯をここで復習しておきます。

この理解が無いと「グレイからの警告」の意味が正しく理解できないだけではなく、イエスを正しく理解できません。

イエスによる「原罪消滅宣言」は中東とヨーロッパにおける歴史の中で決定的な意味を持ってきます。そのことの重要さ故に、これが契機となってガブリエルの計画が次に進むことになります。

天の計画（ガブリエルの計画）によって旧約聖書の民の下に遣わされたのがイエスでした。

特に「人間は生まれながらに原罪を持ち、決して救われることがない」とする旧約聖書の罪作りな編纂者の誤りを訂正し、モーゼの原点に戻って誤解を解き「人間は救われる」ことと、その本来の「救われの論理」をユダヤ人に示すことがイエスの使命でした。だからイエスはユダヤ人限定で説き、生涯その姿勢を貫いたのです。

イエスは珠玉《しゅぎょく》の言葉を沢山残しましたが、イエス存命中には「個の救われの論理」は完結していません。「完結していなかった」という点がとても重要な点です。

そこでイエスは、イエスを救世主として受け入れないユダヤ人に対して言葉ではなく自らの肉体を磔刑《たっけい》に処する姿を示して、その肉体と共に原罪が完全消滅したことを象徴的に表現したのでした。このことが「原罪消滅宣言」につながります。

イエスの救世主としての派遣は旧約聖書による元々実体のない「原罪」を実体の如く信じ込んでいるユダヤ人がその事で苦しまないようにという天の計らいでした。

ところで、問題としている旧約聖書とはその大部分はシュメール文明の歴史とその周辺地域まで含めた伝説を拾い集めたものであり、決してユダヤ人だけのものではないことも重要な事実です。

そしてこのイエスによる「原罪消滅宣言」こそ、イエスが生前やり残した唯一の仕事であったのです。

ここで「原罪消滅宣言」とは、磔刑《たっけい》の後に原罪が消滅したとするのですから、原理的にイエス存命中には「原罪消滅宣言」が出来ないことは明らかです。

この「存命中には出来ない」という原理的な事情によって、二千年の期間を隔ててやっとその時が来て、自らの教えの最後の仕上げのために「原罪消滅宣言」をメッセージとして私に送ってきたのです。そして、この「原罪消滅宣言」によってイエスの教えは完結したのです。そのことで理論体系としても完成したことになるのです。

その意味を正しく理解できる人は二元論を体得しているこの私しか居ないということなのでしょう。「二元論の意味するところ」と「何故これが理論体系の完成を意味するのか」については、じっくりお話ししていきます。

さらに前著の重要な点を補足しておきましょう。

「カナンの女」（マタイによる福音書（十五章二一～二八）に明確に書いてあるようにイエスの口から直接に「私はイスラエルの民を救うために天から遣わされたのであって、異邦人（ユダヤ以外の民族）に対して救いを施す立場にはない」と明言していてイエスはその立場を生涯貫きます。

ところが、イエス没後四世紀も経って編纂されたバチカンによる新約聖書の解釈では「イエスはユダヤ人ではなく人類の救世主であり、人類の罪を背負って磔になった」と拡大解釈して、その後「今でも人類の罪を背負い続けている」と誤った解釈を確定させてしまいました。

この解釈の間違いがその後、世界の歴史に多大や悪影響を与える事になり現代に至ります。

そしてバチカンは最近遂に「イエスは宇宙人の罪も背負い、宇宙人を救う」との意味を公式に発表し、その極端な姿勢を明確にしてしまいました。

ここまで極端になってしまうとこれはもう取り返しのつかない完全なる誤謬であり、イエスの教えを地に落とす行為であり、イエスへの最大の背信行為となります。

そして遂に、この解釈が宇宙人グレイによって［欺瞞］と断定されたのです。

バチカン作成の新約聖書によるイエスの犠牲の意味と、ここに示したイエスによる「原罪消滅宣言」の意味との違いは根本的な立場の違いであり、本質的な意味の違いであり、イエスとしてもこの間違いを完全に解消しなければイエスの教えは永遠に完結しません。

ですから、ここに示した「原罪消滅宣言」こそ、イエスが「ユダヤの救世主」としての本来の立場を確立する上で最重要な宣言なのです。

そして正にこのタイミングでガブリエルが登場し、そして「グレイからの警告」へと一気に繋がったのです。

一方、イエスをユダヤの救世主として送り出したガブリエルにとっても「原罪消滅宣言」は最重要な儀式であり、その時を待っていたのでした。

「原罪消滅宣言」を契機にガブリエルがユダヤ人に対して大きく働きかけるための条件が整ったことになります。

これがユダヤ人にとって、さらにバチカン由来のキリスト教徒にとっても反省のための最後の最後のチャンスとなるのです。

振り返れば、ガブリエルの計画に沿ってイエスが「原罪消滅宣言」を私に伝えてきたということになります。

この「原罪消滅宣言」の儀式は責任上それをイエス以外の人が為すことが出来ません。ガブリエルの描いた計画に沿ってイエスが私の意識を通して「原罪消滅宣言」を成したということなのです。

その儀式を通してイエスは自ら説いた教えを完結し、正しく宇宙の歴史の中に位置づけたのです。これは動かしがたい真実です。

さらに「原罪消滅宣言」の後にイエスが今後為すべきことは、前著『イエスは聖書を認めない』と、この『ガブリエルの怒り』の中に全て書き込んであります。

これは人類史的に重要なことであり、そこには宇宙人グレイも係わっているのですから、これは宇宙的な出来事だと言えます。

もちろんここでは原理原則を明らかにしたのであって、ここから発展展開して行くべき作業は山ほど有ります。それはガブリエルの指導によって反省し、改心した元キリスト教徒の人達がそれをするのが必然だと思います。

歴史的必然から原罪に呪縛されていたユダヤ人のための「原罪消滅宣言」であり、ユダヤ人の原罪を消滅させるという意味でイエスはユダヤ人にとっての「救世主」なのです。

ですから、元々それ以外の民族のモノではありません。だから、イエスの教えをそのまま他の民族に拡張してしまうと却って原罪の認識を広げてしまうことになり、様々な矛盾が発生してしまうのです。この件は以降もしばしば議論されます。

ところで今、キリスト教徒は皆ユダヤ人以外の人たちです。ユダヤ人の特殊事情を改善すべく説かれたイエスの教えを、この人達は自分たちのこととして原罪まで受け入れてしまったのです。

つまり、もともと原罪など知らない人たちが原罪を実体の有るモノとして受け入れてしまったことになるのです。これは解決法のない「苦しみ」を敢えて作り出してしまったことになるのです。またユダヤの理想を他の民族に押しつける事になります。それをイエスは良しとする筈がないのです。イエスとしてはこの原罪を受け入れてしまったバチカン由来のキリスト教徒達を救いたいと思うのは当然でしょう。また他民族との間に生じてしまった不整合を修正したいと思うのは当然でしょう。

私はそのイエスの意志を間違いなく受けて本著を書いています。そもそも私はそのことを願っていて、そこにイエスがコンタクトしてきて前著『イエスは聖書を認めない』を書いたのですから。

しかし、さらにそこにガブリエルが出てきて「そんな甘っちょろいことではだめだ」と言って強力な力を私に与えてくれたのです。

その一方ではユダヤ人は歴史的にイエスを拒否してきましたし、当然この「原罪消滅宣言」を知らない立場ですから、今でもユダヤ人は原罪の中に居るという意味になります。

結局ユダヤ人にも、それ以外のキリスト教徒にも「原罪消滅宣言」は必要になってしまったのです。

イエスはこのボタンの掛け違いで発生した困難な問題を解決するために、再び現代に働きかけることになったのです。本著の執筆はその一環です。

私がこれまでに数冊の著書で示してきた道が普遍的な価値体系であることを知れば、そしてイエスの「原罪消滅宣言」を知れば、まともな人間であれば、そして時機が来ていれば感動してそれに飛びつくはずです。

ガブリエルは、そしてグレイも、私が示した『人類普遍の世界観』にそのままフラクタル共鳴する価値観で、今私に働きかけていることがよく理解できます。

今この時代だからこそ、正しい世界観を世界に、そして宇宙に広げなければならないのだと言えます。警告通り残された時間はそう長くはないということなのです。

本著を読めばバチカンの置かれた立場が危機的状況であることは分かりますが、これは決して他人事ではなく、他の中途半端な普遍性のない宗教にも同じように言えることなのです。

そこに正当化や独善があっては宇宙時代には生きていけないということを意味しています。

世界の様々な思想と宗教は最終的に「全肯定に至る一元論」の立場から評価されます。そして、一元論に到達できない思想と宗教、行動原理は淘汰されます。

ユダヤ人はモーゼの時代から一元論を前提とする一神教によって指導されました。しかし、今のユダヤ人に至っては、自分たちがその神との約束を破ったとの自覚はないまま現代を生きています。それらの［欺瞞］はどのようなへ理屈を並べても正当化されるものではありません。自ら自覚するときが来ることを祈ります。

ところで、究極の秩序を意味する一元論は、本著の中で『人類普遍の世界観』から導かれますが、それに関しては拙著『未完成だった般若心経』（献文舎）と『宇宙と意識』（献文舎）に詳細を書いています。

地球人としての受け取り方

読者の理解を深めるために、私がガブリエルやグレイとのフラクタル共鳴から感じることを書いておきましょう。

ガブリエルの知的生命体（X）とグレイの知的生命体（G）との間には地球に係わる立場に明らかな立場の違いがあります。

両者の間には明らかな同盟関係があって動いており、地球人に直接交渉して地球人類の発する負のエネルギーを抑制するように要請し、さらに地球人を指導して宇宙人として成長させ同盟に迎えようとしているのはグレイです。

ところが、グレイから見て最も障害になっているのがバチカンの問題であり、その問題の根源にはガブリエルの過去の係わりとしてユダヤ人がイエスを救世主として認めなかったというユダヤ問題があるということになります。

その事から係わり方に違いが出て、グレイは地球の外側から、ガブリエルは地球の内側から、互いに協力して地球に係わっていると言えます。

そこで、グレイは本来の惑星間交流を進展させるために、直接国家組織に属さない一般の民衆に向けて、このようなミステリーサークルを通して実情と問題点を伝え、警告を発しているのです。

当然彼らは地球の文化文明を調査し、自分たちの文化文明と調和できるかどうかを調査しているのです。

そこで私は当然のこととして次のように考えます。

それは宇宙人が高度な文化と文明を持つならば、私の示した『人類普遍の価値体系』に匹敵する価値体系を持っていない筈はないと考えるのです。

ですから、私達人類は堂々と私の示した『人類普遍の世界観』を正面に出して、それを地球人類の理想として掲げることで互いの理想を共有することになり、相手がいかに高度な技術を持つ宇宙人であっても本来の惑星間交流が実現出来ると私は考えます。

そして「あれ以来グレイに指導されているこの私がそう考えている」ということは「グレイがそう考えている」ということと同じなのです。

今の時点で皆が「全肯定に至る一元論」の世界観に達していなくても、それを理想として掲げるだけでその世界の中に住んでいることになり、一元論のフラクタル共鳴の一部となることが出来ます。

そこまで行けば、グレイは宇宙に通用する『人類普遍の世界観』を体得した地球人代表と話し合うことが出来るのです。

そのためには『人類普遍の世界観』を体得している地球を代表する存在が必要になります。もし存在しなければ、対等な話し合いは成立しません。

その時は、支配者と被支配者との関係しか成り立ちません。地球の代表は選挙で選ばれるのではなく、天の意志で指名されます。

そのためには我々は当然のこととして、急ぎ私の示した『人類普遍の世界観』とそこから導かれる『人類普遍の価値体系』を学ばなければなりません。それを私達人類の目指すべき価値体系として受け入れなければなりません。

私がイエスとの係わりでキリスト教再生を目的として、前著『イエスは聖書を認めない』を著しましたが、ガブリエルから見てこれではあまりに遠回りなので、ガブリエルは私に直接「グレイからの警告」を見せつけて、私に強く次の行動をうながしたのだと思います。

それは確かに強い口調で「地球人としてもっと真剣になれ」『人類普遍の世界観』を体得しているのだから、あなたがしないで誰がやるのだ。というものでした。

既に説明をしている様に、神（ヤハウエ）の意思で旧約聖書における神とユダヤ人の約束に従って心を病むユダヤ人のために「救われの論理」を説くイエスを約束の救世主として遣わし、その時のプロジェクトリーダーがガブリエルです。

ところが、ユダヤ人の神官やモーゼの律法学者達がローマの支配から解放してくれる救世主ではないと判断したため、イエスを救世主とは認めず神との約束を裏切る判断をしてしまいました。この場面で神の意思を無視し自分たちの都合を優先した事は、その後の歴史に致命的な禍根を残してしまったのです。

このユダヤ人による契約違反によってユダヤの歴史は大きく変わってしまい、それ以後の世界の構図を大きく変えながら今に至ります。恐るべき極悪の信念と言わざるを得ません。

ユダヤ人は「すべきことをしなかった」のであり、自分が原因であるにも係わらず、バチカンが

「偽りの贈り物」を作ることに直接的には何も係わっていないのでその自覚は無く、一方バチカンは全てを知ってやっているということになります。

どの知的生命体から見ても今進行している地球の歴史、つまりユダヤ人の契約違反が元となって展開していくバチカンの作り上げたキリスト教と、その元となっているユダヤ人の振る舞いと、そこから派生した勢力による【欺瞞】の世界（後述）は余りに独善的で、独裁的で、今や宇宙規模で問題視されているのです。

知るべきは地球では「行為」とは形や言葉のことですが、進化した宇宙ではベクトルという「思考」こそが具体的行為なのです。真実ではない思考エネルギーを組織的に拡散することは、宇宙の何処であっても、信仰の自由でも思想の自由でもありません。

真実に反するベクトルをまき散らすことは、それは地球上だけではなく宇宙のルールとして間違いなのです。

このメッセージを見た読者ならば、宇宙人グレイが真剣に地球人のためにメッセージを送ってくれていることを疑うことはないのではないでしょうか。

ミステリーサークルからこの書は始まりました。これだけのミステリーサークルを誰もお遊びで作るわけはないのです。

ここを解決しないと、人類が宇宙人との交流を公式に開始して、宇宙人の仲間入りをする条件は整わないのだと思います。

そして何よりも、このままでは私達地球人にとって宇宙の真理を知る機会が奪われ、人類としての大きな進化の機会を逃してしまうと言えるのです。

私はこの機会こそ、常に対立する善悪二元論を超えて、私の示した「全肯定に至る一元論」の『人類普遍の世界観』に人類が統合される絶好の時だと思っています。

そこで、私達人類の側から彼らのメッセージを真剣に受け入れ、〔欺瞞〕を排除するように行動しつつ、こちらから連絡通路を開くように強く依頼すれば連絡通路は開くことになり、地球の未来に対して大いなる支援をもらえるのだと思います。

そして、我々が何もしなければ〔欺瞞〕は継続していくことになります。そこに地球の明るい未来は無いのです。

ガブリエルの地球人への思い

先ず知るべきは、宇宙の中に働きの場としてのイエスの天命が存在して、そしてガブリエルの天命が存在するのです。イエスもそうであったように、ガブリエルはガブリエルという「名」が象徴する天命の範囲内で動こうとしているのです。もしその働きから大きくはみ出ると天命が曖昧になり、却って大きな誤解を生む危険があるからです。その為に出来るだけ元々の天命の範囲で慎重に発言していて、自分が係わっていない現代のキリスト教に直接係わることを、敢えて自制しています。

そこで、ガブリエルはキリスト教の問題を直接語るのではなく「グレイからの警告」を私に紹介し、グレイを通して私達の置かれている状況を背後から教えてくれているのです。

本著におけるガブリエルの発言の前提は、ガブリエルは過去にバチカン由来のキリスト教の発祥には一切係わっていないという立場を貫くことであり、その大前提でバチカン問題には直接触れずに、それを私を通してユダヤ人に働きかけて、しかも地球の未来に対しても強く働きかけようとしているのです。

ガブリエルとは「ヤハウエ」の代弁者として、モーゼの時代からイエスの時代を越えてユダヤ人に係わっていて、ユダヤ人の親といえる存在です。そこで、ガブリエルからメッセージを受けている私としては、ユダヤ人の親としての立場からユダヤ人への強力な指導が今、為されようとしているのです。

そして、私とユダヤ人との関係は次第に明らかになっていきます。

前著『イエスは聖書を認めない』では、バチカンによるキリスト教発祥に大きな問題があっても、ガブリエルとの歴史的必然性がないことから、ガブリエルとしてはバチカンに係わるべきでないとのスタンスをとってきました。

何故なら、ここを曖昧にするとキリスト教が期待するような関係は無いにも拘わらず、有るように誤解を与えてしまい、その結果バチカンに自己正当化の理由を与えかねないからです。

そこで、ガブリエルは「グレイからの警告」を私に示して、グレイの発言としてバチカン問題を世界に知らしめようとしているのです。

ガブリエルとしてもかなり慎重に地球に係わっていることが理解できます。

ガブリエルからのメッセージは、ユダヤ人とその後ユダヤ人が作り出した勢力に対して強く集中しています。歴史の基本理解はグレイと同じでも、警告の向いている先が今の問題に向かっているのがグレイであり、一方ガブリエルは係わったいくつかの問題のその根源に限定し、そこから派生したユダヤ関連の問題に向かっていると私は理解しました。

ガブリエルとしては、地球に係わった以上は最後まで責任を持ってユダヤ問題を通して地球人達を指導しようという、熱いモノを私はずっと感じ続けています。

グレイが語る「バチカン問題」

上記の主旨から、ここはガブリエルではなくグレイが語ります。

グレイは未来の側から人類に係わっていて警告しています。

「バチカンはイエスの主旨を無視して、帝国支配という自己都合のためだけにイエスの言葉をもてあそび、改竄《かいざん》に次ぐ改竄《かいざん》によってイエスの主旨に真っ向から反するまでになった」「従って、イエスの名はイエスの主旨から完全に乖離して「ローマ帝国の救世主」へと仕立て上げた」「そしてさらには「世界の救世主」にまでさせられた」「それはもう原始キリスト教とは全く別モノのキリスト教として世界に展開していった」「自作した自己都合の論理を神のモノとして人々に強制し続けたバチカンは神を怖れない、神に反する人達であり「反イエス」或いは「反キリスト」と言うべき人達である」

「私（グレイ）がガブリエルに代わって深く追及することは、ユダヤの救世主としてイエスを世に送り出したガブリエルの側から見て全く意にそぐわない形でキリスト教の名が利用され、イエスの名と立場が利用され、イエスに全ての責任と罪をなすりつけていることだ」「これが［欺瞞］でなくていったい何で有ろうか」

「バチカンによって中身が完全に改竄《かいざん》されたキリスト教の、その［欺瞞］の宗教の中心人物にされてしまったのが、ガブリエルが送り込んだイエスである」「［欺瞞］の下にイエスの名で事が為されていくことを、地球に関係する宇宙人たちは勿論イエス自身も、ガブリエルも受け入れる訳がない。従って、宇宙連盟としてこのまま放置することは出来ない」

「ユダヤ人によって契約が守られていれば、この偽キリスト教は生まれていなかったのである」そして「この偽キリスト教は本来歴史的に生まれ出なくて良かった宗教である」

「特に、イエスの名を盗んでイエスの主旨を強引に歪めてしまったことが極めて危険であり、それがあまりに巨大であるが故に、危険な異物として宇宙の中ではかなりよく目立った存在となってしまっている」「もしこれが地域の小さい宗教組織なら、そこに［欺瞞］があったとしてもここまで問題視されなかったとも言える」

「我々（グレイ）はイエスの名誉を回復し、この混乱を収拾しようとする勢力に手を貸したいと思っている」「麦畑に刻んだ警告はその様な意味を含んでいる」

「バチカンよ。悔い改めよ」

【私のコメント】

ここで、本著では私が一元論の世界から、バチカン問題を位置づけておきます。

即ち、バチカン問題は他の宗教にも大なり小なり有ることであり、バチカンが生まれ変わることさえ出来れば生まれ変わりの模範となり、その手法が他の宗教から大いに受け入れられることになります。

しかし、もし出来なければ反面教師として人類に貢献することになり、どの道人類の歴史に残ることになるのです。

世界のあらゆる宗教は宇宙時代を迎えるに当たり、バチカンを模範として、或いは反面教師としてその存続条件を満たすために自らの独善性と排他性を排除し、普遍性を回復し、一元論に結合することで未来に生きる道を確保できることになるのです。

私とガブリエル、そしてグレイとの関係

前著でのイエスとのコンタクトの途中からガブリエルが登場し、私に様々なメッセージを伝えてきています。

これまで私にとっては、ガブリエルはイエスの背後の天使の一人、という位の知識はありましたが、特にガブリエルに特別の思い入れはありませんでした。

そのような私ですから当初気付きませんでしたが、次第に分かってきたことは、地球の歴史に於いてガブリエルは中心的な役割を担っていて、人類を発展させる大計画の下に歴史の側から深く係わり、今も係わっているということです。

地球の歴史の中ではさまざまな古代の宇宙人（天使）が係わっていますが、宇宙連盟という地球を見守る体制が有って、そこに深く係わっているのはグレイであり、そしてガブリエルなのだと確信するに至りました。

しかしながら、ガブリエルの伝えてくる「情報」のすべてを私自身がよく実感できていないところがあるし、それ故に全ての「追加」事項を書き切れていないのだと思います。その点、本著の出版後も更新があれば情報発信するつもりです。

前著ではバチカンの［欺瞞］の追及でしたが、本著では［欺瞞］について前著から大きく範囲を広げ、今の人類の危機を生み出している元凶を探ります。

ガブリエルとグレイから見れば、地球の現状は何とも不安定なところにあって、なし崩し的に崩壊する危機にあり、その過程で地球の文明の大改造をせざるを得ないけれども、可能な限り地球人には地球の現状を伝え、過去を適切に処理し、人類は未来にどうあるべきかを伝えることが重要だと考えているのです。

苦痛の後に「良い事」がある

私は当初あまり重きを置いていませんでしたが、There is GOOD out there.とはMuch PAINの後に来る救いの手の事と考えられます。これは重要であり、メッセージには全く無駄がないのだと分かりました。

この点に関して私は色々考えていましたが、それは何処かに有るのではなく、ここに有るのだと気付かされました。

つまり、それは前著と本著の出版であり、イエスとのコンタクトとその後のガブリエルからのメッセージにより、今この書で展開していること、その事だと理解するに至りました。
私は今、その一環として前著『イエスは聖書を認めない』と本著『ガブリエルの怒り』の出版を通して、地球人類に今何が問題で、未来にどうあるべきかを伝えてきているのです。

さて、グレイとガブリエルの主旨を受けて私がメッセージを総合して纏めると、以下のように理解できます。

本著ではグレイとガブリエルはミステリーサークルに書かれたメッセージによって繋がっています。分かったことは、ガブリエルは地球の歴史を人類発祥の古代史にまで遡って地球と人類の歴史に責任を持っていて、その立場から私に、そして人類に係わっていること。

そしてグレイは地球の未来を想定し、未来を具体的に描いていて、その未来から私に係わっていて、地球に修正をかけているということなのだと思います。

地球の億年単位の長い歴史の中で地球に係わった宇宙人はかなりの数に上りますが、その宇宙人の中でも特に知的生命体（X）の種族はかなり丁寧に長期に亘って親身に地球に係わってきたという過去の実績を認められているのです。

地球の問題を扱う宇宙連盟は、ユダヤ教、原始キリスト教、イスラム教に関してはガブリエルの名を持つチームがその当事者として高く評価され、認められていて、地球に自由に係わり直接的な行動が出来る。
そして、さらに宇宙連盟からは「地球の生命活動の進展に特に優れた貢献をした」との評価を受けているので、現代も深く係わっているらしい。このように私は理解しています。

このように、私はやっとグレイとガブリエルのスタンスを理解できました。
ガブリエルが今後何をするにも何も知らない一般の地球人を巻き込むことは出来るだけ避けたい気持ちがあり、そのためにも地球人がこの歴史について正しい理解を持って自ら動いてくれることが、地球人側の被害を最小限にすることになるのです。彼らの今の様々な行動はすべてここに起因しています。

私は当初、前著『イエスは聖書を認めない』を執筆しながら「バチカンに騙されていたキリスト教徒さえ救えればそれで良い」との思いから、バチカンやその元にあるユダヤの契約拒否問題に対してはあまり追及の姿勢を示さずに両者に強く「もの申す姿勢」は敢えて取らずに、そこは事実関係に触れるのみとしてきました。

前著『イエスは聖書を認めない』では普遍の真理を求める立場の人間として、イエスの気持ちだけで議論を展開するつもりでいたのです。

わざわざバチカンにまで、そして更にユダヤ人の契約拒否にまで遡って問題提起することは、バチカンとユダヤの両方を敵に回すことでもあり、私としては中々気が重いと思っていました。

しかし、ガブリエルからのメッセージとグレイによる警告の事の重大さを知ってしまえば、予定を変更してもそれを語るのは私の使命なのだという気持ちになったのです。

ガブリエルから私に「あなたは『人類普遍の世界観』を追求する立場の人なのだから、この危機的場面に直面してその立場からはっきりモノを言い、行動に移すべきだ」と厳しく叱咤激励されたのでした。

その指摘で、改めて私の立場を再確認して戴いたのです。ずっと続いていたガブリエルの苦虫をかみつぶしたような顔が少し崩れたような気がしました。

私は宇宙に心を広げ、その隅々にまでスキャンし、フラクタル共鳴を発生しています。ガブリエルはそこに私の言語空間、私の思考空間、それは即ち私の価値大系を通してメッセージを伝えてくるのです。

ガブリエルからのメッセージとしてはまだ私に対していろいろ言いたいことがあると感じています。何れはっきりする時が来ればそれを公表します。

ここで私が再確信したことは、これは決してガブリエルやグレイの問題ではなく、私達人類の問題なのだということです。

その上でここまで積み上げたイエスとムハンマドとの信頼感を基にして、ガブリエルの言葉と新たに登場して頂いたグレイの言葉を借りてバチカンの問題とユダヤの契約違反の問題と。さらには何らかの危機を暗示するようなMuch PAINと、その後に来る救いの手（GOOD）を含めて全体像を作っていきます。

実際、ここ暫くグレイとはフラクタル共鳴体となり、確かにそこに「グレイからの警告」は届いています。

考えてみれば、ガブリエルとイエスは原始キリスト教の発祥において同じ立場でありますが、その後人智《じんち》が作り上げた新約聖書については全く無関係であるので「今何か物を言うことで却って必要の無い関係を作ってしまう。しかしその時がきて動くべき時には動く」という姿勢なのだと思います。

そして、ユダヤ人に対してはもっと身近な直接係わってきた問題として、強い使命感を今なお貫きつつある姿なのだと思いました。

それは、宇宙の真理を貫くための地球を救うための戦いを意味するのかも知れません。

Ⅱ章

地球プロジェクト

このⅡ章は前著『現代の黙示録／イエスは聖書を認めない』からの抜粋に新たに書き加え、前著と本著を結合するために用意した章です。

前著の執筆中のことですが。

もうかなり終盤に至ってもフラクタル共鳴によって湧き出すモノが止まらない。ここから更にメッセージが長く続きそうな気がします。

それならば、とめどなく湧いてくるメッセージをもっと積極的に捉えて議論の経緯を残しながら、話のたどり着く先を見極めるまで進めてみたいと思います。

一万年前の古代から計画されていた

ガブリエルとはイエスキリストやムハンマドを指導した大天使として知られていますが、決して信仰上の神ではなく、正確には地球外知的生命体です。

旧約聖書においてはしばしば複数形のGodsが出現し、一神教とは矛盾しますが、これは実は宇宙人のことであり、当時の人々は神と宇宙人を区別できずにしばしば同一視していたことが分かります。

さらに信仰上の神については、これは当然存在するものとして本著とは切り離して議論します。

さて、ガブリエルの出身母体を含む地球外知的生命体の連合体は数億年前から地球を訪れていて、地球のテラフォーミングに係わって、地球を将来の知的生命体の居住地として作り上げてきました。そして数十万年前からは、環境の整った地球を舞台に地球出身の知的生命体を産み出すために地球の類人猿の遺伝子改良のために地球を訪れていました。

そして更に一万年前からは、中東に宇宙船の基地を置いて頻繁に宇宙との往復を繰り返し、ここからメソポタミアに至る地域を活動範囲とし、さらに地球の各地に拠点を置いていました。ガブリエルの属する地球外知的生命体は新たな知的生命体となった人類を更に教育し、導くためにより積極的に係わることになりました。

地球を訪れた地球外知的生命体は数十種類にも亘るため、ガブリエルが属していてガブリエルの出身母体の所属の知的生命体を以下では知的生命体（X）と表記します。

知的生命体（X）による地球との密な関係は、およそ一万年以上前地球開発計画が始動したことに始まります。そこでこれを［第一弾の地球プロジェクト］と呼称します。

この［第一弾の地球プロジェクト］の結果を受けてこの計画はさらに継続されることになり、やがて一段踏み込んだ計画が実行され、それがモーゼとの契約に至ります。これが［第二弾の地球プロジェクト］の始まりです。この時代には最終的に一元論に至るための前段階として実験的要素も含めて、善悪二元論を含めた一神教を前提に指導されることになりました。

さらに知的生命体（X）は「第二弾の地球プロジェクト」の途中で、次の最終段階の「全肯定に至る一元論」に至るための「第三弾の地球プロジェクト」の準備を始めました。

その未来の最終プロジェクトの準備のために、ユダヤ十二支族の内の十支族に対して、啓示によって重要な使命を与え「日出《ひいず》る所、地が途切れる東の端の大きな池の縁《へり》の地」を彼らの移住の目的地として示されました。彼ら十支族はこの目的地に向かって東へ東へと移動していったのでした。それはつまり、大きな池とは日本海、縁《へり》の地とは日本列島を意味すると思われます。ソロモン王の死後、バビロンの捕囚の時、民族が分裂した時代です。

日本の初代天皇である神武天皇は「サマリアの王」という称号を持ちます。サマリアとは古代・北イスラエル王国の都だったことがある地です。渡来した神武天皇は日本古来のシュメール文明に起源を同じくする天孫降臨のアマテラス系の集団と合流し、以後の日本の歴史を作っていきます。ここでアマテラスとは「天照大神《あまてらすおおみかみ》」のことですから、太陽神アテンと密接な関係があり、当然つながりがあります。

サマリアの王が受けた啓示により、十支族はフラクタル共鳴の中心地、日本を目指したのです。これ以降も時代を超えて海から陸から何波にも亘り、古代ユダヤ人やその後のユダヤ人や他の民族も導かれて日本に渡来します。その種の伝承は事欠きません。

シュメール文明を作ったガブリエルの出身母体、即ち知的生命体（X）はこのように将来の布石を打ちながら、各地で地球人を育て、いずれ対等な関係にまで導こうとしていて、積極的に地球人に係わってきたのでした。

この計画と手法は地球人に極めて友好的で、丁寧な支配方法であり、宇宙史の中でも特記すべきことであり、他の知的生命体からも高く評価され認められているのです。未開の地球人に対して遺伝子操作によって進化を進めながら、教育もしながら物心両面で、極めて良心的で思いやりに満ちていたと言うことが出来ます。

整理しておきます。

［第一弾の地球プロジェクト］では、知的生命体（X）が今から一万年以上前に、中東からメソポタミアに至る地域、更には地球全域に基地を置き、調査活動を行い、人類を成長させつつ地球開発計画が始動したのでした。

［第二弾の地球プロジェクト］では、地球人の知的レベルが向上してきたことから地球人と契約を結び、地球人に出来ることは地球人に任せて、その後は地球人自らの力で精神性を向上させる道を構築できるように背後から導きました。

モーゼとの契約の後、暫くして未来の計画のためにユダヤ民族の一部の種族を先発隊として切り離し、既に調査済みの理想の地「東の端の大きな池の縁《へり》の地」へと移住させ、過去の記憶を残し、教育を怠らず時間を掛けて、精神性の進化を待ちます。

知的生命体（X）は［第三弾の地球プロジェクト］を準備しつつ、遠くから観察を続けていきます。そして精神性の進化が或る段階まで進んだこの時に、プロジェクトの完成を意味する［第三弾の地球プロジェクト］を実行に移したのです。この時期は地球人類による矛盾が蓄積していて、大きな危機が迫っているときでもあります。

そして、イエスの「原罪消滅宣言」を契機としていよいよ［第三弾の地球プロジェクト］が始まるのです。それほどに「原罪消滅宣言」は大きな意味を持っているのです。「原罪消滅宣言」は私を通して為されたのです。本著はここに深く係わることになります。

前著で示された「原罪消滅宣言」とは、過去の間違った原罪の解釈からそれほどの論理的飛躍はありませんからすぐに理解できることなのですが、その意味するところには大きな違いがあり、その違いは極めて重大です。

そして実はその違いにこそ、後述するように［全肯定に至る二元論］へと向かう人類の未来がかかっているのであり、ガブリエルもこの新たな展開を極めて重要な時点と位置づけていて、この時点から［第三弾の地球プロジェクト］が始まるとしています。

それはつまり、混迷する人類を最終的に救い上げるには善悪二元論から一元論に移行する必要があります。そのために絶対に必要なものが『人類普遍の世界観』を示すことです。そして前著ではイエスが登場して「原罪消滅宣言」を発表したのです。その時までに私は既にそのための啓示を受け、そのための修行を積み、そして般若心経の解読に成功し、それにより『人類普遍の世界観』を示し、イエスによる「原罪消滅宣言」を発表して、この時のためにすべてを用意していたのです。

私の役割は「原罪消滅宣言」をステップにして、過去の善悪二元論を一元論に結合することでもあるのです。

本著は全編を通じてこれらについて一つ一つ詳しく述べることになります。

振り返ってみると、［第一弾の地球プロジェクト］に移行してからは、ガブリエルは先ず一元論の前段階となる一神教を伝えてモーゼとの契約を交わし、今後はその契約に則って指導が行われるとの方針をモーゼに伝えました。

モーゼの時代に［第二弾の地球プロジェクト］を進めようとしたガブリエルの方針としては、この時代の人間の理解力の限界から基礎となる概念の不足などから、そしてそれらの概念を示す語彙の極端な不足から、直接一元論を説くことは不可能と判断したのでした。

私はイエスとの交流の時に、そのモーゼの時代のこの判断について「何故一元論まで説かなかったのか」と、私はイエスに質問したのです。

この質問に対してイエスは一元論に固執するこの私を説得するためと思いますが、私の意識は一気に時代を飛び越え、イエスが説教する現場に連れて行かれ、その場に置かれました。その瞬間私は「確かにこの人々とこの時代に一元論を説くことは到底無理だ」と思い知らされる驚きの体験をしました。それはたった30秒間程度でしたが、もう居たたまれない気持ちで「分かりました、分かりました、もう戻してください」と言って、一気に戻ってきました。

なかなか信じがたい話かもしれませんが、こういう体験はあり得ることを知って戴くことと、これも隠さずに話すことが良いとの考えで書いています。

一元論に至る前段階として、絶対性と普遍性を有する宇宙意識の概念を伝えるため一神教という形を、人類の歴史上初めて示したのでした。

それが故に、暫定的に「唯一の神」とか「神々の頂点の神」という形で宇宙像を示し、一神教を説くことにしました。

一神教であれば、そこに一番偉い神が居て、その神が創造主として宇宙を作ったことになります。人類の進化としては大きな一歩ですが、『人類普遍の世界観』に至るにはまだ距離があります。

現代の宇宙時代において、一神教だけでは正しい宇宙像が構築できず、最終的に二元論に直結しないことも十分予想されていたので、正しく二元論を示す将来の〔第三弾の地球プロジェクト〕を前提に、ここでは継続的実験的な意味を含めて地球人類に対して示されたのでした。

同時期にエジプトではアクエンアテンにより一神教が導入され、人類史上初めて同時期に異なる民族で一神教が説かれました。当然エジプトとパレスチナ、メソポタミアは隣接する地域であり、元々深い関係があったと思われます。

エジプトでは神官達の反対により次のツタンカーメンの時代が終わると共に直ちに一神教は廃止され、一神教はユダヤ人を含む旧約聖書の民によってのみ、継続されることになります。

一神教に至る前段階としては太陽神信仰があります。エジプトではアテン神であり、日本においてはアマテラスでありますが、日本ではアマテラスから一神教には至らなかったと言えます。これらが地域を隔てて同時期に発生していることこそ〔第二弾の地球プロジェクト〕の計画だったことがうかがえます。

人類は最終的に二元論に達することこそが目的なので、〔第二弾の地球プロジェクト〕の段階から〔第三弾の地球プロジェクト〕は準備され、〔第三弾の地球プロジェクト〕が始動すると同時にガブリエルの指導により、日本では多神教の太陽神のままで二元論に導かれることになります。実はこの方が無理なく自然であると私は思っています。

ガブリエルとしては本著によって、ガブリエルに導かれるこの私が一元論に直結するように過去の多神教を、そして一神教をも最新の宇宙像から位置づけて述べることになります。【巻頭図４】

つまり、本著は［第三弾の地球プロジェクト］そのものなのです。

そこで最初に「統治の論理」を示し、次にイエスの時代に「救われの論理」を示すというように計画に則ってかなり丁寧に地球に係わったと言えます。緻密な計画の下に物心両面で地球人を育ててきたのです。

しかしながら、育てられる側というモノは勝手な判断をするモノで、なかなか素直に従おうとはしないものです。

残念ながら現代のユダヤ人と言われる人達は、今更イエスの教えを受け入れ、救世主として受け入れるというのはかなり遠い話であると思われてきます。

ここにユダヤ人へのメッセージを示しましたが、ユダヤ人としてその判断が出来る組織がどこにあるのか。血統としてスファラディーなのか、アシュケナージで良いのか、わずかに残る原始キリスト教徒なのか、いったい誰がユダヤ人の代表なのか私には良くわかりません。ガブリエルが納得するユダヤ人の代表をどうやって探すのか。それが何処かに居てくれることを願います。

「未来を作っている次元を超えた世界」**【巻頭図12】**の話ですが、執筆中の現段階でいろいろと未来世界からの反応はあるのです。本著の執筆は私のフラクタル共鳴を通して宇宙に発信していることと、そこからの反応を実感しています。

最も嫌われそうなバチカンからは何故か「とても好意的な感謝の反応」がありました。イスラム教徒からは「一部不服という反応」がありました。しかし、上記に多少の説明を加えたことでその不服はなくなりました。理解を示し、受け入れたということと思います。そして、ユダヤ人からは「無視するという反応」です。

このように未来世界からはユダヤ人を除いてそれなりの反応はあるのですが、ユダヤ人からは全く反応がないという事は単なる無視なのか、それとも既に未来世界においては地球に係わるだけの力を完全に消失してしまっているのか。そのどちらかなのでしょう。

このようなユダヤ人からの手応えのない状況で、ガブリエルはこの先どうするのだろうか、もう契約の完全破棄しかないのだろうか。私はこの進展の無さに最悪のことを考えていました。

私は何度もガブリエルの気持ちを探ろうとしますが教えてもらえません。「自分で考えなさい」と、こちらに矛先を向けられるのです。そこで「そんなこと私が考えたって分かることではないだろう」と開き直ってもみるのですが、何も見えませんでした。どうしてもユダヤ人の未来が見えてこないのです。

ところがです。ところがですよ。私がガブリエルから回答を迫られ、早く回答するように迫られ、追い詰められ出口を探してギリギリの状況に追い詰められてみれば、確かに追い詰められていくその先に「あっ、そうか。なるほど、そういうことだって有り得るのか」と私は突然出口を発見したのです。確かにそこには私なりの決定的な回答が有ることに気付くのでした。

確かに心当たりがあった

もうそろそろ執筆も終わろうというのに、(これは前著『イエスは聖書を認めない』の執筆時の最終場面ですが。突然この場面でその決定的な出口にたどり着いてしまったのでした。「それについて詳しく書かなければならない」とのガブリエルの指導の言葉が聞こえてくるようでした。

この時「いずれは係わるのだろう」ではなく、本当にこれから私はユダヤ問題に直接係わっているのだと悟りました。

そして、これはもう簡単には脱稿できない状況であることを覚悟しました。

先ず、発見した出口について説明します。

振り返れば、私は二七歳の時に霊修行が始まり、直ぐに三つの天命啓示を受けました。ここは事実関係のみ記述しておきたいと思います。

この時の一連の天命の啓示の内容は、【第三の天命啓示】を補強するものであり、私は地球を救うための「救世の大霊団」から遣わされた三人目の使徒である、ということです。

特に【第三の天命啓示】が、正にこのガブリエルの登場の場面に直接係わるものであり、その事についてい少し触れておきます。

その【第三の天命啓示】の体験とは「汝ソロモンの子、ダビデの子、ヘロデの子」という啓示が与えられた霊験でした。

それを思い出してみれば、朝方の目覚め近くの黎明《れいめい》の時に、いかにも中東らしい赤い山肌の荒野の中にこのメッセージが大きくこだまして聞こえてきたのです。今でも思い出せるくらい印象的な光景と声でした。

そこで、私がこの場面で【第三の天命啓示】に従えば、私が歴代のユダヤ王を代表してユダヤ人に対するガブリエルの警告を受け取ることが出来るのではないかと気付かされたのです。

そのことで事が解決するのであれば、前著と本著の出版は宇宙の経綸の中に有り、前もって計画された事柄であると言えます。それならば、その流れに乗って行けるところまで行ってみようと思います。

ただし、啓示を受けた私にとって「はい、そうですか」で済むような簡単なことではありません。この啓示が降りた時点では、私がユダヤの主たる霊統であることなど簡単に信じられることではないからです。

この天命の立場に立って行動するためには、私自身が【第三の天命啓示】を正面から受け入れ、そのことに正しい自覚を持たなければなりません。

この書の出版に関してガブリエルの導きは突然の事だったので、答えは分かっていても【第三の天命啓示】を自覚するためには自らの心の整理もあり、多少の時間を要したのです。

しかし、この書の脱稿までにはガブリエルの指導により、私の内面の議論を一つ一つ積み重ねつつ、正しい自覚にまで至るようにしたいと思います。その過程を以下に記録しておきます。

先ず私が【第三の天命啓示】に従って、ユダヤ人代表として「イエスがユダヤの救世主であること」を私が認めれば良いことになります。それは何も今更私が認めるも何も前著の内容は全てそれを意味しています。

つまり、私による前著の出版は「イエスはユダヤ人のための救世主であること」を明らかにすることが目的の一つですから、それは既に出来ていることになります。ソロモンとダビデの名の下に、私はそれを認めることになります。

そして「汝ヘロデの子」ですから、イエスを磔《はりつけ》にした責任者のヘロデも、私と共にあることを意味しています。更に言えば、ヘロデさえ宇宙の経綸の中に有り、二元論の中で全肯定されるのです。まさにこのための啓示であり、このための出版であったと思えてきたのです。

以下に関連があると思われる、私が過去に受けている三つの啓示を整理して示しておきます。当時は全く曖昧模糊でしたが、今これを見れば確かに私の天命についてかなり具体的な意味が示されていたことが理解できてくるのです。

【第一の天命啓示】は「釈迦やイエスにも出来なかったことを、あなたがすることになる」でした。これは後に重要な意味を持ってきます。

【第二の天命啓示】も紹介しておきましょう。それは映像による啓示でした。その意味は「神の使徒が私の前に既に二人いて、その二人の使徒は最終目的を果たすことができませんでしたが、私は三人目の使徒として以前の二人の使徒からいろいろ学んで、自らの使命を完璧に果たすことが出来た」というものでした。更にこの道は三人目の使徒で完成し、完了するのであって、四人目の使徒は出現しないという付け足しまでありました。

そして【第三の天命啓示】は、前述の啓示であり「汝、ソロモンの子、ダビデの子、ヘロデの子」と聞こえてきたことでした。

これらの三つの啓示を受けて、さらにイエス、ムハンマド、ガブリエル、そして「グレイからの警告」を全て加味して、そこから浮かび上がる私の大きな天命を、私自身が無視することはもはや出来なくなってきています。

だからと言って、私がその啓示をそのまま鵜呑みにすることは、どうしても私の知性が許しません。実に困りました。

私はガブリエルの指導で既に決まっているであろうゴールに向けて、かなり追い詰められていることをヒシヒシと感じています。

次に、具体的な意味を持つ【第三の天命啓示】については五〇年にも亘って私の心の中に時々浮かび上がってきて、未だ見ぬ未来を指し示していたのでした。それを今ここに、ガブリエルに問いながら解釈してみます。

日本人である私が、歴代のユダヤ王の血統を引き継いでいるとは中々考えにくいのですが、ユダヤ人の民族移動を考えれば決して無い話ではありません。

しかし、ここで重要なのは血統ではなく霊統なのです。

即ち、前述した【第三の天命啓示】によって私がソロモン王の霊統として、ダビデ王の霊統として、ヘロデ王の霊統として、その精神を受け継いでいるという意味になります。それは私の自覚として十分に有り得ることです。

そしてヘロデ王はイエスを磔《たっ》刑《けい》に処した責任者であることを知って、以下を読んで戴きたいと思います。


年代で言えばダビデ王、ソロモン王、ヘロデ王の順番ですが、第三の天命啓示の順番はソロモン、ダビデ、ヘロデとなっており、以下はこの啓示の順番で説明していきます。


啓示の順番は「汝ソロモンの子」から始まります。ソロモンが一番最初に出てくる意味は、順番から言って私はこの中で霊統としてはソロモン王に一番近いのだと言えます。

そのソロモン王は神から知恵を授かったと言われ、知恵者と呼ばれていました。

知恵者と呼ばれたソロモン王の霊統であるとすれば、私から湧き出す知恵はそこに由来しているのかも知れません。

ソロモン王の死後（紀元前九三一年）北王国の首都サマリアがアッシリアによって陥落《かんらく》します。ユダヤ十支族は、バビロンの捕囚《ほしゅう》となり、後に一部はイスラエルに戻りますが一部は極東の日本に向けて移動していたことは今やよく知られたことです。

彼らの末裔《まつえい》が古代日本に到達しているという伝説は、今や伝説ではなく史実となっています。


次に「ダビデの子」です。

ダビデはユダヤの初代王朝であり、ソロモン王は確かにダビデの子です。そしてしばしば「ダビデの子」とは直接イエスを指し示す言葉でもあります。私がイエスを語るときにはこの啓示が大きな意味を持ちます。

「汝、ダビデの子」は、後にイエスの最終的な天命成就のための儀式である、ユダヤ人のための「原罪消滅宣言」の儀式を私を通して行うことになる布石だったのでした。当時は荒唐無稽《こうとうむけい》に思えて何とも不思議でしたが、今ならそのように位置づけられるのです。

即ち、私は五〇年前にこの啓示を受け取って、そして今イエスから「原罪消滅宣言」の啓示を受け取り、そのイエスの教えの画竜点睛《がりょうてんせい》と言えるこのメッセージを伝えるために、前著『イエスは聖書を認めない』を著《あらわ》したのでした。

そして最後に「ヘロデの子」です。

【第三の天命啓示】においてはヘロデ王はイエスを磔《はりつけ》にした側であり、私はその「ヘロデの子」として十支族以外の二支族の側でもあるということになります。ヘロデ王によるイエスの磔刑《たっけい》によってユダヤの歴史は大きく変化します。

ヘロデに従ったユダヤ人はイエスを裏切ったことで、それ以降の民族の運命は大きく狂い、苦難の歴史となってしまいました。しかし、【第三の天命啓示】によれば、ヘロデに従ったユダヤ人をも救うことになります。その方法も既に開発してあります。


このイエスが磔刑になったヘロデ王の時代に、及びそれ以降にもキリスト教徒は存在しましたが、それは隠れた存在でした。

その後、後述するようにエルサレム陥落《かんらく》、マサダの戦いと続き、ユダヤ人は世界に散っていきます。

そして、やがてバチカンによる焚書《ふんしょ》政策により、中東地域からヨーロッパ地域の非ユダヤ人、ユダヤ人を含めてのすべてのキリスト教徒はバチカンの支配下に入りました。さらにはエチオピアやチュニジアなど、アフリカ大陸にわずかに残る原始キリスト教にも及んで完全に骨抜きにされ、本来のユダヤ人限定の正統派キリスト教徒はこの地球上から完全に消え去ったかのように見えます。

ところで、ソロモン王の時代から理想の地として日本の存在は知られていて、日本に渡ったユダヤ人は何波にも亘り定常化されていました。そう考えると、正統派キリスト教徒も日本に渡っていると考えるのが自然です。

その痕跡が日本にあるかもしれません。ほんの一時期の、一握りの人達ではあっても、ヘロデ王の時代以降に迫害を恐れて日本に渡った可能性があります。そのような正統派キリスト教徒が存在したとすれば、バチカンの焚書《ふんしょ》政策の影響を受けていない正統派キリスト教徒であり、日本と世界にとって貴重な存在と言えます。

彼らこそが地球上に最後まで残った、正統派キリスト教徒であると言えるのです。日本に渡った正統派キリスト教徒は、そして他のユダヤ教徒も次第に日本文化の中に同化していき、やがて日本文化の礎《いしずえ》となっていきます。その彼らの魂こそ日本文化が育んだものであり、ミーム（精神性の遺伝子）として現代まで引き継がれたモノです。

さて、私はガブリエルの指導により【第三の天命啓示】を前提として以下の行動をしました。ヘロデ王の治世《ちせい》、イエスが磔刑となる以前の時代の、以前と以後その両方の歴史に基づいてユダヤ人を代表し「イエスがユダヤ人の救世主であること」を宣言し、同時にイエス磔刑後のユダヤ人のキリスト教徒を代表して、しかも前著でイエスによる「原罪消滅宣言」を行いました。それを日本で行う意味も十分にあると言えます。

いやはや、急ぎ衣装を着替えて一人三役とは驚くばかりです。これで私に矛盾はありません。

確かに私が日本に生まれて、本著を著すにふさわしい立場であることには違いないと思います。前著『イエスは聖書を認めない』ではイエスの「原罪消滅宣言」を明らかにし、イエスの教えに画竜点睛を与えて現代に蘇らせた、とても重い意味があることは明らかです。

私としては、【第三の天命啓示】を戴いた時から、いずれは重要な場面が訪れるであろうことは何処か頭の片隅では知っていましたが、逃げられない証拠を突きつけられるまでは無視しようとしてこれまで五〇年間ずっと放置してきました。

しかしながら今「ここまで私の正体を見せつけられれば、もう逃げられないな」との思いがあります。

「ここまで来ても、さらに逃げようとするのは不誠実なのかもしれない」「今が受け入れるべきその時なのだろう」と覚悟を決めました。

確かに覚悟は決めましたが、そこには簡単には超えられない大きな壁があると感じています。

私がこれまで受けた「啓示」とグレイからの警告をどのように繋ぐのか

過去に受けた啓示による私の立場をそのまま周りに主張する気には全くなれないし、ユダヤ人に対して、敢えてそれを押しつける気にもなれません。これはどこまでも私の意識の中のフラクタル共鳴する宇宙の中での出来事なのです。

しかし知るべきは、意識の世界は形の世界に投影されるという真実です。

この中途半端な今の状態で私がはっきり言えることは「もし私の発するフラクタル共鳴の中に入りたいという人達がいれば、私はフラクタル共鳴を提供します」ということです。

共鳴とはエネルギーの伝搬《でんぱん》ですから、望む人達はこのフラクタル共鳴のエネルギーを受け取ることができるのです。そしてその時、その人達は普遍の宇宙を理解するのです。


ガブリエルの指導によって、この辺をもう少し吟味してみましょう。

私の宇宙とはそれは私の意識の中のフラクタル共鳴に属する宇宙です。共鳴体には明確な区別はありません。共鳴するモノ全てで一つです。私は私の意識を共鳴の「中心核」としてフラクタル共鳴の状態にあるのです。これは宇宙そのものの私であり、既に個の私ではないのです。

それは私の到達した、最も広く深く、多次元多層構造でフラクタル共鳴する宇宙です。これは多次元多層構造の波動ですから、いかなるモノもここに取り込んでそれをフラクタル共鳴に変換することが出来ます。


私はこのフラクタル共鳴の中で【第三の天命啓示】を受け入れることにしたのです。でもまだそれは自らの意識の中の出来事です。一方、契機となった「グレイからの警告」は外の世界の現象です。

ここで私の意識の中の世界と外の世界との関係が成立しています。

ここは重要な記述なのでガブリエルに確認すると、問いに対する直接の回答は無く、代わりに何かとても厳粛《げんしゅく》な回答が返ってきました。

「あなたが「啓示」を受け入れる場面では、必ず二元論の世界で記述しなければならない。決して善悪二元論の世界で記述してはならない」という、私からの質問の直接回答ではない、その先の指示が返ってきたのです。

このガブリエルの回答は、近いうちに私が啓示を正しく受け入れるという大前提で、その次の段階での回答なのだと思います。

二年前にガブリエルとのコンタクトが始まるまで、私とガブリエルとの関係は表面上一切ありませんでした。ましてや啓示を受けた五〇年前の私としては、たとえガブリエルの名を聞いても「名前は聞いた事があるが、きっとキリスト教関係の天使だろう」という程度の知識でしかありませんでしたが、実はその時からガブリエルは私に係わっていて、この啓示を私に送ってきていたのだと理解できます。

ガブリエルからの指示は図らずも次のことを示しています。

私は一元論の立場で【天命の啓示】を受け入れなければならない。そしてそれ以前に、善悪二元論で記述した事柄は最終的には一元論に書き換えなければならない。という指示だと理解しました。

つまり、本著で示した「グレイからの警告」やガブリエルからのメッセージに関して、本来は善悪二元論で解釈してはならないのです。緊張感を持って一元論の中で解釈し、絶対性の中で受け入れなければなりません。それは大仕事なので次の機会になるでしょう。

ですから、ここはガブリエルからの強い指示を受けて、天命啓示に関しては敢えてフラクタル共鳴の中に入って一元論の世界から記述します。

それは即ち、私は「ソロモンの子であり、ダビデの子であり、ヘロデの子である」のでした。

これらは全て私の住むフラクタル共鳴の中での出来事です。『私はフラクタル共鳴の宇宙であり、フラクタル共鳴の宇宙は私なのです。』

一元論の世界の中では全て自分のこととして、既に全肯定されているのです。『私は在りて在るモノ』『私は存在の全て』なのです。

それを私に係わる皆さんは、善悪二元論の現実世界において一つ一つ確認していく作業をしながらここまで登って来ることになります。

「ユダヤ人たち」が私のフラクタル共鳴の宇宙の中に入る事で全肯定される行程に入っていきます。しかし、それを望まなければ入れません。

そこで、今居る善悪二元論の世界において自らの歴史を振り返り、謝罪し、感謝し、赦され、それを受け入れ、或いは過程を儀式として実践していくのです。

そして次に、私のフラクタル共鳴の宇宙に自らの意志で入り、一元論の世界に復帰することで全肯定されることになります。そのことで「民族としての救われ」は完了します。

【第三の天命啓示】を私が受け入れたことで、ユダヤ人たちが今後住むべき世界、共鳴すべき世界、そこをハッキリ示したことにはなります。しかし、このフラクタル共鳴は決してユダヤ人たちが占有する場所ではありません。勝手な自己中心の期待をしないように。

私は本著で「グレイからの警告」を正しく解釈してそれを公表します。

そのことは一方で、ユダヤ人代表としてのこの私が「ユダヤ人たち」を受け入れることで事が足りるのであれば、私は喜んで彼らを受け入れ、持って生まれた民族の役割に沿って彼らと共に新しい時代を動かしていくという筋書きは用意しておきます。
しかしこれは私のフラクタル共鳴の働きなのですが、現実世界における「グレイからの警告」と完全に同期しています。

・現実世界の出来事と啓示の内容とが同期しながら、私は全世界の民族と共に、それぞれの民族が持って生まれた役割に沿って、彼らと共に新しい時代を動かしていく原動力になります。

しかしながら、ここまで来ても私の知性は限定されるのを嫌い、最後の抵抗をしているようです。私にしてみれば、このような追い詰められた状況はいつものことですから、脱稿までは必ず解決できると思っています。

私は修行を始めたときから、そして現在も、まったくもってユダヤを意識したことはありません。常に「人類愛の祈り」を祈り、私達人類の恒久平和を求めてきたのであり、私の知性は【第三の天命啓示】だけに私の天命が限定されてしまうことを決して望んでいません。

知性に語らせれば、私の天命がどうあろうと、それを私が認めようと認めまいと、他者が認めようと認めまいと、「人類愛の祈り」によって私の発生するフラクタル共鳴のエネルギーは全世界の人々による「人類愛の祈り」に共鳴し、一つの大きなフラクタル共鳴に成長していくということになります。

しかし、その知性が語ったことに対する私の回答は、この書の中で知ったガブリエルの行動から、そしてイエスの行動から「天命というものは敢えて範囲を限定しなければならない」のだ、ということにも私は気付いています。

このフラクタル共鳴さえ継続的に発生できれば、その後はそれほど困難は無く「個の救われの論理」と「全体の救われ」を意味する「統治の論理」が「じねん」に浸透し、宇宙人との共存が可能となるような人類の恒久平和が実現できることになります。「じねん」については後述します。

そして一元論の世界では、既に人類の恒久平和が用意されていて、フラクタル共鳴の中でそこに向かって生命活動を継続していけば良いだけの事です。

さて、私の役割として、善悪二元論を一元論に結合するという大仕事がまだ残っています。その為に必要なものが、二つあります。その一つは私が般若心経の解読で明らかにした『人類普遍の世界観』と、私の体験から書き下ろした拙著『宇宙と意識』で明らかにした最新の宇宙論であり、それは論理的に、且つ具体的に示されます。そして二つ目は私が五〇年の修行によって開発した「嘘」の研究とその解消法としての「自明行《じめいぎょう》」です。ところで、グレイの言う［欺瞞］とは私の言う「嘘」そのものであり、従って「自明行《じめいぎょう》」は「グレイからの警告」が問題視する［欺瞞］を解消するための極めて有効な手法として後述します。

ガブリエルは私に何をさせたいのか

当初私はメッセンジャーとして、フラクタル共鳴の中から出来るだけ正確にガブリエルとグレイの発する意味を伝えようとすることに徹しました。

しかし、それだけではありませんでした。最後は私までが表に出て、今度はメッセンジャーではなく一つの役が回ってきて、私の体得したフラクタル共鳴を地球人類に向けて発信する役割を与えられるという、何かめまぐるしく事が展開するジェットコースターに乗っているような気分です。

それ故に、私の天命について、私の働きについて、ここに取り上げることにしました。

結局、歴史を見ればガブリエルが深く係わったのは、イエス、ムハンマド、そして私ということになります。確かに私は三人目の使徒ということなのだと思います。

歴史の中で私はそのような位置付けになります。

ガブリエルが私を通して語ることは、過去のユダヤの過《あやま》ちが積もりに積もってこのような現代の矛盾を生み出しているという視点から、ユダヤ問題に係わることです。

差し迫った地球の危機を救い、安定な未来を作るに当たって、過去の問題が尾を引いている状況を打開しなければなりません。ガブリエルの使命はグレイと共にそのことを地球人に伝えることに有るのでした。

本著は明らかにその位置づけにあります。

本著の出版が意味すること

今のところユダヤ人からは何の反応もないし、イエスの磔の後のユダヤ人の行動とその歴史は神との契約（それは実質ガブリエルとの約束）を無視した［欺瞞］の歴史であり、それは契約違反により、今は契約停止期間となっていると思われます。

それにも係わらず、彼らは自らが約束を破ったとの自覚を持っていません。多少気付いていても今更それを認める勇気を持っていないのだと思います。

私とガブリエルの間での本著執筆の方針を纏めておきます。

（1）人々を導く世界観は私の説いた『人類普遍の世界観』を中心に置いて宇宙と人間を説明し。一方、旧約聖書の解釈は既に現代には当てはまらないことも多いことから、宗教書ではなく古代の宇宙人と地球人との係わりと、人類の起源を示した貴重な歴史書として位置づける。

(2) その上で、古代の宇宙人は決して科学的興味だけで地球を訪れているのではなく、宇宙の経綸に沿ってフラクタル共鳴の中から宇宙の生命活動の一環として、古代から何度も地球の各所に降り立ち、宇宙意識の立場から地球に働きかけていること。

(3) そしてガブリエルはグレイと共に地球人類を生み出し、今の姿に導いたことを宇宙人の立場として示し、今地球人類は存亡の危機にあることを示すために働きかけていることを示す。

私はガブリエルと共に、私の命の続く限り活動したいという気持ちがわき上がってきます。

今後はガブリエルの協力を得て、私の説いた一元論としての『未完成だった般若心経』(献文舎)と『宇宙と意識』(献文舎)と、前著と本著を前面に出して過去の歴史や価値観をこの中に落とし込み、一元論に統合しましょう。そして統合されずに残るがん細胞のような思想や組織は破棄しましょう。

私は今後、地球の未来の構築のために、この普遍的な世界観を人類に伝えていきたいと思っています。そして私は、ガブリエルに表に出ていただいて、宇宙連盟の側としばしば会合を持ち、宇宙人と協調していけるように宇宙に貢献していく道を模索しながら、地球の進むべき道を確立していきたいと思います。これが私からの提言です。

そして私からのお願いとして、私の次の行動に対して宇宙連盟からの明確な意志表示をいただきたく思います。それによって多くの人達が納得して宇宙に調和する地球の未来を作っていくことが出来ると考えています。

自分の正体が見えてきた

ここまできて、最後の最後にガブリエルから締めのメッセージを受け取りました。「ここに示したイエスの「原罪消滅宣言」に基づくあなたの出現こそ、いよいよ一元論に統合するべき〔第三弾の地球プロジェクト〕である」「汝、ガブリエルの子よ」との事でした。

その時の私の反応は「この私が〔第三弾の地球プロジェクト〕の地球側の責任者なのだ」と思うと同時に「えっ。私がガブリエルの子?」「成るほど、そういうことだったのか」と何かが腑に落ちたのでした。

その時、私に最も強く印象に残ったのは〔第三弾の地球プロジェクト〕のことよりも「汝、ガブリエルの子」の方でした。後から思い出してみて［第三弾の地球プロジェクト］に関しては落ち着いてからじっくり噛みしめていました。

先ずその時は「そうか。私はガブリエルの子だったのだ」と、ここでハッキリ思い出したのです。「私はやっと自分の正体が分かった」と、そこにとても安心するモノがありました。

あれほど抵抗していた知性（？）がすっかり従順になり、静かになりました。

私にとっては「汝、ソロモンの子、ダビデの子、ヘロデの子」と言われただけでは長い間それを正面から受け取ることに躊躇があったのですが「汝、ガブリエルの子よ」と言われた事で、私にはストンと腑に落ちるものが有ったのです。

ダビデ王、ソロモン王、ヘロデ王の背後に居るのは当然ガブリエルですから「汝、ガブリエルの子よ」を理解できれば「汝、ソロモンの子、ダビデの子、ヘロデの子」の意味も、当然理解が深まりました。

振り返れば、私は確かにガブリエルを既に父親として尊敬して接していると感じました。「汝、ガブリエルの子よ」の呼びかけに私は納得してしまいました。この「納得」は一瞬の事なのですが、この事で漠然として未だ形にならないものが突然うごめきだして、自動的に一気に形作られてくる心象が生まれてきました。それを以下に順序立てて記述しておきます。

歴史的背景から振り返ってみます。内容は前に話したことと重複しますが、今の「納得」の後の私にはとても新鮮に写って見えてきます。

古代シュメール文明の人々と起源を同じにする、天孫降臨族であるアマテラス系の人々が古代日本に住んでいました。

これは［第一弾の地球プロジェクト］に相当し、［第三弾の地球プロジェクト］の準備はこの時から為されたのです。かなりの時代が過ぎ、［第二弾の地球プロジェクト］の後、そこに神武天皇を筆頭とする古代ユダヤ人、特にソロモンの子孫達が万人単位で次々と日本に渡来しました。そこで、アマテラス系の人々とソロモン系ユダヤ人との出会いがあって、その習慣や言葉や文字などから、同胞であることを互いに確認し、その出会いを喜び、共に協力して日本の礎《いしずえ》を作りました。それはイエスの生まれる数百年前の出来事です。

イスラエルに残留した一部のユダヤ人はイエスを拒否し「神との契約」を無視しましたが、ガブリエルはそれを見据えて布石は打ってあったのでした。そしてその布石の上に、私は「ガブリエルの子」であることを、ここに謹んで受け入れるのです。

「ガブリエルの子」としての私は今、日本に居て無自覚のままユダヤの伝統の上に生きていて、今イエスから「原罪消滅宣言」の啓示を受け、さらにイエスの教えと般若心経の一元論を結合したのです。

この事の意味は、一元論の中にイエスの教えも、そして般若心経の原点となる仏教のその原点となるヒンズー教さえも取り込んでいる事を意味します。ヒンズー教に関して私は詳しくありませんが、般若心経の原点はヒンズー教にあり、ここから私と繋がっていて、そこには『人類普遍の世界観』があるのです。

イエスの「原罪消滅宣言」の啓示はガブリエルの最後の切り札である事が分かります。ガブリエルはその様な壮大な計画を持ってシュメール文明の民をここまで導いてきたのです。今やガブリエルはシュメール文明の総仕上げとして、日本人を中心に纏めると決めています。

確かに、振り返ってみればもう既に、日本にはユダヤ王の伝統を継承する天皇が司祭としての頂点に現存して居られることは、何とも驚くべき事です。

司祭とは地上から天に向かってフラクタル共鳴を求める「登る道」を意味します。さらに天から地上に向けてフラクタル共鳴を伝える「降りる道」が重なってフラクタル共鳴することで、天と地は調和し、一体化するのです。

天皇の存在は人類の宝です。世界の民族はこれを模範として「登る道」を作っていけば良いのです。「登る道」は複数有って良いのです。ただし、フラクタル共鳴を追求し、一元論に進展することが認められた場合にのみ、天の許可が降りるでしょう。勝手に作ってよいものではありません。

ですから、私達は今から新しい統治のシステムをゼロから作るのではなく、今有るシステムを現代向けに一部改良すれば良いだけなのです。そして何よりも成すべきは、その歴史を我がこととして捉える、我々日本人の自覚の問題となったのです。

日本人の自覚が或る段階に達し、世界からも確認できるまでに至れば「登る道」と「降りる道」のフラクタル共鳴を確認する儀式によって宇宙的に立場が確立することになります。ところで、私は「ガブリエルの子」として「降りる道」で「登る道」を支えます。

ここまで記述してみて、私は確かに「ガブリエルの子」であり成るほど「日本人こそユダヤ人だったのだ」と納得できます。それに逆らう気持ちは全くありません。

現代のイスラエルのユダヤ人は契約違反をしておきながら、未だに自分たちがユダヤ人の主流だと思っているようですが、ガブリエルは既にイスラエルのユダヤ人を相手にしていません。

そのユダヤ人とはガブリエルからすれば自ら育てたユダヤ人ですが、指導に従わず勝手に動き回る人達と映ります。しかも、ガブリエルにとっては「身から出たサビ」ですから、このまま放置することはないと思いますが、当のユダヤ人が「救って欲しい」と思わなければ救い上げることは出来ません。

ガブリエルとしてはその機会があれば必ず救い上げる予定です。ですから私達は「契約違反を無視しているユダヤ人」を今暫く放置して良いのです。彼らが反省し、ガブリエルに従うのであれば大いに歓迎し、受け入れましょう。

日本のユダヤ人こそ、ガブリエルが地球の代表としての「ガブリエルの子」と共にこれからも地球の未来を作っていくユダヤ人であると気づき、私はそれに納得したのです。私達は敢えてユダヤ人と名のる必要もなく「ユダヤ人と根を同じにしているシュメール文明以来のガブリエルに導かれる『日本人』である」との理解で良いのです。

ガブリエルは常に表には出ずに背後に回ってモーゼを、イエスを、そしてムハンマドを育て、そして今は私を背後から動かしている陰の指導者だったのです。そして今「ガブリエルの子」は地球の代表として、啓示に従って日本から動き出したのです。

ガブリエルによって導かれた終着点

立ち止まって考えてみれば、私に対してはガブリエルがなかなか回答を直接示さず「私をガブリエルのフラクタル共鳴の中に追い込んで、その中で私の思考と私の言葉による回答を引き出させた」ことがよく理解できます。これは二極性フラクタル共鳴なのでした。

ガブリエルは先ず私が五〇年前に受けていた啓示の通りに「ソロモンの子、ダビデの子、ヘロデの子」として私を扱いました。

次にガブリエルが深く係わった歴史上の出来事で、天の啓示に従って渡来したユダヤ人にガブリエルの意志を伝えるユダヤ人の代表者として私を扱いました。

そして次に「ガブリエルの子」として、地球で生まれた人間として、宇宙人側に対して地球人を代表する指導者として、私を扱ってくれていることがわかります。

私は地球人代表として、地球側の意志を表明する立場として、地球側の決定を行使する立場の代表として扱ってくれていることが伝えられました。

滅多なことでは啓示を受け入れないできたこの私が、しかもこれほどのことをこの場面で躊躇無く受け取れていることに、私自身が驚いています。

このような一見遠回りに見える経緯から言えることは、今の地球にとってはこの私が重要な存在であり、しかも「地球のことは地球人が決めるのが原則だ」というメッセージを読み取ることが出来るのです。

この事は、ガブリエルは、そしてグレイも「地球人に何かを命令しているのではない」という重要メッセージでもあります。しかも、私が地球の今後の進むべき方針を決定する立場にいると理解しました。そこまで理解した時、やっとガブリエルは私に「微笑み」を見せてくれました。

私は父が子に対するようなその微笑みを見て、ガブリエルのあの「私に対する不満」の態度の意味は危機感を実感できていないからだけではなく、私の「自分の天命を自覚しようとしない逃げ腰の姿勢そのもの」に対する不満でもあったのだと理解できたのです。

【私の天命の自覚】について

私の天命の自覚のプロセスを後代の人に正直に伝えることはガブリエルへの理解に、そして「グレイからの警告」に繋《つな》がると思い、ここに書くことにしました。

私にとって「天命の自覚」とは修行の中でも最も困難な課題なのです。それは七九才になった今でも継続中であり、常に私自身の知性との戦いの連続でもあります。

それは「これまで戴いた「啓示」を信じれば良い」というものでもなく、「ガブリエルがそう言ったからそうなのだ」でもなく「ガブリエルの子と言われたから」でもなく「自分で決めれば良い」でもなく「自分を信じること」でもないのです。

如何にして私自身の天命を自覚するかに関しては地球の未来が掛かっている重要なことであ

り、これは私にとって最難関の課題なのです。

つまり、私に与えられた最後で最大の課題は「意識の内側の出来事を外側の世界と直結することだから」とだけ言っておきましょう。これは私にしか分からないことなのだと思います。要らぬ誤解を避けるためにこれ以上の説明を控えます。


ここに示したこの私の課題を重要な課題として理解できる人は極めて少数でしょう。普通であれば、このような場面では課題を課題とも思わずに、何の疑いもなく簡単に超えてしまうのだと思います。只それを受け入れるだけなのですから。

「天命の自覚」についてここまでの厳格さを要求されることは普通はありません。

それがガブリエルの指導であり、そしてそれを正面からがっちりと受け取るのが私の知性であり、そうは簡単にそこを超えてしまわないことが、実は最も私の私たるところなのです。

そして今、その課題を多少残したまま、私とガブリエルとの交流は以下の章へと続いていきます。


このようなガブリエルとの貴重なやり取りによって、私は私に与えられた立場を確認することができて、自らの進むべき方向性がかなり絞られて見えてきたと思っています。

歴史を振り返れば、イエスの場合には近くに洗礼のヨハネがいて、イエスはヨハネによって天命を知らしめられ、それを自覚させられるという形式をとりましたが、私の場合はそれが必要となる五〇年も前に先ず［天命啓示］によって自らの天命を示されていました。

しかし、当時の私としては到底それを正面から受け取ることは出来ずに、半世紀も放置していたことになります。そして遂にその時が来て、天命を自覚するためにガブリエルが登場し、ガブリエルの徹底指導により、それ以外には無い、思考の一本道に私を追い込んで、遂に自ら納得して天命を自覚するまでに至ったのです。私としては、このガブリエルの登場が無ければ一切動くことは無かったと思います。

さて、そうなるといろいろしなければならないことが見えてきます。地球側に宇宙連盟と交流できる組織を作らなければなりません。

しかしながら、私はさすがというかやっぱりというか「ガブリエルの子」だけあって、表に出るのはあまり好きではないので、組織を作った後は遠く古代ユダヤから継承された日本の伝統の文化を尊重して、そこに委ねる形を取りたいと思っています。その伝統の流れを組む儀式や伝統を大切にしつつ、フラクタル共鳴によって背後から導き、一部内部の修正もしていきます。

さて、宇宙連盟と聞いてから急に何かを思い出し「ガブリエルの子」としての自覚が内から突き上げてきました。それは、地球に生まれた「ガブリエルの子」が地球で生活してみて、地球の文明を体験した時には必ず報告しなければならない重要な義務があったことを思い出したのでした。それは今の私の立場から「地球文明の体験的考察に関する報告書」を宇宙連盟に提出しなければならなかったのだ。という強い義務感に突然襲われたのでした。

それは丁度、学生時代にレポートの提出を忘れていて、提出期限間近に突然思い出して、急に慌てているような気持ちになったのです。

そこで、急ぎ学生時代に戻った気分で殆ど一夜漬けで「報告書」を作成し、私のPC内に宇宙連盟宛の連絡用フォルダに格納しました。（それは前著『イエスは聖書を認めない』（献文舎）の巻末に掲載しました。）

やるべき事が絞られてきたことで、私はかなり動きやすくなりました。これからもフラクタル共鳴によって宇宙との一体を確認しつつ行動し、地球人代表としての私の判断を私は重要視します。ただし、私は滅多なことで判断を下しません。私でなければならないことのみ判断し、決断します。

宇宙連盟の側も私の判断を地球人の代表の意志として重要視してくれるのです。

私はこの地球に於いて、地球人に対して全ての価値の源泉となる『人類普遍の世界観』を伝え、その下に世界秩序を再構築する方向性を示し、宇宙人と共通の世界観に立つことができて、共に手を取り宇宙の生命活動の一環を実践していく覚悟です。

Ⅲ章

「欺瞞」の正体

前述の通り、『イエスは聖書を認めない』の出版から一年後、ガブリエルからの追加要請に従って、以下にこのⅢ章以降を新たに付け加えることにしました。

これから地球の未来を作る新秩序を生み出すために、先ず歴史を振り返り、現状確認をしっかりして、そこから未来を語ろうとしています。

世の中には政治外交活動、経済活動、エネルギー生産、食料生産、安全保障から未来を論ずる見解はたくさんあります。本著では、そこに私が積極的に口を挟んで議論する気持ちはありませんが、一部の提案に留めておきます。

私は本著では、全ての価値の源泉となる『人類普遍の世界観』に立ち、人類の思考空間における様々な勢力の持つ様々な思考のベクトルが、複雑に交差する思想の歴史として過去を記述し、未来を語ろうとしています。

そして、このような歴史の視点を「ベクトル史観」と呼称します。

「ベクトル史観」から見た世界

Beware the bearers of FALSE gifts & their BROKEN PROMISESの解釈に関してですが、実はここには三段階の解釈が存在していて、それぞれに重要な意味があることが示されました。既に［解釈1］［解釈2］［解釈3］の三種類の解釈があることは述べましたが、ここでは［解釈3］に至る経過を示し、［解釈3］の詳細な説明に移行していきます。

前著『イエスは聖書を認めない』では、新約聖書に係わる警告として解釈しました。つまりここでは、the bearersとtheirは同一対象として扱いました。これは［解釈1］です。

この場合グレイが新約聖書の担い手に警戒を示し、その上でガブリエルが意味を発展させて、その歴史的背景にある旧約聖書の担い手に対しても警戒を示したということになります。

勿論それで良いのですが、［解釈1］でガブリエルは新約聖書への警戒は「グレイからの警告」に任せたこと。そしてガブリエルはその背景にある旧約聖書の担い手を問題としたこと。この立場の切り分けには見事な合理性があります。

ガブリエルは立場上敢えて新約聖書には触れずに「神との約束を破ったユダヤ人」を問題にしているのでした。

さらに［解釈2］が存在し、the bearers of FALSE gifts & (the bearers of) their BROKEN PROMISESで&の後にthe bearers ofが省略されている、と解釈できます。［解釈2］はグレイの立場に関してのみ違いがあり、新約聖書だけとした［解釈1］と異なり「グレイからの警告」は旧約聖書をも含めています。

結果的にグレイの立場の完全な分離は難しく、ガブリエルの立場も考慮して、本著の前半は［解釈1］と［解釈2］の両方を含んでいます。

本著の［解釈3］に入る前に、前著における［解釈1］及び［解釈2］を「ベクトル史観」から纏めておきます。

大きなベクトルの流れとしては、ユダヤ教とバチカン由来のキリスト教とイスラム教が三つ巴になっているように見えます。ただし、この三者が常に対立しているとみるのは間違いです。三者の関係をまとめておきます。

【ユダヤ教／イスラム教】　ユダヤ教とイスラム教は元々は旧約聖書の民であり、互いに同胞としての認識があり、そこに本質的な対立はありません。

イスラム教の立場から言えば、イスラエル建国以来のパレスチナの土地を巡る争いが継続していますが、これは最近のことであって、歴史的な本質的対立ではありません。ここに宗教的歴史的な本質の対立が有る訳ではありません。

さらに、ユダヤ教徒は未だにイエスをユダヤの救世主と認めていませんが、イスラム教の存在はユダヤ人に対して「イエスを認めるべきだ」との無言の圧力となっています。

【イスラム教／キリスト教】 イスラム教はバチカン由来のキリスト教に対して対立していますが、イエスに対してはキリスト教とは切り離して預言者としてその存在を認めています。

そしてキリスト教側から見れば、イスラム教に対してはいつもテロ攻撃にさらされ対立しているとの認識がありますが、根底には十字軍以来の対立があります。

ここで注意しなければならないのは、最近もムハンマドを揶揄したイギリス人やフランス人がテロを仕掛けられたことがあり、これはイスラムの暴力性と見えます。しかし反対に、イエスを揶揄するイスラム教徒は皆無であり、そして時々発生するムスリムによるテロの向かう先はイエスではなく、バチカン由来のキリスト教徒なのであって、イエスとキリスト教徒を切り離して見ている事が分かります。

ユダヤ教、イスラム教、キリスト教の関係をイスラム教徒はよく理解しているといえますが、キリスト教徒はこの事情を全く理解していないように思えます。

イスラム教側は原始キリスト教を説いたイエスを預言者として認めていても、バチカン由来のキリスト教に関しては、預言者イエスの教えとは認めていないことも明らかです。

そもそもバチカン由来のキリスト教に対抗して、これを修正する目的で発祥したのがイスラム教であり、それは勿論ガブリエルの意志そのものであり、これは既に前著で書いたことです。この点ではイスラム教の主張が『ガブリエルの怒り』と一致していることは特に重要です。

【キリスト教／ユダヤ教】　一方キリスト教側からユダヤ教に対しては、イエスが生きたユダヤ教に対しては、大切にしたい気持ちもあるし、ユダヤ人ではないことからカナンの女にあるように、ユダヤ人のおこぼれでも戴きたいとの気持ちが有ってユダヤ教を大切にしています。
そして、ユダヤ教徒側からキリスト教側に対しては、イエスの生きたユダヤ教を大切にしてくれるので悪い気持ちはしないのだと思います。イエスを認めないいままでも、キリスト教に対して敢えて対立する理由はないと考えているのだと思います。

このようなベクトルの力学が働いていることを知って、さらに深く入っていきます。

本著ではここに［解釈3］が加わります。そして、これらの全ての解釈を含めて未来の一元論に繋げていきます。

最終的には「ベクトル史観」によってその未来を一元論に結合し、未来の姿を想定しながら新しい「統治の論理」によって未来の歴史を作り上げていこうとしています。

「ベクトル史観」の大きな特徴は、上記の「人類の思考空間における様々な勢力の持つ様々な思考のベクトルが複雑に交差する思想の歴史」として語ることに加えて、善悪二元論を越えて、最終的に一元論的立場に立つことが挙げられます。

世界の動きは善悪二元論だけでは表現しきれないことは明らかで、最終的に一元論的に肯定されます。

『人類普遍の世界観』に立てば、未来に存在する幾つかの結論の内のどれに向かっているのか、現代のベクトルが世界の中でどのような位置づけにあるか。未来を含む歴史の中でどのような位置づけにあるか。そしてどのようにしてそこに向かうのか。そしてどこに到達するのか。ということについて語ることになります。

［解釈3］による世界

それから［解釈3］は内容がいくつかの民族の歴史に深く係わるので、出来るだけ一般で言われているような国際政治や政治的視点からは離れて、更にはダークステートやグレートリセットとは距離を置いて、私独自の「ベクトル史観」に軸足を置き、記述しようと思っています。

私はフラクタル共鳴の中でガブリエルに心を合わせ、大いに無責任になって私の言葉と意識構造を使って、ガブリエルに確認しながら宇宙的立場から答えを探し、それを文章に表現してみようと思います。

敢えて私の見解を示さなければならない場面ではそのように表現し、議論するつもりです。

ここで「グレイからの警告」を［解釈3］で吟味してみます。


実は、それこそが今回グレイとガブリエルが伝えたいことだということです。

即ち［解釈3］とは、前記［解釈1］と［解釈2］は既に成立しているとして、それに付け加えて、the bearers of FALSE gifts & their BROKEN PROMISESでは「the bearers（担い手）」は、両者に共通で新約聖書と旧約聖書の両者にとって「同じ担い手」という更なる解釈が生まれてきます。

それは即ち、現代に於いてバチカン勢力とユダヤ勢力の生み出した［欺瞞］だけではなく、バチカン勢力とユダヤ勢力の結託があるから、それに警戒せよ、という意味になります。

このⅢ章では［解釈1］と［解釈2］の大きな潮流を前提に、その潮流に乗っかる形でのさらなる［解釈3］の潮流が存在していることを「グレイからの警告」から読み取ります。先ずはこの大まかな構図を頭に入れておいて下さい。**【巻頭図8】**

ここでは［解釈3］の意味を前面に出して「グレイからの警告」をさらに強化したいと思います。

ガブリエルとしては初版の［解釈1］と［解釈2］の解釈だけでは全体を語れず、まだまだ不足であって、私への指導を通して私の理解の深まるのを待って、やっと今回で「グレイからの警告」の核心に迫ることが出来たということになります。

そして［解釈3］に立ってユダヤ民族の混乱から語り始めて、主題となる現代の大きな混乱を示します。ガブリエルに導かれ、私の心に映ってくるままを、私の心象として著していきます。

これから近代における思想の形成について語ることになりますが、ガブリエルはそこに地球規模での大混乱を見ているようであり、一気に現実的な内容になっていきます。

また、この章は私が前著『イエスは聖書を認めない』で書いた、宇宙連盟への報告【第一報】に対する宇宙連盟から私への返信という意味を持っています。

この書の「黙示録」という位置づけから、ガブリエルから伝えられる内容に私の知性がいちいち反応して、私のメッセンジャーとしての立場を見失わないようにしなければなりません。

ガブリエルが伝えたいこと

人類の歴史において「統治」が必要になったのは、当初は民族という名前で括《くく》れる程度の大きさの集団に過ぎなかったのですが、人口が増え、交通が発達するにつれて、民族を越えて複数の民族を含んでの統治が必要になりました。

ここまで来ると宗教が異なり、人種が異なり、アイデンティティーが異なる人々を統治する必要が生まれてきましたが、これを一つの秩序として統治する事には未だに成功していないのです。

武力により強制力で統治する事には無理があり、しばしば戦争が発生し、秩序の再構築が為されてきました。

そこで本著では、この統治について新たな「統治の論理」を示そうとしています。

それがガブリエルが私に伝えたい最重要な事であると見えてきました。

そこでですが、宗教や思想に関して最初に抑えておきたいことがあります。

宗教やそれに近い思想は常に個人の救われを説きながら、民衆に幸福を与え、文化を作り、民族を強調することによって統治をしようとしてきました。

統治のために個人の救われを与えることは、一つの民族内であれば矛盾しないことです。

しかし統治を目的とする限りには、そこには必ず独善が発生し、選民意識が生まれ、統治のためには仮想敵からの被害者意識を求心力に利用して統治がなされてきた事も事実です。それであっても、目的の一つに「個の救われ」があることは重要であり、ここでかなりの救われを得る事は出来たのです。宗教が何であっても、この事実は認めなければなりません。

つまり、統治の論理に大きな矛盾があっても、救われは為されたのです。もちろん、私が次章で示すような「高次の救われ」ではありませんが、実際のところ救われは個人の実力が基本であり、指導者はその人の素質を引き出す役目なのです。ですから、いい加減な世界観でも、途中まではそれなりの救われを得る事は可能なのです。

しかしながら、本著では地球の未来を支えるだけの「統治の論理」を説こうとしているために、これまでの従来の宗教や「統治の論理」ではもはや役に立たず、地球を一つにする「統治の論理」の出現を実現しようとしているのです。

そして実は「個の救われ」には低から高に至る何段階もあり、真の救われに至るためには従来の「統治の論理」に反することが多々出てきてしまいます。**【巻頭図7】**。

そしてこれまでの宗教や思想は、せいぜい低段階の「個の救われ」までとし、未来の新秩序を作るためにはこれらと決別しなければなりません。

つまり、従来の普遍性を欠いた宗教や宗教的思想は一旦切り捨ててしまうか、その後に毒気を抜いた状態で生き返らせるか、選択の余地は有ります。

生き返らせる場合には、新たな「統治の論理」の下に位置づけ直し、自らの有効範囲を明確にするために「限定条件」を付けて、その範囲内で身の程をわきまえて活動するように指導する必要があります。

ここで、「限定条件」を明記することの意味は、それぞれの宗教や秩序には天命があり、天命の範囲で動くことを許されていて、「他者の天命を助けこそすれ、他者の妨害をしない」という自らの立場を確立した謙虚な姿勢の意味を持っているのです。

多くの宗教や思想集団は、この自らに課せられた「限定条件」を発見できないために、一面で良い事をしながらも、結果として社会を不安定化させてしまうのです。

ところで、日本の歴史の中では、それぞれが自らの領分を守り、助け合って生きてきたことがうかがえます。鎮守の森では地域の安寧を願い、お地蔵さんは通りすがりの人を支え、それ以上のことを敢えてしないからこそ存在が許されるのです。

そして多くの神社は交通安全や縁結びを看板にしながら、陰ではしっかりと国体を維持しているから全体の調和がとれるのです。何気ない中にも、日本には素晴らしい伝統があることが分かります。

さて人類は今、これまでの人類の歴史には存在しなかった『人類普遍の世界観』から導かれる「救われの論理」と「統治の論理」を必要としているのです。

ガブリエルは私を通して、それをこれから為そうとしているのです。

そのことはつまり、ガブリエル自身が古代の歴史の中で生み出したユダヤ教と原始キリスト教とイスラム教は既に時代に適合せず、大きく普遍性を失っているので一旦切り離し、普遍性を回復する作業が必要であることを意味します。

さらにガブリエルは「統治の論理」の基本となるべき完全に普遍性を回復した「個の救われ」に関しては、この私が五〇年かけて説いていて、既に出版物として用意されているのだと伝えてきます。

私にしてみれば、ガブリエルがものすごいことを言ってくれているのです。有り難いことですが、この重大事実をここに書くことについて、私は慎重にならざるを得ませんでした。何故なら、このガブリエルの伝言の意味することは、新しい地球の未来を構築するためには決して体制を作り変えることだけではなく、最も根本には「人間そのものを作り変えなければならない」ことを意味しているからです。そして、そのための理論と方針とその手法が必要であり、それは「私によって既に説かれている」ことを意味しているからです。

「グレイからの警告」と世界の思想の流れ

［解釈3］の立場から「グレイからの警告」の全体を解釈しておきます。

【1】偽りの贈り物と破られた約束の共通の担い手が存在する。その共通の担い手とは、ユダヤ勢力が作り出し、欧米キリスト教社会に浸透したカバラ思想の勢力と、そこから派生した思想集団

である。警戒せよ。

【2】沢山の痛みが発生し、解消までに多少時間が掛かります。

【3】私を信じなさい。

【4】苦しみの後には必ず良いことがあります。

【5】我々宇宙連盟とグレイは、沢山の苦しみの原因となっている地球上の［欺瞞］と対峙しています。

【6】今は連絡通路は閉じておくが、いずれ開くときが来る。


この章では「ベクトル史観」に視点を置いて、欧米に浸透しているカバラ思想に焦点を当て、この「人造の神」に重大な問題意識を持ち、ユダヤの歴史から紐解《ひもと》き、解決策を説くことになります。

マサダの戦いの後のユダヤ生き残り戦略

これまで述べた中東とヨーロッパの歴史は既に示したように、ユダヤ教とキリスト教とイスラム教とが三つ巴となって作る世界であり、そのような大きな構図が根底に有ることを先ずは踏まえておきます。**【巻頭図8】**

そしてさらに、近代から現代に於いてはユダヤ民族が作り出した新たな思想が、新たな疑似宗教的勢力となって地球の未来を自分の都合で動かそうと画策しています。

この危険性に対しての警告が、この［解釈3］には隠されていたのです。

それらの勢力が『人類普遍の世界観』、即ち『人類普遍の価値体系』に基づいているのなら何ら問題はないのです。

しかし、そこにはユダヤ民族の生き残りと、勢力拡張と、ユダヤ民族による世界支配の意図があることは既に明らかなのです。部分的には善意の集団であっても、その集団を支配する原理が間違っていれば、人類は大混乱するのです。

ガブリエルから伝えられてくる心象からは、大きなベクトルが渦巻く新たな思想のうねりが読み取れます。私としてはそれを慎重に読み取り、今その危険な領域にいよいよ足を踏み入れることになります。事は重大なので、ガブリエルに心を合わせ「ベクトル史観」として慎重に執筆を進めます。

さて、話の始まりとして、歴史は二千年近く遡《さかのぼ》ります。

ローマ軍によるエルサレム陥落《かんらく》後（ＡＤ七〇年）、ローマ軍の前にマサダの砦に籠城《ろうじょう》した人々は、遂にローマ軍の総攻撃に遭い、砦に居たユダヤ人は全滅し、一千人近くの犠牲者を出します。この結果、ユダヤ人は遂に国を追われることになり、散り散りになって世界に分散していきます。**【巻頭図**

9

現代における中東と欧米世界の大混乱の始まりは、ここからとするのが適切でしょう。エルサレム陥落《かんらく》からマサダの戦いを含めて、自ら「第一ユダヤ戦争」と呼んでいるほどユダヤ人にとって致命的な出来事となりました。ＡＤ七三年のことです。マサダに籠城《ろうじょう》したのは特に信仰深い人達であり、国の滅亡を目前にして籠城《ろうじょう》の三年間は必死にユダヤの神「ヤハウエ」に祈ったことでしょう。ユダヤにとって、この時ほど救世主の登場を待ち望んだことはなかった筈です。

既にイエスが救世主として登場していたにも拘わらず、彼らはイエスに祈ることはなく、従って神はマサダの戦いでユダヤ人を助けることはしなかったのです。

この出来事が第三者からはどのように見えようと、旧約聖書の民であるユダヤ人にとっては「神が彼らを敢えて助けることをしなかった」という意味になるのです。

これがユダヤ人によってイエスを磔にして殺してしまったという、神への反抗の結果であり、ユダヤ人の意思で神との約束を反故《ほご》にしたことを意味していて、ユダヤ人にとってはこの時が反省の最後のチャンスを逃した時なのでした。

危険なカバラ思想が裏側から世界を動かしている

マサダの戦い（AD七三年）以前のユダヤ社会には、今の意味でのカバラは存在していませんでした。マサダの戦い以前には、口伝で伝わった生死観、思念技術（オカルト技術、数秘術、秘儀魔術、占星術）、錬金術等の集団が存在し、それは何処の古代社会にもありそうな呪術的要素の強い集団でした。この中には現代では失われてしまった古代から伝わる貴重な技術があり、高い理念の管理下に置けば人類に役に立つものがたくさんあります。ユダヤ教成立後も、そのこと自体は特にユダヤ教に反するような存在ではなく、暫《しばら》くはユダヤ教の補足的役割にありました。

ところで、ここで言う思念技術（オカルト技術、数秘術、秘儀、魔術、占星術）とは一体何のことでしょうか。人間の意識構造については拙著『宇宙と意識』（献文舎）で述べましたので、詳しくはそれを参照してください。それによれば、人間の意識構造と現象宇宙との関係で思念が事象に影響を与えることが可能です。その技術によって見えない世界を知ったり、そこに法則性を見つけたり、未来を垣間見たり、或いは未来の事象の一部を変えたりする技術が古代から世界中に存在したのです。

ここで注意すべきは、この技術に頼ってしまうと未来の一部分しか見ていないので、その未来は決して確実なものではなく、そして宇宙全体を見ているのではないことから、宇宙の断片と不確実な未来を追い求めることになるのです。

そこには絶対性はないことから、この相対的世界に運命を委ねてしまうことになり、狭い世界に入り込み、その未来の一部を気にしながら未来をいちいち占いながら生きる窮屈な生き方となり、結果的に一貫性のないちぐはぐな人生や駆け引きや詮索の世界となり、不調和な世界を作ってしまいます。

特に、マサダの戦い以降のカバラ思想はこのような危険性を持っているために「グレイからの警告」はこのことを強く指摘しています。

思念技術に頼ると短期的には何かを得ますが、宇宙的視点から見ると大損をします。結局未来から借金をしてしまうからです。さらに思念技術は神とは反対の勢力に依存しがちですから、やがて人間性を破綻し、社会秩序も破綻してしまいます。この世界に深くのめり込んでしまうと、その過程でいずれその危険性を知ることになりますが、時は既に遅く、もはや自分の力では戻れないところにまで到達しているものです。


ガブリエルが導こうとしている地球の未来は、このような思念技術を駆使し、思念を用いて未来を切り開く世界ではありません。ガブリエルは私を通して宇宙とのフラクタル共鳴の中で生きる道を用意しているのです。

本著では、思念を意識から切り離し、思念の外側にでて宇宙の力に身を委ねて宇宙と共に生きることで、いちいち未来を詮索せずに宇宙全体から作られる運命を自らの運命として生きる生き方を示すことになります。そこでは宇宙と共鳴するフラクタル共鳴を体得し、その中から人間性の成長を促し、人間性の成長に伴う調和した未来世界を作ろうとしているのです。

さらに本著では、未来世界を語るために先ず『人類普遍の世界観』から宇宙システムを説き、その中に作用する宇宙のフィードバック機構を味方として取り入れた生き方を、Ⅳ章以降で「じねんの論理」として説くことになります。

さて、ユダヤ人にとってすべての環境が大きく変わったのは「エルサレム陥落に続くマサダの戦いでの全滅」でした。この出来事によって、ユダヤ人は神に見放された気持ちを強く抱きます。ユダヤ人の潜在意識には「イエスを磔に処したことと密に関連している」との思いが拭えず、潜在意識に深く刻み込まれます。そして、危機においても自分たちに都合の良い救世主を遣わしてくれない、これまでの自分たちの神（ヤハウエ）に対する不信が生まれます。特にイエスを掲げるキリスト教発生の後には、その気持ちがさらに強まります。

ここまで追い詰められても、ユダヤ人はイエスを救世主として認めようとせず、その自分自身の傲慢さに気付こうとせず、そのことが自分たちの神（ヤハウエ）に対する裏切りであることにも敢えて気付こうとしないのでした。

この不安な気持ちを払拭すべく、さらにはいずれ必ず自分たちに都合の良い救世主が現れるという期待の気持ちも持って、ユダヤ人は世界に散ります。

このように「ベクトル史観」からは「エルサレム陥落に続くマサダの戦いでの全滅」の時点を境に大変化し、ユダヤの歴史は大きく二分されます。以下では省略してそれぞれを「マサダ以前」と「マサダ以降」と記述します。

そして、この激変がユダヤ人を呪術的な手法に頼らせ、それが「思念の力」に頼ることを加速させ、さらに周辺地域の多くの神々に依存していき、千年以上かけて地域周辺の神を集めて理論構築し、現代カバラ思想へと繋《つな》がっていきます。

マサダ以降、ユダヤ人は他民族の神に頼るに当たり、自分たちに都合の良い新しい原理を作ろうとして世界各地から、そして他民族の歴史の中からも秘儀といわれる思念技術を集めていきます。自分たちの目的達成のため多くの思想や神をかき集めてきて積極的に自己都合で改竄《かいざん》し、理論を作り上げました。つまり、神を利用し、さらに自分たちに都合の良い神を造り出したのです。

ここに現代カバラ思想の源流を見いだすことができます。

その現代カバラ思想は、マサダ以前のカバラとは全く異質のものであり、これがさらに変化して「グレイからの警告」で指摘される［欺瞞］になっていくのです。

現代カバラ思想の一切は、マサダ以降に始まります。初めから今のような形で有ったものではありません。マサダ以前は地域の神や各地の秘術や秘技を集めたもので、一つの纏まった理論と言えるものは存在しませんでした。

マサダ以降になって、自分たちの新たな目的のために複数の新興の思想集団が生まれ、カバラを名のる集団も出てきます。ここで、明らかにマサダ以前のカバラとは目的も主旨も異なるにも係わらず、あたかも連続性があるかのように、権威付けるためにのみ、マサダ以前のカバラが利用されていきます。

こうなってくると、次第にユダヤ教に大きく反していき「ヤハウエ」に反する思想が成長していきます。

このような神の意志によらない人工的な成り立ちが、現代カバラ思想を「人造の神」と呼ぶ所以です。「ベクトル史観」からは、つまり宇宙からはその様に見えるのです。そしてこれが宇宙的史実なのです。

重要なこととして、ゴテゴテに着飾った現代カバラ思想という「人造の神」は、モーゼに始まるユダヤ教の神「ヤハウエ」とは明らかに異なります。このことは、マサダ以降になってユダヤ民族のオリジナリティーが著しく毀損《きそん》され、敢えてヤハウエとは対立する道を作り出したことになりました。

彼らが気づいているかどうか別として、ユダヤ人はヤハウエによるユダヤ教を捨てたようにさえ見えます。

後述するように、マサダ以降の現代カバラ思想に重大な問題があるのは、第一に伝承の技術の利用目的が一神教の神「ヤハウエ」の理念に反していること。伝承された技術そのものは役に立つ技術であっても、それをユダヤ教の理念に反して利用し出したこと。しかも、ユダヤ教の一部のごとく振舞うこと。この先に真のユダヤ教の発展はないこと。

このことがグレイからは［欺瞞］と断定されたのです。それは勿論ガブリエルからも同じであり、そしてそれは宇宙連盟の認識でもあるのです。


一方、ガブリエルが導いたユダヤ人は一神教の神「ヤハウエ」に従う人々のことであり、それでなければユダヤ教は成り立ちません。その意味で、ガブリエルから見ればマサダ以降に世界に散ったユダヤ人は既にガブリエルが導いたユダヤ人ではなく、ヤハウエが導いたユダヤ人でもないということになります。本著において『ガブリエルの怒り』として、私に強く強く伝えてくる理由がここに有ります。


［欺瞞］はこうして「人造の神」によって作られるのです。

ここで、今後しばしば出てくる「人造の神」についてその［欺瞞］を一般化して説明しておきましょう。

宗教、又は宗教的思想の中で「或る神の名」を中心に教義が出来上がっているからといって、その組織が「その神」の下に存在しているのかと問えば、それは全くもって「ノー」なのです。神の名を語っていたとしても、その神の下に存在しているとは限りません。

「人造の神」の成立は、人間の勝手な解釈と自己都合のストーリーから作られています。そこに神の名を利用し、実際に神や聖人が係わったかのように語られています。もしそこに一粒の真実があったとしても、このような「人造の神」の基盤の上に愛を語ったり、神を語ったりしているのでは、そこから生まれることはすべて［欺瞞］と言えるのです。

さて、世界中の全ての思想は私が本著で示した方法で、注意深く吟味されなければなりません。そして先ず何よりも、私自身が本著で示しているガブリエルとグレイが語る新しい思想に関しても、同様に吟味しなければなりません。最後まで盲目的にならず、安易な妥協をせず、十分に知性を保って読んでいただきたく思います。

神智《しんち》より人智を優先して組織が出来上がれば、それは「人造の神」による「人造の宗教」であり、「人造の思想」なのです。

バチカン由来のキリスト教がそうであるように、これは人智が作り上げた「人造の神」による「人造の宗教」なのです。いくら金ピカに飾っても本質は腐っているのです。宇宙にフラクタル共鳴しないのです。

もし「本当の神」による「本当の思想」であるならば「人智」と区別するために、先に神の側からの働きかけがあって、フラクタル共鳴を保つ中で長期の準備期間が用意されます。その中で中心となる人間には啓示という形や、預言という形で先に神の目的を示しながら、神からの教育を受けて成立していくのです。

ですから、神智《しんち》から離れ、人智による寄せ集めからなる現代のカバラ思想が一人歩きして、普遍性を欠くユダヤの独善的な目的を隠し持ちながら巨大化し、ヤハウエの主旨に大きく反していることは明らかなのです。

人智による寄せ集めの神は必ず矛盾を起こし、それが欧米社会の矛盾として今現れているのです。ヤハウエから離れて自己中心的になり、全体を見失うところに［欺瞞］が発生するのです。

たとえ思念技術であっても、正しく位置づければそれは人類に大きく貢献します。宇宙の中の部分の存在が「部分の存在」と認識していれば［欺瞞］は発生しないのです。

思念技術の存在が、その存在だけで否定されることは有りません。このような思念技術は「神智《しんち》」によって管理されなければ大変危険であるのです。

同様に、ユダヤ教も途中までは「神智」によって導かれ、神の下にありましたが、ユダヤの律法学者達がユダヤの救世主としてのイエスを認めなかったことから、道を逸脱して苦難の道を歩むことになったのです。

ここでの問題は「人智」の判断を「神智」の判断に優先させたことで、巨大な［欺瞞］が発生したのです。

マサダ以降のユダヤ人が、自らの民族再生と世界支配を目的とするために世界中から神を集めてきて作ったのが現代カバラ思想です。「神智」を離れた現代カバラ思想は典型的な「人造の神」なのです。つまり「神智」ではなく「人智」であり、しかもカバラには裏思想と表思想があって、危険な裏思想は表思想からはよく見えません。これは後述します。

カバラに限らず、特に現代において普遍性を欠いている宗教は全て「人造の神」なのです。それであっても「人造の神」の中にはそれなりの救われはあり、霊的体験も起きます。ですから、一時的な救われや霊的体験で「人智」と「神智」の区別は出来ません。

生き残る方法

それ故に、神智ならぬ「人造の神」による「人造の思想」には必ず「限定条件」を付けてそれを公表しなければなりません。その範囲内ならば存在が許される場合があります。

およそ、世界中の思想や宗教は自らの思想に「限定条件」を付けてそれを公表すれば、そしてそれが宇宙に受け入れられれば、存在価値が与えられます。

客観的に評価するときも自らに課している「限定条件」を調査しましょう。そしてこの方法で世界の思想は客観的に評価と位置づけが可能です。

そして、この「限定条件」において最も重要な条件とは、自らを「本当の神」とか「本当の思想」とは言わずに「人智による思想である」ことを前面に出すことです。やたらと神の名を語らずに、もし語ればその神から排除され、別の神もどきが付きます。

宇宙の原理から言って「人智」を「神智」と言えば「嘘」になり、これはたちまち「欺瞞」となりますが「人智」を「人智」と言う限りには「嘘」ではありません。そうすれば、宇宙の真実からみて正しく位置づけられたことになり「限定条件」付きで存在が許されます。

その結果、必然的にこの「人造の思想」の上位には求めるべき真実があることになり、そこに到達する一段階として存在が許されます。

一般化して説明すれば「限定条件」として自分の思想の適応範囲をよく知り、目的には嘘がないことが重要で、その目的を隠さずに明らかにして、その結果、その目的が適切であれば。そして活動の目的の上位に何があるのかを示せば立場が明らかになり、自分の存在の位置が示されることになり「人造の思想」であっても場合によっては存在が許されることもあります。

ソロモン王は現代カバラに全く関係ない

旧約聖書時代、或いはそれ以前のメソポタミア時代から存在したカバラの原型は、中東周辺に伝わる思念技術として存在していました。それがマサダ以降に切り離れ、不純な目的を持って集められ、千年以上の時間をかけて人工的に組み立てられていきます。

マサダ以降に中東地域とその周辺に伝わるバラバラの思想を束ねて、カバラの理論らしきものが十四世紀に至るまでに成立します。もちろんこれは人智による理論化です。

繰り返しになりますが、私は思念技術をそのまま否定する立場ではありません。それが神智の管理下に有れば［欺瞞］にはなりませんが、それを「人智」による都合で理論として束ねたことで巨大な［欺瞞］が発生したのです。それが人間世界のある勢力の目的に合わせたことから巨大な［欺瞞］となるのです。つまりそれが真実ではないから［欺瞞］なのです。

この時すでにマサダの戦いから千年以上が経過しているにも係わらず、カバラの理論構築のために過去にまで遡って無理な解釈が為されています。この手の解釈はどの地域にもよく見る［欺瞞］です。

一つの例として、紀元前十世紀のソロモン王時代にソロモン神殿建造のために今のレバノンのバウル神殿(古代の宇宙船基地と思われる巨石建造物)の石造建築の秘技をソロモン王が取り入れたことがあります。

ここでバウル神殿とは、ガブリエルの出身母体のソロモン王時代から遡ること更に数千年の時代に知的生命体（X）が建造した巨石建造物のことです。それは、［第一弾の地球プロジェクト］の中での出来事です。

ところが、［第一弾の地球プロジェクト］であるべきバウル神殿からの技術導入を理由に、後代の人がソロモン王を後の現代カバラ思想の信仰に無理矢理関連づけてしまいました。これは事実誤認ですし、もしソロモン王がこれを知れば「私はカバラなんて知らないし、自分の名を勝手に利用するな」と言うことでしょう。ソロモン王の時代に今のカバラ理論は一切存在していない筈です。何でも寄せ集めて取り込もうとするカバラ独特の［欺瞞］です。

ところで、この部分を追加執筆中にソロモン王自身が突如共鳴してきて「私はあなたとの霊的関係が特に深いし、天皇家との霊的関係もある」との自己紹介の後「私は現代カバラ思想に関係付けられることを望まない」と直接私に伝えてきました。先に「もしソロモン王がこれを知れば」と書きましたが、これは「もし」ではなかったのでした。

伝える必要があって私に直接答えてくれたものと思います。ソロモン王からそのような伝言があったことを、ここに書き留めておきます。

この新たな思想で武装したユダヤ人は秘密結社を作り、世界に散ったユダヤ人ネットワークを駆使してヤハウエの意に沿わない相対的な目的、つまり民族生き残りと他民族支配の目的の世界戦略が動き出しました。

マサダ以降旧約聖書には、もはや頼れなくなったユダヤ人のグループは、自分たちを支えてくれる次なる行動原理を自ら作り出すことと、救世主を待たずに自分たちの力だけで預言を成就することになったのです。

それ故に、これらの思想と行動原理は「人造の神」が作った宗教であり、思想であり、決して神の権威に裏付けられたものではありません。

この似非《えせ》宗教はいくら神を語っていても、それは都合よく神を利用しただけであり、神がそれを認めた訳では決してなく、神がそれを認める訳もありません。

マサダ以降に、本格的にユダヤ民族再興と他民族支配のために世界中から集めた神とその原理を体系化し、その裏には密教的な、つまり表には出せないほど危険で野蛮な、他民族との闘争を前提にした他民族支配の論理も含んでいるのです。カバラに限らず密教とは仏教においても、その呪術性を期待されて発展したために、危険な面が常に付きまとうのです。ですから、今でも密教の秘術や秘技は強い管理下に置かれています。

ここで、カバラの危険性とは思念技術から生まれた思想であることから、人々の思考をある程度支配しコントロールできることです。ですから、カバラに多少でも係わるときには自分がコントロールされていないか否か、常々自らを省みる必要があります。

さらに加えて、このカバラ思想において決して見失ってはいけない最も重大な危険性について記述しておきます。

それは、カバラ思想が表と裏に分かれていることからくる危険性です。表はきれいごとに纏めてあるので、表しか知らない人には危険さが見えていませんから、それを表から批判するのは中々難しいのですが、そこに隠すべき裏があるというだけで否定し拒否すべきと思います。

そしてこの隠されたカバラ裏思想には、ユダヤ勢力による他民族支配の論理が神の名の下に、自己目的に合わせた自己正当化の論理とそれを実現するための危険な手段が隠されているのです。

ここにカバラの危険性があり、それが現代の欧米社会を蝕《むしば》んでいるのです。

現代カバラ思想は世界観らしきものを持っていますし、秘儀や思念技術がそのまま悪であることはありません。それであっても、何かが根本的に間違っているのです。

ですから重要な認識として、カバラの何が危険なのかを正しく知る必要があります。その答えは「表と裏を使い分けていて、表では善人を装い、裏では秘儀や思念技術によって相手に勝とうとするので、そこには対立しか生まれません。さらには念の力を駆使して人への攻撃や支配のみならず、他民族支配や世界支配の計画を進めていること」と言えるのです。


その証拠として、プーチンの行動を見てください。世界中の国々がプーチンを真似したらどんな世界になるでしょうか。神智によらず人智に頼って事をなそうとすれば人間性が置き去りになり、弱肉強食の世界ができあがります。その危険性を人類に明確に示すために、プーチンの行動があると言っても過言ではありません。

ところで、プーチンはロシア正教ですから、キリスト教系の筈ですが、カバラは既にキリスト教に深く浸透し、今や巨大なキリスト教系カバラを作っています。ですから、キリスト教は既にユダヤ戦略に取り込まれていることになります。

プーチンの発言とロシアの行動はまさにカバラ裏思想の発想です。プーチンの主張を世界中の多くの人が不思議に思ったはずです。呪縛されるとあのような主張が平気でできてしまうほどカバラの裏思想は危険なのです。

この際、プーチンには反面教師として以下にしばしば登場してもらい、役に立ってもらいましょう。

人類は今後何世紀にも亘って、ロシアによるウクライナ侵略を詳細な映像で何度も何度も繰り返し見ることになります。記念館も建ち、学校で学び、研究者による専門学界が設立され、二度とこのような戦争犯罪が繰り返されないことを誓い、学びます。

このように、現代カバラ思想として危険な目的を持つ勢力は、裏に表に、東に西に、決してユダヤ系だけではありません。

カバラに表と裏があるように、決してカバラに無関係ではないフリーメーソンにもイルミナティーにも当然表と裏があり、階級が上がるにつれて裏の目的が知らされます。その危険さを知った時には既に脱会は出来ない状況に追い込まれているのです。秘密を知ってからの脱会は「死」を意味します。ところで、中東や欧米にはこのような危険な【欺瞞】が満ち溢れているのです。しかしながら、中東や欧米以外にも、中国・ロシア・北朝鮮・韓国にも、危険な【欺瞞】は存在しますが、地球の未来を決定する程の価値体系には決して成り得ません。

それは誰が見ても【欺瞞】そのものであり、人類の大きな脅威ですが、人類はそれに気づいていることから、「グレイからの警告」には含まれていないように思います。問題なのは、人類がそれと気づいていない【欺瞞】なのだと、私には思われてきます。

カバラの裏思想についてはある程度知られていることですし、私としてはあまり近づきたくない世界でありました。これはとても思想とは言えない呪術の世界のことなので、私は敢えて避けていたのですが、ガブリエルの強い要請があり、別冊にまでした本著で『ガブリエルの怒り』としてすべてを書くことになったのです。

段階を踏んで早めに危険を察知せよ

ここから暫く裏のある思想と集団の危険性について、それを「人造の思想」として扱い、一般化して述べておきます。

まず最初に、これら「人造の思想」に係わる個人、および社会と集団の注意事項として、多少詳しく書いておきます。以下のことを決して他人のことと思わずに、自分のこととして読んでください。ここでの判断を間違えば、人生を棒に振りますから、これは知っておくべきことなのです。

その思想集団が神の名を語っているからといって、その神によって作られた宗教思想だということにはならないし、その神に守られていることにもならないのです。

自らを悪だという思想集団はありませんから、すべての集団は正義を主張します。一見そこは天国のように素晴らしい世界として描かれていて、人々は天国にいるように努力して振る舞います。

ですから、逆に本物であれば、殊更「ここが天国だ」というような顔はしていないのです。当たり前の顔をして当たり前に振る舞い、小さな説明書を置いている程度でしょう。特に看板も探さなければ分からないところにあります。

立派な看板を出しているのは中身が無いからです。大きな看板を出していたらそれだけで偽物だと思って良いのです。ハッタリの世界の中で、わざわざ自分を主張することはしないのです。

いくら正義を語っても、いくら神を語っても、そこでは神の名を利用しているだけですから、その神にそっぽを向かれ嫌われてしまいます。

その神に嫌われてしまっては、もう既にその思想は無効です。それが「人造の神」と私が呼ぶ神達の実態です。

「人造の神」とは自分たちにとって都合よく考えた、都合の良い神を過去の聖者や神とされていた存在の名前だけを利用して、自己の目的のために自己正当化のための勝手な理論を作り上げ、自分たちの神として祀っているのです。

それを示す適切な例があります。

前著で詳しく述べたように、バチカン由来のキリスト教はイエスに嫌われています。宇宙人にも嫌われています。そのことはつまり、宇宙連盟に嫌われています。

バチカンは勝手にイエスの名を利用しているから、いくらイエスの名を語ってもイエスと関係ないところで「人造の神」によってキリスト教は出来ているのです。
つまり、バチカンの金ピカは見せかけなのです。その様に見せる必要があるからです。
ですから、金ピカはすべて偽物だと言って良いくらいです。
イエスの居ないキリスト教など、いったいどんな存在価値があるのでしょうか。

つまり、カバラはバチカンのキリスト教と同じやり方で「人造の神」を作り上げています。こうしてみると、世の中の殆どすべての思想は「人造の思想」であり、そこには絶対性も普遍性もありません。利用された元々の神は、その「人造の宗教」に責任を持ちません。

ここで、私がこの道を歩んできた経験者として後から来る人達に忠告しておきたいことがあります。「救われの段階」が低次から高次まで何段階も存在するように、それに合わせた「救われの論理」も当然何段階も存在しています。

初期段階の「低次の救われ」を求める段階であれば「人造の神」であってもそれなりに有効である事もありますが、そこで「低次の救われ」を体験した後は、必ずそこを卒業しなければなりません。卒業するために入ったのです。長居は無用です。長居は危険なのです。

卒業前提であれば「人造の神」による「人造の宗教」であっても、それなりに役に立っていると言えるのです。一元論的にはそこに存在価値も有ると言えるのです。たとえ世界観や理論が不完全であっても、神は人間の作った価値と秩序の中で導こうとしますから、たとえそれが間違っていても、限界まではその中で指導しようとします。それはつまり、早く限界を知って、早く卒業すれば良いのです。

自分としても、救われの段階の中の一つを歩んでいることを認識して、霊的体験をしても、感動しても、ここが最後なんだとか、今居るところが最高だ、などと勝手に断定してはいけません。「救われの段階」はまだまだ上があるし「救われの論理」もまだまだ上があります。そこには初歩の世界からは想像もつかない程の違いがあります。「悟った」などと思ったらそこが終着点です。ですから、限定してしまっては自分の成長をそこで止めることになります。ましてや裏がある宗教では、裏思想に係わらないうちに一時も早く辞めることです。

今の時代にあって、本物の神とは、本物の思想とは「個の救われ」のための「救われの論理」を示し、それに矛盾することなく「全体の救われ」のための「統治の論理」を示す事が出来る思想でなければなりません。

歴史的に殆どすべての宗教は民族と共に発祥したために、宗教は民族の明確な目的を内に持っていました。民族の中だけでは「救われの論理」が個人でも民族でも共通であり、ここに大きな矛盾は生じませんでした。

そこでは必然的に民族を構成する個々の人々のための「救われの論理」であり、その為には独善や被害者意識や選民意識に頼っていたのです。

それは民族の統治であり、決して人類全体の統治ではないので、民族以上の範囲に拡張は出来ないのです。拡張してしまうと矛盾を起こすのです。

その矛盾を解消するために更なる強引なストーリーを導入して、独善の度合いを増してしまうのです。こうして矛盾を積み上げて、やがて崩壊に向かいます。

未来に人類が何を求めているのかを発見できれば「救われの論理」と「統治の論理」を正しく位置づけることができます。

そして今、人類は個人のみならず、全民族、全人類のための「統治の論理」を求めているのです。それを独善にならずに、被害者意識にならずに説くことは未だどの宗教もどの思想も成功していません。

ここで「個の救われ」の思想でありながら、矛盾を隠して「全体の救われ」の思想の顔をしてはならないのです。それはまさしく［欺瞞］なのです。

ここで前著『イエスは聖書を認めない』を確認すれば、ここに来てイエスの主張がよく理解できます。

イエスは民族と全体とを明確に切り離し、敢えてユダヤ人に範囲を限定してユダヤ人の為の救世主になった訳です。

折角イエスが民族のための「救われの論理」を説いても、それがバチカンに渡ると、忽ち「限定条件」が取り払われ、理論の寄せ集めが進み、改竄が進みました。

そこにイエス以外の主旨、特にパウロの書簡が強く影響し、それが新約聖書の骨子となり、そこにも勝手な人智の解釈が入り、次第にイエスの発した言葉は全体の二割程度にまでなり、人間が人間の都合に合わせた「人造の思想」となり、結局は神は離れてしまったのです。

そして、本著ではバチカンだけではなく、他の思想に関しても「人造の神」「人造の宗教」「人造の思想」と位置づけて、それを【欺瞞】と断じているのです。そしてこの【欺瞞】が人類を危機に陥れているのです。

神の手を離れ、人間の手に渡った神の教えは人間に都合よく利用され、密教的になっていきます。つまり表と裏を使い分けて、表をきれい事にまとめ、そして裏思想として良からぬ自己目的を果たそうとしていきます。

「人造の神」の中には本当に悪質と言えるものがあります。表だけ見たら、実にまともな教えに見えています。一見してケチを付けようがないのです。それはその部分だけを表に出しているからです。ですから、多くの人達が騙されてしまいます。あのオウム真理教でさえ、サリンを撒かなければ、ポアをしなければ、その教えの核となる部分は確かに素晴らしいものがあるのです。

一般化して言えば「人造の神」の存在のすべてが悪いのかと言えば、そうとは言い切れません。二年以内なら、そこにプラスの面もある事も付け加えておきましょう。人間が真実の道に入るにはそれなりの段階を踏んで成長しなければなりませんが、その初期段階においては理論も善悪二元論に単純化されていて、最初に神の存在を知り、同時に潜在意識からの神の意に反する影響を知ることができます。様々な霊的体験が出来て、救われのプチ体験をすることができます。

そこでの体験は有り難く戴いて、さっさと卒業すべきです。長く居ると上記のような危険が待っていて、狭い祠に押し込まれてしまい、二度と出られなくなってしまいます。この祠で一生を暮らすことになります。

特に、裏思想のある思想には恐ろしい内容が含まれています。そこでは自分たちの信じる正義のためなら何をやっても肯定されているのです。人殺しも、大量虐殺も、嘘も付き放題なのです。

表の教えと裏の教えが有るカバラ思想は、常にオウム真理教の要素を含んでいます。或いはオウム真理教がカバラ的要素を含んでいると言った方が適切かも知れません。オウム真理教の事件を体験した日本人に、裏の教えを理解してもらうにはとても分かりやすい例と言えます。

長く居ればそこに多くの矛盾が発生します。この矛盾は例外なく独善を産み、他を排斥し、要らぬ対立を産み、多くの人々を傷つけているのです。ですから先に進んで、この矛盾を何処かで解消しなければならないのです。

借りた借金を返さなければならないようなものです。借金には金利がつきます。少しでも早く返さなければなりません。

本著では、これらカバラやカバラ的要素の有る宗教思想を「人造の神」として一刀両断しています。こうしてみると、世の中にはまともな宗教はほとんど無いということになりますが、しかしそれはきっとどこかにひっそりと存在しているはずです。

ここに示した「人造の神」「人造の宗教」「人造の思想」に対しては、『ガブリエルの怒り』による強いエネルギーを感じます。

ユダヤ戦略はイスラエル建国で終わりではなかった

ユダヤ人は七三年に国を失い、その後の大胆なユダヤ戦略によって、一九四七年にこの書に記された計画通りに、再びパレスチナの地に自らの国としてイスラエルを建国したのでした。

パレスチナの地を「以前自分たちが住んでいた土地」とか「神から約束された土地」と主張して、パレスチナに住む人々を追い出す形で強引に入植したのでした。しかしながら、第二次世界大戦で大虐殺という被害に遭ったユダヤ人に対する世界からの同情もあって、パレスチナ人以外の国際社会からは歓迎された建国だったのです。もし大虐殺がなければ、イスラエルの建国は誰にも歓迎されなかったはずです。

振り返ってみれば、ヒットラーによるユダヤ人大虐殺まで彼らの計算に入っていたと見えてきます。わざわざユダヤ人大虐殺をユダヤ人自身が望んだ訳ではないと思いますが、彼らの強い信念が無意識の中で民族の潜在意識に作用し、民族としての大きな目的のためにはそのような自らに降りかかる過酷な運命をも拒否しなかったということなのでしょう。

これはまさに「人造の神」の為せる技です。「人造の神」に導かれた結果、彼らの戦略は成功し、建国の計画はここに見事に実現したのです。

ただし、このことでユダヤ人は何ら将来を約束されたことにはなりません。今後も「人造の神」によって、ギリギリの運命を作り続けなければなりません。

このような力による力が支配する生き方ではなく、私がガブリエルと共に示したいのは、宇宙に調和した「じねん」の生き方であり、それとこれとは両極端の運命の作り方であると言えます。本著では、未だ「じねん」についてその全貌を話していませんが、それは次第に説明を加え、Ⅳ章以下で詳しく説くことになります。


さて、ユダヤ人が大きな犠牲を払って手に入れたイスラエル建国ですが、彼らの大戦略はイスラエル建国で終わりではなかったのです。彼らにとってこれは第一歩に過ぎませんでした。

近代から現代に至る世界の勢力図を見れば、二百年の裏歴史を持つユダヤ系の国際金融資本が今なお大きな力を持って世界を動かし続けていることが分かります。

つまり、彼らの世界戦略はまだ進行中であり、彼らの本当の狙いは世界制覇にあるのです。そしてその戦略は現在でも着々と進んでいるのです。当然ユダヤ人による世界制覇は旧約聖書の預言だと信じてのことです。果たしてイエス以外の救世主は現れるのでしょうか。

神秘主義はプラトンから始まった

「ベクトル史観」から見ると、プラトンによって「人間の本質は神である」という思想が生まれました。近年それは神秘主義に分類されています。

神秘主義とは、しばしば否定的な意味合いで使われることが多いのですが、私はプラトンを完全に肯定している立場です。

人智がいじり回してプラトンを神秘主義に分類したことで、これもついに「人造の神」になってしまいました。ですから、プラトンと神秘主義は別物と考えるべきです。プラトンの思想はまっとうな思想です。般若心経に通じるところがあり、私も大切にしています。

そして残念なことに、その神秘主義がカバラ思想の中心に位置づけられています。つまり、カバラ思想によって神秘主義が利用されてしまいました。

それがユダヤ戦略にとってとても都合が良かったからです。「人間は神である」とするプラトンの思想がここでは悪用されたのです。

一見正しそうなのですが、ユダヤ戦略としてのカバラ思想のその背後にある目的がとても気になります。

一般的な神秘主義は紀元前後から盛んになり、ヘルメース主義哲学として発展してきました。プラトンもそこに分類されます。

プラトンによる「人間は神である」の意味とは、本当は宇宙の本質を語っているのですが、ユダヤ戦略に取り入れられた時の意味は、これを元としていくつかの秘儀をも生み出し、他の思想と合体して、とても危険な思想に改竄《かいざん》されていきます。

「人間は神である」とは滅多に言えることではなく、それを言うためには、「人間の神ではない面」を徹底的に切り離して置く必要があるのです。そのための訓練を通してからでなければ「人間は神である」とは絶対に言えることではないのです。そう言ってはならないのです。もし、この手法をとらずに「人間は神である」と言ってしまうと、大量の偽善者を作り出すことになってしまいます。

そこで、以後本著では「人間は神である」との語句をプラトンとは切り離して危険な語句として扱います。

プラトン哲学は、私が示した『人類普遍の世界観』と、そして私が解読した『般若心経』と共通の理念があり、私からはなかなか魅力的に見えます。ところが、これがカバラに悪用されてしまったことが残念でしかたありません。プラトンも同じ想いと思います。

人間の現実と本質を正しく理解した上でのプラトン哲学の理論構築が待たれてきたのです。

そしてそれを実現したのが私のいくつかの著書であり、今の時代に合う形での『人類普遍の世界観』が発表されたのです。期せずして『般若心経』もその意味になります。

ただし、私はこれまで一切プラトンを意識していませんでした。結果としてそうなっているという意味です。背後ではプラトンは私と共に居ます。密に関連している感があります。

上記の意味で、私の開拓した世界であっても正しく理解しないで勝手な利用が為されると、上記の危険さを持ち合わせていると言えるのです。正統性のない人による勝手な利用は禁止しなければなりません。利用は人を選ぶという意味になります。

そして『人類普遍の世界観』にまで人を導くにはそれなりの階段が必要で有り、その階段作りは私もしますが、私以外の多くの人達の努力が必要であると考えています。

その点で私とガブリエルの認識は完全に一致していて、先ずは私の開拓した『人類普遍の世界観』を正しく運用する方法を検討しています。

そしてさらに、もともと大切にすべき神智学を自らの目的のために歪んで取り込んでいる現代カバラ思想という危険物の扱いを、今後どのように対処するべきかを検討しているところです。

ここでは現代の知恵を取り入れて、新しい思想体系を作るべきと考えています。それは私が『人類普遍の価値体系』を著すことを意味します。「新しい酒は新しい革袋に」です。

人類を破滅に追いやる危険な思想

「ベクトル史観」から見ると、カバラ思想はマサダ以降十四世紀までにバラバラの思想を体系化しようとして、古代ユダヤ、古代エジプト、それにシュメールまでを含めてカバラという範囲に取り込もうとして大風呂敷を広げています。風呂敷は大きい方が良いと言わんばかりです。ここにカバラの目的が見えてきます。

もちろん前述のソロモン王には全く関係なく、エジプトの神やシュメールの生命の樹までも看板として利用しようとしているだけであり、ソロモン王から、そしてメソポタミアの神々からみれば、これは実に迷惑な話です。

既に神秘主義が源流となっていた時代に、マサダ以降のユダヤが加わってユダヤ戦略の目的に沿うように他の思想も取り入れて内容を膨らませていったのです。

世界の思想を取り入れて、ゴテゴテの継ぎ接ぎだらけのカバラ思想ができあがりました。そしてユダヤの論理をその中に入れてカバラ裏思想としたのです。

しかし、カバラは所詮人間が勝手に都合良く纏めたものであり、人智を超えた神智によって人間にもたらされた思想ではなく、何処まで行っても「人造の神」であり、危険な目的を持つ「人造の思想」として現代に存在しているのです。

戦略的な目的を持った人達による寄せ集め思想は、真実の神を押しのけて、人智による「人造の神」が優先されることとなり、ここに危険な問題を発生させてしまいました。

カバラには教祖に相当する決まった中心者は存在しません。だから誰も責任を取らない体制なのです。つまり「私はこう思う」と言っていればその場ではそれがカバラとなります。つまり、最終的に照らし合わせる原点の思想体系がないのです。

従ってカバラを名乗る存在がバラバラに存在しています。それぞれに脚色されているので、何がカバラの本流なのかを明確に定義ができません。

二千年の歴史があり、一見しっかりした理論体系が有りそうに見えますが、それは十四世紀に強引に纏められた理論ですから、多くの人達の都合の良い解釈がいくらでも入る余地があるのです。

理解を深めるために「人間は神である」との主張が何故危険なのかについて多少話さなければなりません。

実は私は『宇宙と意識』（献文舎）を著していますが、その中で「人間の本質は神」であるとしています。ですから、これは私にとっても重要なことであり、書かずにはいられないところです。

人は誰も「自分が神である」とは思っていないつもりですが、実は常に自分の思うこと、自分が行うことを「自分が正しい」とは思うモノです。

それは実質的に「自分は神だ」と思っていることに等しいことを知らなければなりません。そのことは、神という言葉を遣わないだけで「自分は神だ」と言っていることに等しいのです。

もしそれだけなら「人間なら誰にもある気持ちだ」程度で済みますが、ここにカバラ思想として「人間は神だ」との大前提で理論として組み立てられてしまうと、常に自分や自分達の思うこと、自分達が行うことを徹底して「自分が正しい」との確信になっていくのです。

この確信は、時々人々を間違った行動に駆り立て、結果として解決しがたい危機的事態になってしまいます。現代には幾つかこのような大問題がグレイの言う［欺瞞］として発生しています。

プーチンの発想と発言はまさにこの［欺瞞］そのものなのです。これが、人智と化した神であり「人造の神」の姿なのです。

その思想は密教的魔術的側面をも取り入れつつ、看板は善意に満ちていますが、それはとても善意の思想とは言えず、その実は様々な集団の目的に沿って利用される宗教技術、思念技術、占星術として存在しています。

このような隠された目的を背後に隠して、善を装う勢力が西欧の文化の底辺に定着して、多くの思念技術を扱う集団や秘密結社を生み、その流れが今も社会に深く浸透しています。

この善を装う勢力は組織的に出来上がっていて、その背後に隠された目的を知らされないまま「無知なる善意の人々」によって支持され、純粋な個別の善意によって、組織の目的のために働くことで役割を果たしているのです。

これはあたかも詐欺グループとは知らずに雇われた人々と同じであり、結果として多くの従業員が犠牲となり、最初に逮捕されるのはこの人達ですから、これは悲劇的に危険であると言えます。

実は、今でも欧米の政治の裏側にはカバラ思想の原型を受け継いで、いろいろな種類の秘密結社としてしっかり浸透しています。

これが本著の主題の『ガブリエルの怒り』の所以《ゆえん》なのです。

私から見ても大きな展開であり、強烈な話が続きます。個々の出来事に目を奪われず、思想集団の裏に隠された目的をのみ見つめて判断すべきと思っています。

これはこの私にとっても驚きであり、付いて行くのがやっとのところがあり、それは私のメッセンジャーとしての限界から来るものです。

その警告内容は宇宙連盟の意志なのです。それを知って、再度「グレイからの警告」を読み返して戴きたいと思います。

欧米では、どの断面で切っても、敵も味方も同じようなカバラ思想で動いていて、勝っても負けてもカバラ思想の中という状況です。その流れの結果として、いずれ到達してしまう「人類の危機」をグレイは警告しているのです。

そして、ガブリエルから見ても、ガブリエルの指導に沿わない、つまりモーゼやイエスの意に沿わないユダヤ人が、新たなユダヤ戦略として生み出した背信行為として映るのです。つまり、マサダ以降のユダヤ戦略はユダヤ人の伝統に、真っ向から逆らう行動なのです。

そして、もちろんモーゼもイエスも現代のカバラを拒絶して、伝統のユダヤの思想の中からユダヤ人を導こうとしているのです。

隠されたカバラ裏思想

カバラは隠れた部分に恐ろしく危険な力が隠されているのです。それは危険だからこそ、表に出せないのです。

しかし、ユダヤの世界戦略として極秘の目的を持った人達には、それがとても便利と映るのです。これは十分に気をつけなければなりません。「悪魔のための秘儀」と言われる所以《ゆえん》です。実際にカバラ裏思想の力は現代を動かしています。

人智に基づく「真理もどき」はどんなに着飾っていても、どんな奇跡が現れても、そんなものは宇宙のゴミにしか過ぎません。

カバラの秘儀によって部分では社会を動かしていますが、その結果として生まれる矛盾によって人々は苦しむことになります。寄せ集め思想とは、そこに安定した秩序はないということを意味します。

しかも、神の名を語る人智の寄せ集めは真理に真っ向から反します。こんな危険な思想に神による応援は有りません。

もし応援があったように見えても、それは神からの応援ではありません。その結果として生まれる矛盾は更に大きくなって世界に降りかかり「グレイからの警告」に示されたように世の中は苦しむことになります。

時代は進み、西欧の歴史はキリスト教とユダヤ教と、その背後にあるカバラ思想によって対立と協力の関係を深めていくのです。十四世紀以降現代に至るまで、キリスト教もユダヤ教もその裏側に密教的信仰である現代カバラ思想の影響が強まっていきます。

一方で、イスラム教のカバラに対する対応には特記すべきものがあります。イスラム教は現代カバラ思想に至るまでこれに係わることはほとんど無く、接点は例外的にしか見つかりません。イスラム教徒は三者「三つ巴」の構図の中にありながらも、そして三者とも旧約聖書を共有していながら、マサダ以降から現代カバラ思想に至るまで、その正体を見抜いていて、係わりを強く拒否していることに驚きさえ感じます。

このことからも、現代カバラ思想は「グレイからの警告」の通り、ユダヤ教とキリスト教との結託を意味していると考えられるのです。

元を辿れば、ガブリエルが直接係わったユダヤ教は「破られた約束」により救世主を失い、マサダ以降は世界に彷徨《さまよ》い、カバラ的思想に偏重《へんちょう》し、そしてバチカン由来のキリスト教は「偽りの贈り物」を作った「人造の神」であることになります。

イスラム教は宗派の戦いを抱えたままではあるが、原形を留めている存在と言えます。

そしてここに「ベクトル史観」で示した構図こそが、グレイを遣わした宇宙連盟から見た中東と欧米の思想の構図なのです。


ユダヤの世界戦略を見てみれば、世界支配のための複数の勢力が暗躍し、その行動の背景には常にカバラ的発想が見え隠れしています。

カバラの密教的信仰は「危険なのでそのまま表には出せない」のです。表はきれい事に形を整えていても、裏に回れば自分の信じる「正義？」のためならオウムと同じ事をします。

人を殺すことも出来ます。目的のためならどんな大きな嘘も付くし、脅迫もするし、その時と相手と場所と手法を人間が決めているという点で、これはとても危険な思想なのです。

その様な危険な思想をガブリエルが認めるはずはないのです。宇宙連盟が認める筈はないのです。

カバラと言える範囲は広く、そこには良いカバラも悪いカバラも存在します。部分だけ見れば、確かに役立つモノは有ります。しかしそれは断片に過ぎません。

カバラは表に見える姿と裏の姿とは全く違います。表は全て博愛的であり、平和論者です。ですからその中に所属していても裏の顔は決して見えません。

本著がカバラの本質を明確に「悪」と断定するのは、それはガブリエルがユダヤ人に与えた思想ではなく、そして勿論神が人間に与えた思想でもなく、人間が勝手に自分の都合に合わせて神の真似をして神から盗んだ秘儀だからです。

そしてもう一つの「悪」と断定する理由は、近代では戦略的になって目的もその計画も大きくなり、従ってその弊害も大きくなってしまったからです。

今やキリスト教およびキリスト教徒は、現代カバラ思想を通して完全にユダヤ戦略の中に取り込まれていると見えています。そして、イスラム教はしっかりとこれを拒否している姿と見えています。確かにイスラム教はカバラ勢力に対してフィードバックの役割を果たしているのです。イスラム教はバチカン由来のキリスト教に対しても、フィードバックの役割を果たしていることから、イスラム教の役割は歴史の中で、常にフィードバックの役割を果たしていると言えます。

何よりも、今の西欧と中東と世界での陰に陽に動いたカバラ裏思想が、現代ではこれだけの混乱を生み出し、人類を滅亡の瀬戸際に追いやっているのですから、答えはもう出ているのです。

第二次世界大戦ではナチスもオカルト的力をかなり研究していて、本格的に利用しました。それは連合国側でも同じです。チャーチルもオカルトチームを抱えて大々的に研究し、実用化もしたと思われます。中々表には出てきませんが、両者ともそれなりの成果を得ているものと思われます。ここにはカバラ以外のオカルト秘技も係わってきて、地球はさらに混乱していきます。

このようなオカルト的力は、それを超越する力の下でコントロールしないと破壊的な結果をもたらしてしまいます。そして現代がそれなのです。

解決のためには、これらの力を宇宙のフィードバック機構の下に位置づけなければなりません。

現実は、宇宙の秩序を乱すカバラ的な力が地球を混乱させつつ、人智を駆使して宇宙のフィードバック機構からの制御を逃れて、最終的にはユダヤの世界支配戦略という「大きな渦」に巻き込まれていく途中なのです。本著はそれに警鐘を鳴らしているのです。

これはもう地球の限界であり、カバラはここまでで終わりにしなければなりません。これが人智の限界です。

その限界を示す「人類の危機」がプーチンのロシアがウクライナを侵略するという形で実際に現れ

てしまいました。

カバラ裏思想ではこの侵略は肯定されているのです。

後に述べますが、プーチンの行動には正にカバラ裏思想が入っています。目的のためには手段を選ばず、嘘は出来るだけ大きな嘘を付く。虐殺は神の名の下に「浄化」と称して許可される。そこには他民族支配のためのあらゆる手法が説かれているのです。

善と見えようと悪と見えようと、それを知ろうと知るまいと、カバラの行動原理は皆最終的にユダヤ戦略を遂行するように一点に集約していきます。

たとえ互いに対立してどちらかが勝利を得たとしても、そのどちらにもカバラの行動原理があるのです。

現代ではロシアとウクライナの戦争に於いて、プーチンは未だに「ユダヤ対反ユダヤ」という単純な構図を作っています。

実はあなたもこの「ユダヤ対反ユダヤ」の二極構造の内のどちらか一方の立場に分類されてしまうのです。或いは、自分でどちらか一つを選ばなくてはならないのです。

しかも、もしユダヤを批判すると反ユダヤになってしまうのです。欧米ではユダヤを批判できないのです。もし、これを言うと歴史修正主義者とレッテルを貼られ徹底的に排除されます。

これはプーチンが使った手法ですが、反ユダヤの旗を掲げている勢力を批判するとナチスになってしまうのです。敵は反ユダヤであり、それはナチズムでありネオナチだというような単純二極構造を主張するのも、実は古くから有るユダヤ戦法の一つなのです。

この構図を作ることで、自分たちユダヤ勢力に対する批判を封じているのです。

日本から見ると何とも単純で馬鹿らしくさえ見えるのですが、欧米の人達はこの構図に完全に呪縛されているのです。そして勿論、これが【欺瞞】であると知っていてもなかなか反論できないのです。もし反論すれば、直ちに「反ユダヤ主義者だ」という声がこちらに飛んでくるからです。実はこの種の呪縛は日本にもあるのですが今回はそれについて語りません。

この論法は白に反対すれば黒であり、黒に反対すれば白とする、目くらまし論法なのです。ここでは他の色は存在しないことにされてしまいます。

そこでですが、本著を読んだ人の中には、著者のこの私をもそのどちらかに分類しようとするかもしれません。著者の私をユダヤ主義者か、それとも反ユダヤ主義者か私に質問してくる人も居るかも知れません。

その時には「私は超ユダヤ主義者である」と主張します。

それは即ち、私はユダヤ主義者も、反ユダヤ主義者も、そしてカバラ主義者も、どれもこれも一元論に統合する立場であると回答します。


ここで話は再びプーチンに戻ります。果たしてプーチンはどちらの立場なのでしょうか。ネオナチをやっつけると言いながら、どうみてもプーチンこそがネオナチの行動様式に見えます。


プーチンが「ユダヤ対反ユダヤ」という構図を取るのは子供だましのように見えますが、それが未だに通じるということは、世界は未だユダヤ戦略の強い呪縛の中にあると言えます。

これはユダヤ戦略としてしばしば利用されてきた構図であり、これに呪縛されればこの二極以外の視点を見失い、自分も二つの内の一つを選ばなくてはならなくなるのです。これも両建て主義という、よく知られた作戦です。ここでは反ユダヤと言えどもユダヤ戦略の中に有るのです。


この現代の構図を見れば、未だにユダヤ戦略としてのカバラ思想が支配的であることが分かります。

勿論表だけの善良なカバラを信奉する人も多く居るのです。

しかし「悪」のカバラがカバラの本流であることから、そしてその根底にユダヤ戦略が潜んでいて

「悪」のカバラが支配的であることから、最終的にそこから逃げ出す事は極めて困難なのです。

この裏思想の実態を知るのはカバラの中でもごく少数の幹部だけであり、表で動く人達は本音を知らされて居らず、常に善意の人達が善意で動いているのです。そこを見失ってはいけません。

「ベクトル史観」では単にその「悪」を裁くだけではなく、最終的にはその「悪」をも一元論に還元させて、肯定して、生まれ変わらせる道を示します。私は「神と対立する悪魔」という表現は、神が相対的になり、とても嫌いな表現ですから、そのような表現はとりませんが、私は一旦「悪」を善悪二元論で裁くことになります。

さて、思考が呪縛されてしまうと「ユダヤ対反ユダヤの対立の構図」が世界の勢力図の全てに見えてしまい、あなた自身もその中のどちらかに位置づけられてしまう」と記述しました。

そして、私はそのどちらでもなく「超ユダヤ主義者」だと記述しました。この新しい視点を大切にして以下を読んでください。

本著の中でガブリエルは、カバラだけではなく古代から続く欧米の歴史の中でユダヤのボタンの掛け違いから発生した全ての行動と思想について、一旦「欺瞞」として否定しています。そしてその後、私が解読した般若心経の論理で一元論に統合することで肯定するために、次の過程を私の切り開いた

「じねんの論理」に委ねようとしているのです。

それは、私が一元論へ統合するための方法論を持っていて、次を準備しているからです。それは次に続くⅣ章「じねんの論理」と、Ⅴ章「統治の論理」であり、私としては、ガブリエルに導かれてやっとここまで書き進んできたか、という気がしています。

読者の皆さんは、特に欧米の読者の皆さんは、ガブリエルの人類の歴史に対する一貫した責任感からの行動に理解を示すべきです。

ガブリエルは歴史の根底部分から病巣を切り取って治療しようとしているのです。その決意の気持ちを特に大切にして、本著のメッセージを受け取って欲しいと私は特に強く思っています。

欧米に居る限り、欧米の全ての思想が『ガブリエルの怒り』の対象となります。

欧米の読者はこの欧米のすべての思想の中のどれかに係わっているでしょうから、先ずはその根底に〔欺瞞〕が有ることを認めるべきです。それがないと、ガブリエルによる救いの手から外れてしまいます。

わざわざ自己正当化してしまっては〔欺瞞〕を増幅するだけです。〔欺瞞〕は〔欺瞞〕と位置づけることで肯定されます。そして、一元論への入り口に達することが出来るのです。

カバラに係わる多くの人達は、自分たちがマサダ以降のユダヤ勢力の「隠れ箕」として、その自覚無く西欧社会で活動してきました。社会の表で活動する人達は「自分以外の意志によって動かされてきたことを知らない」ということが実に大きな悲劇であるのです。私は常に「超ユダヤ主義者」なのですから、この「欺瞞」から逃れて私に従うことは、ガブリエルに従うことであり、天の意志に従うことであるのです。

一方、日本は歴史的にマサダ以降のユダヤ勢力からの係わりは殆ど無く、そして勿論カバラからの影響も殆ど無かったのですが、最近カバラが静かに日本に入って勢力を広げつつあります。今後は疑り深くなければなりません。いつまでも「日本はカバラに関係ない」などと安心はしていられません。

善意を装って浸透してきますから、騙されないようにしなければなりません。隠れ蓑を作るのが上手なカバラは、これから日本で何をしようとしているのか。十分に注意深く監視しておく必要があります。

Ⅳ章

「じねんの論理」

日本は優れた統治システムを持っている

前章で述べた［欺瞞］の数々は世界を見れば今も通用しています。

日本人はこのような押しつけがましいハッタリのような「力の論理」を使うことが実に苦手ですが、苦手であることが素晴らしいのです。

日本が国として、謀略的「力の論理」を真似をしようとしても、とてもそうはなりきれないのです。

それは背景に常日頃の「じねんの論理」が有るからなのです。

ここからは「力の論理」と「じねんの論理」の語句を対比して遣っていきますので、その関係を多少詳しく述べておきます。疑問が出たときにはここに戻って確認してください。

すべての行動の原点には、自らの利益に基づくものと、自らの属する集団の利益に基づくものと、さらには全体を意識した全体の利益に基づくものと、大まかに分類できるでしょう。そしてこれらの行動の原点には、それぞれの「理念」があり、そこから具体的な「方針」が生まれてきます。

そこで「力の論理」とは、自らの利益と自らの属する集団に基づく行動を強引に進める「方針」を言います。「強引に進める」とは、そこにフィードバック機構が殆ど働いていないことを意味していて、むしろそれを肯定している状態を言います。

次に「じねんの論理」とは、それがもし自らの利益に立つ場合であっても、常に周囲との関係を考えて、全体の利益という立場からのフィードバック機構を自ら用意して、その中に自らの行動を位置づけて抑制的に行動することを言います。これが集団の利益であっても全体の利益であっても、フィードバック機構を用意しているかいないかで同じ意味になります。そして最終的に目指す究極の「じねんの論理」とは、フラクタル共鳴の状態に至り、宇宙と一体の中から行動を起こし、全体の利益を宇宙の生命活動の利益と見て行動することを言います。「フィードバック」の詳細についてはさらに後述します。

このような日本の「力の論理」になりきれない、つまりプーチンのようには決してなれない姿勢は、日本文化の背景にある「じねんの論理」が主たる行動原理となっているからであり、このような日本文化と国民性に対するガブリエルの評価は以下も含めてとても高いのです。

日本は何処かの国のように敢えて敵を作り自己正当化して敵と戦うことで統合するのではなく、国内を恐怖で支配するのでもなく、天皇という司祭の代々受け継いできた高い理念に国民が心を合わせてきた歴史の蓄積によって統合されています。これは理想的な統治の姿です。

被害を受けても被害者意識にならず、敵として戦った相手でも神として祀り、統合の中に入れてしまうというような離れ業《わざ》も成し遂げています。

つまり、争い事を嫌い、自他の判断を超えた所にある神の意に従おうとする「じねんの論理」は日本文化の中にキッチリと残されているということになります。

しかし本当のことを言えば、実はその様な人達が何千年も前から日本に集まってきたのだと言えるのです。

中東から日本に至る航海ルートは古代から確立していて、海岸線伝いに帆船を操れば一年弱で日本に到達するのです。正統派キリスト教徒さえも、バチカンの支配を逃れてこの日本に集合していたのですから。

そしてもちろん、正統派キリスト教徒だけではなく、先に日本に亘ってきている古代のユダヤ人も、何らかの縁があって日本に来ている現代のユダヤ人も、それだけではなくガブリエルつながりのイスラム教徒も、今こそその時と感じて日本に集合してきています。彼らは超日本主義としてまとまっていくでしょう。

私から言えば、日本の良さはかなり傷んできています。

平和ぼけしていて補強しないと崩れてしまわないかと、とても心配ですが、まだまだ文化の底辺には「じねんの論理」が残っていると理解して、心して大切にしたいものです。

私は日本人であり、その私が日本を特別視することをずっと避けてきましたが、やはり日本は特別な国であると思わざるを得ないという結論に達しました。

そして結果から言うならば、この日本にシュメール以来の人類の最終的な思想と、それによって統治される未来世界が存在しているということを、私はガブリエルとの交流によって「ベクトル史観」によって知らされました。それは単に知識として知らされたというだけではなく、体験的にそれを実感させられました。

それは、世界の全ての思想は日本に向かい、全ての勢力も日本に向かい、世界の全ての思想と勢力は日本によって統一され、日本によって世界の恒久平和が実現するという筋書きがいよいよ明らかになっていくことになります。

その為に私は日本に生まれ、日本で修行し、この日本に人類の未来の思想と統治を用意して、全人類の人々が集うのを待っているのです。

私達が真に求めるべきものは「人造の神」の下に実行される謀略でもなく、私が示し続けている『人類普遍の世界観』から導かれる「じねんの論理」でなければならないのです。

「力の論理」から「じねんの論理」へ

カバラの裏思想により思考の技術によって事を為そうとすれば、それは「力の論理」となります。弱肉強食の世界となります。それがプーチンの姿であることを既に記述しました。

「力の論理」に支配され、弱肉強食化した混迷の地球を統治できる究極の生き方としての「じねんの論理」とは、結果を無理に自分たちに都合良く作り出すのではなく、宇宙の運行に一旦身を委ねて、その中から新たに自分たちの運命を戴き直すという、宇宙と共鳴しながら生きる生き方を言います。

そのためには常々から普遍的な「理念」を掲げて、その「理念」は「祈り」にまで高められて、その「理念」の下に最大限の努力をしつつも、最後の最後は力を抜いて運命の先を宇宙の判断に委ねる、とする生き方です。カバラの裏思想とは正反対の生き方となるのです。カバラ裏思想が背後から世界を動かしている今こそ、それに警鐘を鳴らし、新たな生き方を人類に提唱するために「じねんの論理」が必要となるのです。

この状態を私はフラクタル共鳴と言ったのです。このフラクタル共鳴による力こそ「じねんの論理」なのです。

「力の論理」に頼らず「思念技術」に頼らず、作為に走らないことが、そして自分の利害だけで動かないことが「じねんの論理」です。一旦宇宙に共鳴して、もし相手があるなら、宇宙の中に自らと相手を位置づけることです。

それには『人類普遍の世界観』を体得し、色づけのない人類愛の心を育て、その中から祈りによってフラクタル共鳴に至り、個と全体を調和させた結論を導き出すのです。

『人類普遍の世界観』を理解し、その世界観から導き出される「理念」を掲げ、その「理念」に沿って行動の方針を生み出します。


それは「理念」を実現しようとすることです。宇宙の秩序を地上に表現することです。具体的には世界の恒久平和を実現することです。

ユダヤによる世界支配でもなければ、ユダヤによる世界政府でもありません。自分たちの考えを力で押し通すことではありません。

「じねんの論理」が世界に行き渡れば、『人類普遍の世界観』に反した思想や価値体系は結果として消滅し、世界の恒久平和が訪れるのです。


「じねんの論理」に従えば、例えば、あの山の頂上を目指す場合、スタート地点から直ぐに山を登るのか、それとも一旦下りの道が続くのか、それは分かりません。最初は暫く下りの道が続く場合も十分あり得ることを知っていれば良いのです。頂上を目指しつつも、下り道では確信を持って下れば良いのです。

私の示している理念に共鳴するには「人類愛の祈り」によってそれは発生します。「フラクタル共鳴」は宇宙の隅々まで達します。

理念と方針から具体的な行動原理にまで降ろして、それを理念を共有する人達で実践することになりますが、それには「宇宙のフィードバック機構」に委ねることになります。

原理的にこれは私が示したものに限りませんが、しかし実際問題として、私以外にそれをすることは中々難しいと思います。私はその為に生まれてきて、そのように神々に指導されてここまで来ているのですから。

この「じねんの論理」を示すことが私の使命でありますが、それについては私の他の著書を読んで戴くとして、更にはその為の教育機関を作ろうと思っています。

そこで以下に、この「じねんの論理」に反する「力の論理」とはいったいどういうものなのか、それについて語ってみます。

「じねんの論理」は宇宙に調和する

最初に知るべきは「力の論理」と「じねんの論理」との違いは、行動原理の違いを意味しているのです。行動原理としての「力の論理」と「じねんの論理」との違いは、世界観とそこから導かれる理念の違いによります。宇宙に共鳴しているか反共鳴かという違いです。

一見してその違いが分かることもあれば、高度な判断が必要な場合も有ります。しかしフラクタル共鳴を感じ取れる人にはそれは分かるのです。

例外的には、外からは「力の論理」のように見えたとしても「じねんの論理」であることもあります。言葉や形では判断できないことですから、自分の判断を超える物事に対する判断は放棄するのが適切と言えます。

一方、何かの集団のために無私の姿勢で尽くしたとしても、それがフラクタル共鳴を発するとは限りません。必ずしもそこに「じねんの論理」が生まれるとは言えません。常に集団ではなく、宇宙に対して無私でなければならないのです。

このように集団や国家の統治においては、事は多少複雑になります。その背景には常に対立があり、闘争がありますから、その背景にある思想こそが、つまり世界観とそこから導かれる理念こそが問われることになります。形は同じでも、理念が異なれば大きく意味は変わります。

理念が異なるまま具体的なことを議論しても、対立しか残らないものです。小さくは、立場が異なれば具体的な事柄に関しては異なる解釈が出てきます。その様なときは、詳細は避けて互いの立場互いの理念に関してのみ議論が有効となります。有効であっても、結局結論は出ないのです。互いの立場互いの理念を確認するまででしょう。

人間にとって、自らの理念を変更することは、自らの立場を変更することは容易なことではないからです。それは一生に一度か二度のことでしょう。

ただし、そこに本質的な嘘が入れば形からは分からなくても、その行動の背景にある理念と行動原理が次第に見えてきて、本物か偽物かを決定することができます。口先だけではない、その心底の行動にある「理念」が宇宙に共鳴したとき、フラクタル共鳴を発することになります。フラクタル共鳴を発するものが本物なのです。

統治に於いては個人個人が善意であっても、それが集まったとき、他を支配しようとする支配欲が出てきます。ですから、個々人の善意だけでは決して良い統治にはなりません。

宇宙にフラクタル共鳴していれば宇宙に調和した生き方が出来ます。

そして宇宙にフラクタル共鳴していなければ、いくら個人個人は善意を示していても、自分が、そして自分たちが他より優位な立場に立ちたいのは人間の常であり、それを犠牲にすることは中々出来ないことなのです。

周囲に自分に対する善意を要求しても、反対の立場ならば、自分でさえそれを受け入れることはなかなか出来ない要求となるのです。自分に出来ないことを他に求めていては、それは矛盾であり、強制になり「力の論理」になります。

それを解決するのが、宇宙の立場から戴き直すという、私の説いている「じねんの論理」であり、それがフラクタル共鳴なのです。しかし、それを知らない人達は支配の論理によって自分たちを優位に立たせようとする、卑怯な方法を思いついたのです。

その卑怯な手段がここで言う、悪意の「力の論理」です。過《あやま》てる理念に基づく「力の論理」と言えるでしょう。

歴史の中で巧妙に作られた悪意の「力の論理」は、一見「じねんの論理」のように見えることもあります。それほど巧妙に作られています。簡単には嘘がバレないように作られています。

そこでは戦術として表向きの発言と本音を切り離して、表向きでは神を語り、善意に満ちた発言に終始し、思念技術さえ使って自分たちだけ有利な条件を作り出そうとします。

そのためには自ら被害者になろうとして、被害者意識を原動力に結集することで「反共鳴の力の論理」が発生します。「反共鳴の力の論理」では、どのように「嘘」を組み立てても、一瞬は自分や周囲をだませても結果は常に失敗となります。

先ず原則として、自分をだますことは不可能であり「嘘」を積み重ねれば心も顔も苦痛に歪んできます。

被害者意識を自らの原動力とすることで相手より有利に立ったつもりで居ても、その実は「思い通り」になる宇宙の法則により自分自身に実際に被害を受ける運命を呼び込むことになります。被害者であることを望んでいるからです。望んだから被害が現れたのです。それが宇宙の原理です。現に幾つかの国や民族は今でも実質「被害者になりたい」と言っているのです。

そして、被害者意識の更なる問題点は、自分が被害者側と思うために反省するのは相手だと思ってしまうことです。自己正当化できれば反省する必要は無いと思うことです。

ここ数世紀に亘って地球を支配してきたユダヤ戦略の「力の論理」について解析してみましょう。

被害者意識とナショナリズムの牙

民族主義の元となる思想は愛国心から生まれることに違いありません。

しかし、為政者が民族統合のために民族主義を強めようとすると、必ず独善的になり、他民族からの被害者意識を増大させ、やがて牙を剥き、民族間の対立を生み、そして戦争を始めるのです。この歴史を繰り返しています。

このような民族主義の危険さを「ナショナリズムの牙」と言います。そして「人造の神」と民族主義が合体すると、その危険さは極端に増大します。

ここで民族主義とは広義の意味であり、ナショナリズム、国家主義などもこの範疇に入りますが、以下はこれらを含んで全てを民族主義として説明します。


ひと言で言えば、被害者意識が全ての原因です。

国境で隣接するような関係性の深い国と国との関係では、安全保障上の、或いは貿易上の関係は互いの関係が密になるにつれて、必ずそこに利害が発生します。

そこで「力の論理」しか知らない為政者は、国民に対して統治のための求心力を得るために敵対する相手国を明確にし、その仮想敵による被害者意識を国民に植え付けようとします。

その為には情報操作が必要であり、為政者に都合の良い情報機関に強い権限を与え、国民を情報統制下に置きます。


その結果、求心力は生まれますが、次第に抜き差しならない対立が生じてしまい、内政の失策のたびにしばしば国民の下降気味の求心力を復活させ、さらなる求心力を得るために仮想敵との対立の姿勢をさらに明確にせざるを得なくなります。

その度に求心力が復活しますが、それを繰り返した結果、現実とは大きく乖離《かいり》した化け物のような仮想敵像と「自らが被害者となる恨みのストーリー」が出来上がってしまいます。積極的に恨みを溜め込んで、それを原動力とする思想を持つ民族さえ有ります。

関連する国と国との歴史解釈は（これは個人と個人でも同じですが）いつも利害が絡んで統一見解は中々得られないものです。しかし知るべきは、常に両者に共通点があり、どちらも自らが被害者になる立場で解釈しようとするものです。

当然のこととして、どちらも被害者にも加害者にもなり得て、その立場を互いに繰り返すものです。

そして、ここで重要なことは被害者ではなく、被害者意識のことであり、被害者側に立つことで自らの立場が有利になるとの思い込みから、被害者意識を強く押し出す国が多くあります。

ここで、宇宙の法則から言えることで十分に気をつけなければならないことは、被害者意識を持つことは「自らが被害者側でありたい」と強く思うことであり、それはその思いを実現しようとして自らの運命が被害者になる運命を招き入れてしまうことになります。宇宙の創造活動の最も基本は「思い通り」になるという原則です。

ですから、もし実際に被害者であっても被害者意識を持ち続けることは「被害者でありたい」と思うことであり、自ら被害者であることを肯定してしまい、結果として被害者となる運命を作り出してしまいます。ですから、被害者意識は絶対に避けるべきことなのです。

この被害者意識が生み出す「思い通り」の法則は、宇宙意識ならぬ疑似意識に限定された「思い通り」のことであり、それは宇宙の中では部分の法則です。【巻頭図5】

それ以前に、宇宙意識に通じる「祈り」という「理念」を実現しようとする大原則があって、その下に現実の人間の様々な「思い通り」によって目先の運命が影響を受けますが、それが「理念」に反していれば、強いフィードバックを受けて運命は修正され、正常化されていきます。

そのフィードバックの作用を効率よく行うための「行」を、私は自明行として詳しく説いています。これは私が「救世の大霊団」の神霊によって指導されたフラクタル共鳴に至る方法を、宇宙のフィードバック機構のプロセスとして私なりに纏めた方法論です。そしてこれは［欺瞞］を解消する手法であるのです。

これは真剣に求める私に対しては極めて有効でありましたが、これを一般の人々にそのまま実践してみるととても難しく、このままでは実用にならないことが分かってきました。

そこで、私はこれをかみ砕いて更に入り口を広げ一般化して実践していますが、それでもまだ難しい点があると思っています。

そのため、更に一般化するための作業は未だ残っていますが、その基本の入り口について少しだけ述べておきます。

［欺瞞］とは「嘘」から成り立ちます。そして自明行は「嘘」の探求から始まります。「私は嘘を付かない」という人がいますが、それは余りにも自分を知らなすぎる発言です。「白い物を黒いと言うこと」だけが「嘘」ではありません。自分の意識の中の思考の動きが見えてくると、人間とは、つまり自分という者が殆ど「嘘」ばかり付いていることが分かってきます。それに加えて、カバラによるような思念技術に頼っている自分が、ヘトヘトに疲れ切っていることに気が付くときが来ます。

それが分かると「これでは人生も世の中もうまくいく筈がない」と思えてきます。

そこまで人間と自分の実態を知ると、人は初めて「魂の解放」を本気で求めるようになるのです。詳細は「人間やりなおし」（献文舎）を読んでください。本著では「魂の解放による救われ」として後述します。

自明行というフィードバックがないまま被害者意識を蓄積していくと、互いの人間関係はわざわざ被害者になるために「嘘」の上に更なる「嘘」を上塗りしていて、その結果、気づいてみればもはや引っ込みがつかなくなっています。これが正に［欺瞞］なのです。

状況が変わったことで、急ぎ関係を再構築しようとしても、既に真実とはまったく異なる被害者的ストーリーが出来てしまっていて、そこにどっぷりつかっているので互いの関係の修復はもはや不可能になっているのです。

全く同様に、今更相手国と友好関係を構築しようとしても、既に抜き差しならない被害者的ストーリーが出来ていて、為政者はその被害者的ストーリーの中で国民を満足させなければたちまち政権を失います。特に独裁国家では小さな失敗も許されませんから、常に自己正当化しつつ、もはやストーリーに沿って突き進む以外に選択肢はなくなります。

「ナショナリズムの牙」とはこのようにして出来上がります。国民の間には仮想敵との正義の戦いの構図が既に出来上がっている状態を言います。

言論の自由が確保された民主主義が発展すれば、かなりの程度抑えられますが、言論の自由はプロパガンダも自由なので、正しい情報の選択のために工夫が必要です。これは次章で述べます。

ここまで来てしまうと、長年かけて築いた「嘘とストーリー」のままに進む以外に道がなくなり、最終的には戦争を選択する以外になくなるのです。そして「嘘とストーリー」を信じる国民の大半が、自らの「正義」を貫くための戦いを支持する事になるのです。ここまで来てしまうと、今更根本的解決にはなりませんが、互いの努力として「互いに異なる歴史観を持っていることを互いに理解する」との宣言ぐらいはやるべきと思います。

被害者意識が全ての原因です。

中国や北朝鮮、韓国も、そしてロシアは今、その真っ最中です。

そして何処よりもイスラエルこそ、ヒットラーによるユダヤ人大虐殺は当然のこと、しかしそれ以前から西欧社会の中で差別を受け続け、それ故にユダヤ人は大方針として「ユダヤ対反ユダヤ」という被害者対加害者の構図を周囲に押しつけ、未だにその構図を崩さずに主張しています。

ユダヤ戦略の中心にあるイスラエルの論理は、プーチンの論理に通じるところがあり、自らの民族のためには他民族を犠牲にすることを厭わないのです。


これらの国々は、今はこのような被害者の歴史の蟻地獄のなかにあり、そこを蟻天国だと固く信じているのです。

人類が未来に求めるものは、決してこのような被害者と加害者の構図ではありません。


決して独善的にならない、わざわざ敵を作らない、被害者意識に陥らない、常に未来志向の協調を求め、共存共栄を願うような「理念」を文化として持つ、真の民族主義の成立こそ待たれるのです。

そしてそのような「理念」を持つ文化は実際に、この日本に存在するのです。

元寇に攻め入られても日本人の誰もが高麗やモンゴル今の中国に対して被害者意識を持つことは全くないし、あの原爆を二発も食らった日本が決して被害者意識にならずに国際関係を保っていけるのは、日本の文化の底流にある「じねんの論理」が強く作用している証拠です。

独善と被害者意識を廃して秩序を作る

実は、ユダヤ対反ユダヤ事と似たような構図が、世界の様々な思想にも言えるのです。世界の宗教思想及び宗教的思想は、民族主義とまったく同じように皆自分たちを美化し、無謬性を主張し、神の下に絶対性を主張し、被害者意識による独善的ストーリーを作り上げます。こんなモノに騙されてはいけません。

しかも、しばしば民族主義と宗教は一体化しています。

過《あやま》てる思想は独善的になることで、被害者意識になることで求心力を得るのです。求心力を得るためにはさらに敵を探して独善の度合いを深めます。

他と差別化するために、敢えて独善的理論を構築するのです。喜んで独善的立場を構築するのです。喜んで敵を作ります。喜んで過去の聖人や偉人達を自分の側に呼び込んでしまいます。どこまでも自分たちに有利な独善的解釈が重宝され、それを進める人が尊敬されます。その結果、独善によってゴテゴテに飾り立てられ、それを無謬性を持って信じることが出来る人が上の立場に立てるのです。私はそのような思想の集団を散々見てきました。

私は絶対にその様な組織や思想体系を作りたくないのです。

だからこそ、私は慎重なのです。私は知性派ですから、そんな自分に都合のよいストーリーに興味は無いし、作文をしたくはないのです。

だから、独善でなければ生きていけない人は、つまり自分達がいつも善の側だと思っている人は、つまりいつも被害者側で居たい人は、いつも自分たちの無謬性を信じる人は、私のそばに長く居ることは出来ません。

私は啓示で何を言われても、どんなストーリーを聴かされても、慎重にも慎重を重ね、時間を掛けて吟味し、五〇年もかけて、今やっと啓示のその全体像を受け入れようとしている段階です。

だからこそ、救世の大霊団から与えられた私の働きは重要で、きれい事に纏めた宗教や思想など、私に掛かれば殆ど皆、偽善者だらけでほぼ全てが再教育の対象になるのです。

前著『イエスは聖書を認めない』の執筆の途中から、突然ガブリエルが私に係わってきて「ここで何でガブリエルが出てくるのか」をよく考える暇もなく、流れのままにガブリエルの指導を受けることになったのでした。

その結果、あの【第三の天命啓示】を私が何とかしぶしぶ受け入れるまでになり、はじめてユダヤ戦略に対しての私の天命が表に浮き出てきたのでした。まあ、二元論的に言えば、初めからの計画で、そのように指導されてきたとしたほうが適切です。

世の中の殆どの思想は独善の蟻地獄の中にあります。すり鉢状の世界の中に閉じこもって居る限り、大きな矛盾はないので、そこは蟻地獄とは気付かずに、蟻天国だと思えてしまうのです。つまり、そこは「井の中の蛙」状態で、全く普遍性が無い世界です。

普遍性を追求すればそんな勝手なストーリーを作ることは出来ないのです。言葉だけ宇宙と言っても、神と言ってもそれは「雨中」であり、ただの「紙」に過ぎません。

決して独善的にならない、常に世界の恒久平和を求め、善悪二元論を超越するような「理念」を持ち、対立する善悪二元論を二元論に纏め上げることで、宇宙意識に統合する価値体系の成立が待たれるのです。

それが善悪二元論の「悪」が為され、裁かれたとしても「悪」が為した結果は動かせませんから、その結果を使って、それを「善」の材料として運命を作り替えていく作業をするのです。それが「じねんの論理」でもあるのです。

そのような思想体系の成立こそ待たれるのですが、それは実はここにあるのです。実際にこの日本に原型が存在し、それを元に世界の恒久平和を作ろうとしているのです。

宇宙連盟としては悪しき民族主義や迷える宗教的思想を排除し、今度こそ地球に本物の思想体系が生まれることを期待しています。

私の動きと同期して、欧米社会に蔓延する怪しげな宗教的思想集団を一掃し、再教育しようとする計画が進んでいます。

「人造の神」は捨てなければなりません。神を語りながら神に根ざさない中途半端な思想は一旦掃き捨てて、『人類普遍の世界観』に基づいた思想体系を構築しようとしているのです。

組織の再構築が求められている

ところで、現代は世界支配を目的とするユダヤ勢力、特にユダヤ左派勢力にとっても、理念と方針を考え直さなければならない時機にあります。

これ以上世界の混乱が継続すれば、もし核戦争にでもなれば、自分たちの生存も危ぶまれてくるから、そろそろ何とか別の手段を用意しなければならないと考えている筈です。

そういう意味で、正に今ならば、世界がこの『ガブリエルの怒り』を正面から受け入れることが出来る絶好の機会なのだと思います。

そこで、『ガブリエルの怒り』を受け入れ、これに従う人達は、ユダヤ勢力に彼らの理念と方針を変えるように仕向けなければなりません。

そして最も望まれるのは、彼らが『ガブリエルの怒り』をよく学び、彼ら自身の考えで、彼らの時代を終わらせることなのです。「力の論理」を自ら終了させることも「じねんの論理」です。そして次の時代を「ガブリエル」と「ガブリエルの子」に委ねることです。

彼らにしても、決して計画通りに事が進んでいるわけではないのです。その現実は混乱を極めています。

それであっても、彼らとはどこかで関係を持つことになるでしょう。それは「じねんの論理」に導かれた中で接することになるでしょう。

そのためには「じねんの論理」による新世界秩序のひな形を前もって用意しておく必要があります。

そしてその基本形は既にあるのです。

【欺瞞】が生み出す人類の危機

読み返してみて『Much PAIN but still time.』の部分を具体的に示していないことに気づきます。

私はヨハネ黙示録のように天変地異を描写するような危機的表現をしませんでした。具体的に表現すると、本当にそれが起こってしまいそうに思うからです。

本著の主たるテーマとなっている「グレイからの警告」の【解釈3】から導かれる「人類の危機」

はもう既に明らかです。

それはカバラ裏思想によるプーチンの戦争です。

世界に【欺瞞】が蔓延《はびこ》るのはユダヤ戦略が原因に見えますが、最も本質を言えば、未だ「地球を統合する理論」が存在しないということが一番の原因なのです。

だからこそ私は、本著では未だ存在しない「地球を統合する理論」を急ぎまとめて書いているのです。つまり「地球を統合する価値体系」を『人類普遍の価値体系』に基づいて書いているのです。そのつもりでこの先を読んで戴きたく思います。


前著で私は【猿山の比喩】として書きました。私としては、フラクタル共鳴の中から絞り出した比喩です。それは前著を参考にしてください。これは【解釈1】【解釈2】から導かれる全体を捉えた「全体の危機」です。この「全体の危機」の一部が本著の危機となります。


前著の【猿山の比喩】は、今回の「人類の危機」に繋《つな》がる比喩だったと思いますが、本著では比喩ではなく、ぼかさずに次第に具体的に書いていくことにしました。

ただし、比喩には書いた私も気付いていない多くの意味が含まれているので、ここにはその象徴的な出来事を書くことになりました。

それを具体的に示したことで、Much PAIN but still time.の意味は「パンデミック」は前哨戦《ぜんしょうせん》で、そこから遂にウクライナ危機が発生し、さらにそこから「人類の危機」に発展しますが、それは人類にとって極めて重大なことです。

それに続く、BELIEVE, There is GOOD out there.に期待を寄せたいと思います。

次に、We OPpose DECEPTION.の表現は、地球には〔欺瞞〕が充満していると語っています。〔欺瞞〕とは明らかに悪と見える姿をしているとは限りません。常に善意の顔をしています。そして、この〔欺瞞〕の根本解決の方法は、先ず地球人がこの〔欺瞞〕に気づかなければならないと語っています。それは、あの集団のことではなく、自分の属する集団のことかも知れないと思って深く観察しないと〔欺瞞〕は発見できないと思います。

地球で歴史的時間を掛けて生まれた〔欺瞞〕は形式ではなく、思考というベクトルですから、決して地球だけに留まるものではなく、宇宙に拡散していることを知らなければなりません。

グレイはそのような〔欺瞞〕に強く反対して対抗していると語っています。人類の持つ世界観が正しくないから、宇宙に拡散するのです。従って、そこから導かれる行動原理も正しくないのです。古く使い古された世界観を自分達に都合良くねじ曲げて、都合良く解釈しているとグレイには映っているのです。

古い時代にはそれでも矛盾は少なかったと言えますが、これからはそれでは危険だと語っています。

正しい宇宙観とそこから導かれる行動の原理のみが【欺瞞】を解消できるのです。私は本著を通してガブリエルとの二人三脚で、正しい宇宙観とそこから導かれる行動の原理を示しています。ですから、早くこれを学んで下さいと語っています。「このままではドンドン危険な領域に入って行ってしまいますよ」と聞こえてきます。

最後の、Conduit CLOSING.から言えることは、グレイから見て、つまり宇宙連盟から見て、地球には【欺瞞】が満ちあふれているので、このままではお付き合いは出来ないと語っています。これは人類にとってかなり深刻な事態だと思います。

このような今の時代だからこそ宇宙連盟の力を借りたいのに、今のままでは人類が長年掛けて育ててしまった【欺瞞】の蓄積がやがて崩壊するとき、グレイとしては人類を助けようがないのです。もちろん、わざわざ攻撃して人類を滅亡させるようなことはしません。

【欺瞞】を抱えて崩壊していく人類の命だけを助けたとしても、再び【欺瞞】が復活するのでは却って苦しみの期間を長くするだけだという意味になります。

このまま【欺瞞】が解消しなければ、人類を見放すという意味にもなります。

猿山の比喩で、猿を人間が放置したことと同じです。

歴史ある思想や行動原理には人智が深く浸食していて「人造の神」が例外なく作用していて、［欺瞞］が限界まで蓄積していると考えなければなりません。表面上はきれい事に纏まっていても、裏に隠れた中身は［欺瞞］そのものであることに早く気付いて下さい。

もし地球の一カ所にでも［欺瞞］が解消された集団が生まれれば、それを宇宙連盟は決して見逃さないでしょう。そうであれば地球を救う価値があるからです。

本著はそのために出版されたのです。BELIEVE, There is GOOD out there.

【猿山の比喩】の意味のもう一つの具体的例としては、今後百年から二百年の地球の人口の極端な増加を意味していると言えます。

これは人類の喫緊の課題であり、絶対に避けては通れません。そして二次的意味としては、この問題から派生して様々な「人類の危機」につながっていきます。

私が子供の頃（一九五〇年）の地球の人口は二五億人でしたが、既に七〇億人を超えていて、二〇五〇年には百億人近くになるとの予想です。百年で四倍となる計算です。限界が静かに近付いていきます。

さてそこで、この地球の爆発的人口増を問題として取り上げて、人為的に人口を調節するなどということは、これは陰謀論で語られそうなことであり、危険な議論には違いありません。

しかしながら、人類の未来を考え増えすぎた人口を調整しなければならないと考えるのは、心ある世界の指導者としては当然のことであり、その為の長期計画を立てることも当然であると私は考えます。この事に反対する人さえ有ることに私は驚かされます。

ただし、人口問題と同時に地球の支配という別の目的が入ってくると、これは特別な意味を持ち始め、大変危険な議論になります。

地球の人口調節そのものは地球の長期計画として当然検討され、そして実施されなければならない重大な課題です。

考えてみてください。これを避けて通ることは不可能です。本当に爆発したらそれは誰の責任でしょうか。無視してしまえば誰にも責任はなくなりますが、人類は極端な混乱状態に陥り、生存競争となり、勝者のない世界に突入します。

ですから、人口爆発を無視し続けることは為政者としては無責任なのです。

民主主義社会でこれを成さなければなりません。共産主義社会でこれを為せばそれはもう地獄絵でしょう。

ところで、民主主義は絶対なのでしょうか。私も現代は民主主義でなければならないと思いますが、Ⅴ章ではその民主主義について、その有効性を議論します。

ガブリエルはフランス革命以来の民主主義を人類の貴重な経験として肯定していますが、これは決して人類の理想ではないことも付け加えなければなりません。

欧米のキリスト教社会に西欧の中世の暗黒時代を通り過ぎて、その中から生まれた民主主義を「人類の偉大なる実験」として評価しています。

更に時代が進み、新大陸アメリカでの民主主義の展開に関しては、決してそのまま『人類普遍の世界観』から導かれた『人類普遍の価値体系』ではないが、人類の未来に通じる新しい可能性として最終的に向かうべき価値体系の重要な通過点として肯定的に位置づけています。

根本から説明すれば、地球にとって人口爆発は避けられない課題であり、さらにここで問題にされるべき事は方針よりも理念の問題なのです。如何なる理念の下に調整するか、という問題です。もしここに「力の論理」が入ってくると、それは世界支配を意味し、これは間違いなく悪魔の所業となるでしょう。

今、【猿山の比喩】を読み返してみて気がつくことがあります。

そこには「数年の時間をかけて頭数を限界まで減らすことが出来ました」「・・生態系は元に戻り、計画は成功したことになります」とあります。この短期間でここまでなるには、猿社会の中で生死をかけた激しい勢力争いや生存競争があったことを意味します。これを人間社会に当てはめて見ると、とても恐ろしいことが起こることを意味しています。「そのようになってはいけないのだ」というグレイからの警告です。私としては、これは比喩でなければとても書けない内容です。警告とはそれが避けられるからこその警告であることを肝に銘じましょう。

直近の「人類の危機」とはロシアによるウクライナ侵略

Ⅳ章での本題に行く前に、プーチンが引き起こした「人類の危機」について、前著の【猿山の比喩】から述べておきます。本著の執筆中にロシアによるウクライナ侵略が発生しました。

本著では政治的内容をあまり強調しないように、ここでこの重大事件の原因となる思想を「ベクトル史観」から解釈しておきます。

「ベクトル史観」から見ると、ウクライナを侵略したプーチンはロシア正教会という「人造の神」に憑依《ひょうい》された犠牲者です。プーチンの背後に見え隠れするロシア正教会はカバラ裏思想の流れをくむ怪しげな宗教組織であり、一世紀前のロシア帝国の亡霊とも言うべき大ロシア主義に取り憑《つ》かれた

「人造の神」によって唆《そそのか》され、煽《おだ》てられ、その気にさせられたのです。

振り返れば「グレイからの警告」にぴったりな内容です。しかし、問題はプーチンだけではありません。放置すれば次々出てきます。このような「人造の神」は人類にとって極めて危険なのです。急ぎ「統治の論理」とその基となる「じねんの論理」をまとめなければなりません。

ロシアの大統領プーチンは妄想によって極端な民族主義に陥り、その結果プーチンの思考空間の中では「自分が正しい」というストーリーを作り上げ、世界に対して戦いを仕掛けてしまいました。プーチンの場合は先に示したような「民族主義の持つ牙」の一般論をかなり超えてしまっています。こんな極端なことが出来てしまうことが、まさに「人造の神」なのです。

今私達はプーチンによって裏思想の危険さを見せてもらっているのです。

プーチンの思考空間の中では、ロシアが一方的に世界秩序を破り、どんな残忍な行為をしても自分が正しいと思える「思考のループ」が出来てしまっているのです。その「思考のループ」の特徴とは「嘘」の事実を積み上げたストーリーを作り上げた途端、それが「事実」と錯覚するのです。ここに有るのは「ストーリーが作れさえすれば、嘘は事実と化す」という自己正当化の「思考のループ」が特徴的です。

プーチンの思考空間をロシア正教会とその下部組織の密教的集団が支えていて、その中ではオカルト的儀式が行われ、敵には嘘もつき放題、人命などは無視、まさにカバラ裏思想としての様相です。プーチンのあの非常識な主張は、まさに普遍性を欠いた裏思想の危険な理論です。

そこでは自己中心の強引な理屈が成り立っていて、普遍性が全くないまま、矛盾したまま徹底して嘘をつき通すのです。

これではまるで、あのオウム真理教のように妄想が膨らんで、ポアしたりサリンをまいたりと、それを行動に移した途端に一気に矛盾が爆発したのです。

最近のプーチンのあの非合理的な判断は、背後の思想集団に操られている証拠と言えるでしょう。絶対にしてはいけないことをする状況です。このままでは「核のボタン」だって押しかねないほど危険です。「人造の神」の最も危険な例です。

その結果世界から孤立し、たとえ戦果を挙げてもロシアは歴史的に全てを失うでしょう。

これだけのことをすれば、誰もがプーチン政権が消滅することを望み、世界の誰もがロシア的価値の崩壊を納得するでしょう。はじめから負けています。

起こってしまったこの歴史的大事件から色々と知らされることがあります。プーチンによる余りにも乱暴な嘘で塗り固めた、絵に描いたような「力の論理」は、どんな理屈を付けても正当化できません。

人類の未来にとってこのような危険な思想と民族主義を消滅させるためには、ロシアが実質的に敗北しなければなりません。

常に加害者のロシアの方が被害者面していて大きな顔をしています。なんたる矛盾でしょうか。

これがMuch PAINだったのでしょうか。

確かにこれは「人類の危機」です。

ロシアが国連を完全に無視し、強引なロシアの言い分を押し通したことで、七十年掛けて築いてきた世界秩序は根底から崩れ、人類は泥沼の中に落ち込みます。

第三次世界大戦を覚悟してでも、如何なる犠牲を払ってでも、ここでプーチンの妄想を止めなければなりません。

世界秩序を公然と破棄したプーチンは、人類の歴史に長く悪役として残ります。

未来の人類のために大きな犠牲を払うことになったウクライナの苦しみが、少しでも減ることを心から祈ります。

もう少し言っておきたいことがあります。

これだけの情報社会の中で、ロシア国内の情報統制とプロパガンダがかなりの効果を上げているようですが、ロシア国民がどこまで騙され続けるのか。真実を知りたいと思うときが来るのか。人間の「ヒステリシス思考」によるバイアス効果を見極めたいと思います。ここで「ヒステリシス思考」とは、先の体験が優先して、後の体験を正当に判断できないことを言います。


歴史には裏があり、その裏にもまた裏があるモノですが、これ程に白黒が明確な戦争は珍しいのです。しかし、中には「どちらもどちら」的な発言がたまに聴かれることがあります。

およそ国際紛争において安全保障上の危惧は双方にあることは当然のことで、どちらにも言い分が有るモノですが、この戦争においてはロシアの言い分は目に余ります。

さらに、もしこの目に余る言い分をそのまま受け入れたとしても、それであってもロシアの侵略は正当化できません。根本的に間違っています。

国連の常任理事国であるロシアが、自分たちが作った国連の常任理事会で解決しようとせず、それを無視して侵攻するのですから、これは侵略以外の何ものでもありません。「どちらもどちら」は成立しません。

有無を言わさず核兵器をちらつかせて強引に軍事力で一方的に侵略したこと。しかも、ルールを無視し、原子炉を攻撃し、民間人を敢えて無差別に殺し続けていること。見るに耐えない非人道的なことが行われていること。これらは人類として決して許してはいけないことなのです。

驚くべき事に、この場面で「人類の危機」の解消の立場に立てず、自国の目先の利害からのみ判断して、プーチンを擁護《ようご》する国もあることに驚かされます。

このプロセスでプーチンを助ける国や組織や人は同じ批判を受け、その過程で白黒もハッキリするでしょう。

このプーチンによるウクライナ侵略に関しては、安定な未来を構築するに必要な様々な課題が含まれています。

このあからさまな【欺瞞】を計画する勢力、それを支持する勢力、無視する勢力、自己利益のために利用しようとする勢力、積極的に解決に動く勢力、等の分類が出来てしまいます。そして核兵器と安全保障の問題だけではなく、科学技術、体制、人権、言論、情報ネットワーク、経済、等々、全ての分野に大きな影響を与えることになります。

更には、近未来には、国も人もこの大事件に対する自らの反応と対応が自らの立場を決める評価基準になっているでしょう。この事件に対する自己の判断と行動の積み重ねが自他共に明らかになります。

そこで、結果として確かに問題は多面的であるから、そこには自己都合も反映されてくるのでしょうが、実はここには最も本質的な課題が含まれているのです。従って、その本質的な課題が最優先事項として評価され、誰にも分かる形で自動的に白黒が明確に選別されることになります。このことで地球人類は二分されるでしょう。

もしこの大事件を前にしてこの本質的問題を放置すれば、歴史は数百年逆戻りして、今後の世界が突然見えなくなってしまい、人類はかなり深刻な末期的事態となるでしょう。しかしもし、これを解決できれば、私としては、これをチャンスにアセンションが行われ、国連を解体し、新たな国際秩序に作り替える道が開かれることを期待します。

独善的な民族主義の危険性

いつの時代も目の前の力の空白領域を埋めるように侵略は行われるのです。

平和主義のような現実を無視した理想論は、わざわざ力のバランスを崩して自己領域の中に力の空白領域を作ることになり、そこが弱点となり、侵略を誘い込む原因になります。

図らずも「独裁者の前には平和主義のような理想論は却って武力侵略を誘い込む結果となる」ということを証明してしまいました。

日本は戦力不所持の憲法を持ち、その後非核三原則を宣言し、核兵器反対が叫ばれてきました。これでは猛獣の前では逆効果です。つまり、猛獣は「自分の方が強いのだ」と言いたいのでしょうから、猛獣の前では「猛獣の論理」で「こちらの方がもっと強いのだ」との姿勢を示す以外に、或いは少なくともバランスしていなければ抑制にはならないのです。

猛獣相手の場合は、先ず力の空白を埋めてから交渉をすべきです。

猛獣を放し飼いしているサファリパークの中にわざわざ丸腰で歩いて入ってはいけません。入る限りには猛獣を研究し、それなりの準備と装備をして入らなければなりません。

猛獣の例は比喩ですが、ここで比喩を離れて具体的に言いたいことは以下のことです。今の世の中の核廃絶の考え方と核の拡大抑止の考え方が真っ向から対立していることに、私は矛盾を感じていました。私は核廃絶を進めながらの核の拡大抑止も十分に実行可能であると考えています。他の隠された目的を持つ人たちが、そしてそれに影響を受けた人達だけが反対しているのだと思います。今は拡大抑止しかあり得ない筈です。この二つの課題は決して矛盾しない筈です。

実は、この件に関しての詳細分析を本著に書き込もうとして執筆していましたが、たまたまテレビの討論番組で、元駐米大使の杉山晋輔氏がこの私の考えと同じことを語っていたので驚き、そして安心しました。私はこの元大使の発言で十分だと思いました。そこで私は限られた紙面の中での具体的な発言を止め、一般論と原則論に留め、これまでの猛獣の比喩を示すだけに留めることにしました。

核廃絶と核の拡大抑止の比喩ですが、山登りでは頂上を目指しながらも、自信を持って下りの坂道を歩むときもあるのです。

最も原始的な「力の論理」で向かってくる相手には、こちらが「じねんの論理」だからといって無防備を丸出しで当たるのではなく、徹底して「猛獣の論理」という「力の論理」を装いながら、その背後で「じねんの論理」を実践するのです。そうすれば「猛獣の論理」という「力の論理」に見える双方の行動が「じねんの論理」のコントロールの中に入ってきて、宇宙のフィードバックによる力を自分の側に引き寄せる事が出来ます。

戦力不所持や非武装中立や非核三原則のような非現実的理想論は「じねんの論理」が優勢となった世界を実現してから大いに唱えるべきです。

その様な理想論を唱える人に私は言いたいことがあります。「あなたの理想を実現するために、今すぐやれることがあります。それは先ずあなた自身の思考空間にフラクタル共鳴を満たすことです。あなたが今のままで国だけが丸腰になることは、それは檻を撤去した動物園を作るようなモノでありあなたが最初の犠牲者になるでしょう」

先ず、心の中にフラクタル共鳴という平和を作らなければなりません。

今回我々が得たことは、国を守る気概とは如何なるものなのか。世界中がウクライナの国民の行動から深い感動を伴って教えられたことだと思います。

そしてもう一つ、国連がまったく無力であったこと。今後は国連の解体が求められ、新しい世界秩序を模索する気運が更に高まることになるでしょう。

核兵器開発は最初の段階で食い止めなければ、現代のように拡散してからではもう禁止は実質不可能です。しかし、カバラ裏思想はそれに匹敵する危険性を伴っています。今度こそ、カバラ裏思想が世界に広がる前に「じねんの論理」を世界中に普及しなければなりません。

さて、民主主義の将来において、民族主義がすべて否定されるわけではありません。民族主義が作る民族文化には、守られるべきものと破棄しなければならないものがあるのだ、ということです。それは今後、明確に峻別されていきます。

被害者意識で成り立つプーチンの民族主義は既に敗れたのです。

ここには国際金融資本の構図がそのまま当てはまりませんが「ベクトル史観」から言えば、プーチンをそそのかしたロシア正教会が事の元凶だと言えます。

出回っている資料を見るとプーチンはナショナリスト（民族主義者）、バイデンはグローバリスト（国際金融資本）として、ナショナリストとグローバリストとの戦いの構図を描く人がいますが、私は「ベクトル史観」として見ていて、そう単純ではないと思います。民族主義にも良い民族主義もあるし、国際金融資本も一括りに出来ない面が多々あると思います。

どんな理由が付いても、プーチンのやったことは世界秩序の破壊であり、完全否定されなければなりません。

プーチン流の大ロシア主義とかスラブ民族主義は、そしてその影の悪玉のロシア正教会は、未来に残す価値がないとの結論が出たのです。世界にはこれから破棄されなければならない民族主義は幾つか存在します。

プーチンの妄想によってプーチンはウクライナだけではなく、ロシア自身を崩壊させたのです。ロシアの未来は闇に包まれてしまいました。

ここにロシアが変わる機会もあります。プーチンの次の政権がプーチンを全否定することでのみ、そこに一筋の光が見えてきます。

プーチンの次の政権が侵略の真実を国民に伝え、ウクライナには無条件に謝罪し、積極的に賠償を支払うことと、ウクライナの再建に協力する姿勢を徹底して示し続ける事によってのみ、ロシアがロシアで居続けられ、この道の先でロシアが生まれ変わることが出来るのでしょう。私はこの僅《わず》かな可能性に期待します。

ロシアの嘘のプロパガンダがロシア国民を洗脳しました。正しい情報が如何に大切かを思い知らされました。正しい情報空間が正しい思考空間を作ることが証明されました。平時には、その為の努力が必要であることも確認できました。

世界を見渡して、プーチンのロシアのようながん細胞はまだあります。習近平の中国です。他にも北朝鮮のようながん細胞も幾つかあります。その隣の韓国も幼い思考しか出来ない危険な国です。これらの国々は、宇宙のフィードバック機構を自らの国に取り込むことが出来ていないのです。

これらの【欺瞞】は、いずれ自明行による論理体系から生まれた「自明法体系」によって裁かれます。そしてこの自明法は『人類普遍の世界観』に基づいているので、絶対価値体系となります。

絶対価値体系とは初めて出てきた語句ですが、詳しくは後述するとして、これに対比される語句としては相対価値体系があります。簡単に言えば、人間が作った価値体系はすべて相対価値体系です。

もちろん宇宙システムは絶対価値体系そのものですから、自明法と宇宙システムとは見事に共鳴し

「宇宙の力」として作用します。それを「じねんの力」とも言います。しかし、現実の秩序は未だ相対価値体系ですから、自明法はかなり緩やかにかけなければならず、もし強くかけてしまうと秩序自体を破壊してしまいます。これは後にもう一度議論します。

自明行に関しては、拙著「人間やりなおし」（献文舎）「未完成だった般若心経」（献文舎）を参照してください。

［欺瞞］を裁く自明行は絶対価値体系であり、私の説いている『人類普遍の世界観』に基づく価値体系は絶対価値体系です。この二つの往復の絶対価値体系によって、宇宙のフィードバックシステムを構築しています。

ですから、私によって説かれた絶対価値体系は宇宙にフラクタル共鳴するので、そのまま宇宙の力であることを意味します。絶対価値体系に関しては後述します。

『人類普遍の価値体系』に基づく「ベクトル史観」から言えば、これらの危険な勢力は互いに牽制し合い、やがて共倒れになり、その廃墟の中から新しい世界秩序が生まれてくるのです。本著の議論はそこまで進んでいきます。

原稿執筆中にこの大事件を目の当たりにして、私は急遽予定を数年繰り上げて、ガブリエルに指導されるこの私による世界の新秩序構築を目指して、『人類普遍の世界観』に基づく、絶対価値体系による統治体制について纏め上げることにしました。

私に出来ることには限が有りますが、ガブリエルと相談しながら、もう二度とプーチンのような独裁者を出現させないために「ベクトル史観」の立場から未来の人類に対して目指すべき新秩序とその統治体制を示す事を決意しました。

先ず、その原理原則を次の章にまとめることにしました。

「民族の統合」の延長上に「人類の統合」は存在しない

日本人から見ると、宗教とは「個の救われ」を目的としているように見えますが、実際その様なモノもありますが、西欧の歴史においては基本的に宗教とは民族主義を強め、民族の統合を目指し、他民族と戦い、他民族に打ち勝ち、他民族を支配する論理として生まれてきたのです。

歴史的に人々を集め、集団を纏め、国家を作り、国家を運営し、国家を構成する人々を歴史や価値を共有する民族として纏め上げ、統合することは為政者の使命でありました。

その為には民族のアイデンティティーを明らかにし、選民意識を持ち続けることが必要でした。

それは、自らの民族が他民族を支配して地域を統一することに他なりません。

そこに神が登場し、民族を率いて民族を指導し、教育していきます。この神の係わりは多くの民族の歴史に存在し、古代には民族は常に神と共にありました。

ここで神とは直接民族を指導した実体の有る神であり、それは地球を訪れた宇宙人、即ち地球外知的生命体なのです。

ここで信仰上の神は、人間の魂の根源として存在していますが、当時にあって、宇宙人との区別が難しく、常に信仰上の神と宇宙人は混同されてきました。

そして実際に、神は宇宙人と共に人々を育てたのです。

民族に係わる神は常に民族を教育しようとして民族に意欲を与え、彼らの要望に応えながら導きます。

当然彼らは他民族に打ち勝ち、他民族を支配下に置き、他民族より優位に立とうとしますから、神と宇宙人はその希望に添って民族を導いたのです。

現代から見れば、このような神も宇宙人も決して普遍的な存在には見えませんが、実際問題として未開の地で集団を導くには、このように民族の希望を叶えながら導く以外にないのだということを我々は理解しなければなりません。

そして時が来れば、その民族や集団に対してより高度な指導が為され、独善を排し普遍性を回復することで民族間の対立を解消し、協調と融合が為され全体の統合が為される段階に至るのです。

そして、それが現代なのだという事が出来ます。

それを知って現代を見てみれば、極端な民族主義が存在し、決して互いに相容れない主張を繰り返していて、これらを如何にして統合に導くかに苦慮しなければならない事が分かります。

従って、民族主義は次第に淘汰されて、極端な民族主義は消滅する運命にあります。

残った民族は、民族の特徴を持ったまま民族主義の色を多少薄めながら、地球全体として統合されなければなりません。

今はその過程に有ります。

そして、民族はその民族独自の宗教と共に存在しました。そして宗教が民族の精神性を支えてきました。

自己民族中心の他民族支配を求める民族主義が、地球の統合にとって障害になるように、宗教という存在も他宗教との協調は原理的にあり得ないことから、宗教の延長上に人類統合は無いのです。宗教は独自の論理で自らの優位性を常に語るので、完全に普遍性を失っています。従って、宗教を解体しない限り、或いは宗教に普遍性を回復させない限り、人類の統合はあり得ないのです。

歴史的に宗教は民族と共に発祥し、常に民族を導くために存在してきました。そして宗教には「個の救われ」というもう一面が存在します。

「個の救われ」という側面から見た宗教は、そこに神が居られることもあるのですが、民族の指導と同じように、その人間の求める範囲でしか指導しません。求めないことを与えても、人々は反発するだけで実質的な意味が無いからです。

宗教を説く神の側が求めないものを相手に与える事はしません。従って、人々が成長し、求めるものが宇宙的な真理に近付いてくれれば、神はそれを与えるのです。

ここで宗教における「個の救われ」を取り上げておく必要があります。

宗教は「民族の統合」とまったく同じ問題を抱えており、普遍的に説こうとしても人々は興味を示さず、自らの独善性や有利性選民性を好んで受け入れます。

もし宗教から独善性を取り除いてしまうと、殆ど独自性がなくなり、人々の興味や関心を失ってしまうのが常です。

私としてのこの私は、これまで修行をして宗教に普遍性を回復することを目標に道を説いてきましたが、このことで独善の宗教から独善を排除して、普遍性を回復する手法を示してきました。

ガブリエルの見解は「宗教自身が自らの意志で、この私の説いてきた普遍性の道を取り入れることで普遍性を回復することができるが、宗教自身がこの方法を選択する事は少ないだろう」「殆どの宗教は決して独善を手放すことなく、この矛盾を抱えたまま決して普遍性を回復することなく、最後まで独善を抱えたまままいずれ崩壊するだろう」

「多くの場合は、その宗教の構成員が普遍性に目覚めてこの道を選択することが主流となるだろう。そしてそれはそれで良い」との見解です。

ガブリエルの見解は上記の通りでありますが、それであっても私としては「私の説いてきた道」が何れかの宗教や思想と接するときに、正しく互いの位置づけが為されなければならないと考えています。

それは、普遍の真理と独善の真理との関係の位置づけになります。或いは「人智による人造の神」と「神智による本当の神」との関係の位置づけになります。しかしながら、独善の宗教にそれが独善の真理であることを認めさせることは生易しいことではありません。ましてや独善の真理に普遍性を回復させるために、人智を破棄して神智を回復させることは常識的には不可能と思われてしまいます。しかし、たとえ不可能であっても、その論理構築だけはしておかなければなりません。

普遍性を回復するためには、その立場の認識と方法論が必要であり、『人類普遍の世界観』を基とした普遍の真理だけが真実であり、普遍性の無い宗教はプロセスとしては存在を許されているが、それは決して真実ではないことを明らかにしなければなりません。

その時は、両者の立場を『人類普遍の世界観』の下に位置づけなければならないのです。その位置づけのためのチームが必要です。それは、その元宗教出身者から構成されるチームが必要と思います。元所属の宗教組織に対する恩返しということになります。

宇宙の中にこの道筋を用意しておかなければならないと考えています。このチームが成功する確率は小さいでしょうが、存在していることそれ自身に重要な意味があります。

そのためには、全ての組織が宇宙のフィードバック機構に従う自明行による「立場の確立」に沿って導かれ、負のエネルギーを切り離し、その後に成長する手法を開発しなければならないと考えています。

ここで「立場の確立」とは、『人類普遍の世界観』の中での「立場の確立」を意味しています。

「立場の確立」に関する、もの凄く深い内容を簡単に説明してみます。

自明行の中では、立場の確立が無い状態を「立場の逸脱」と言います。

「立場の逸脱」の一例として、嘘を真実として、真実を嘘としてならば〔欺瞞〕となり、存在は一切許されず、嘘が嘘と明らかになるまで、真実が真実と明らかになるまで宇宙のフィードバック機構が作用し続けます。

つまり宇宙は「嘘を嘘」としてならば、独善が独善としてならば、過程として存在が許されるが、嘘であり、独善であるにも係わらず、普遍の顔をしているならば、存在は許されない。ということになります。

もう一つの「立場の逸脱」の例は、神の名を使って自分の考えや判断を正当化することです。宗教組織が自らの判断にお墨付きを与えることです。これは危険な〔欺瞞〕になります。これは宗教組織の中では頻繁に行われていて、これが「人造の神」の証拠となります。よく見かけるので注意が必要です。

「立場の逸脱」は「限定条件」を無視することであり、大変危険であり、放置できません。

多少遠回りな表現になってしまいましたが、詳しくは拙著「人間やりなおし」（献文舎）を読んでください。

ここに述べた自明行による「立場の確立」の重要性を意識して、Ⅳ章の終わりに向かって話を進めます。

「疑似的救われ」から「魂の解放による救われ」に至る

宗教とは歴史的には民族と一体化していましたが、民族に関係なく発祥した宗教や思想もあります。しかし、民族の抱える問題と宗教が抱える問題は殆ど同じですので、その区別を付けずに先に書き進めます。

宗教の抱える問題点を多少述べましたが、様々な悩みを抱える現実の人間にとっての視点に立ち、宗教の存在価値をも積極的に認め、同時にその限界をも明確にすることで「疑似的救われ」としての最初の段階をここに示しておきます。

「疑似的救われ」に関しては、今では精神医学などの有益な情報が付加されて殆ど共通化されていて、どの「人造の神」であっても素晴らしい内容になっています。たとえあのオーム真理教であっても、その入り口にある救われの論理は素晴らしい内容なのです。逆にそこが危険なところでもあります。そのような危険な一面を以下に示しておきます。

指導者の心すべきこと

「疑似的救われ」では、指導のために相手の存在を肯定しようとして、周囲を否定するという根本的な間違いを犯しているのを見かけます。最近もそのような例を見聞きしました。

指導的な立場の人が相談相手の存在を肯定するつもりが、結果的に相手の自己正当化を手伝ってしまっていたのです。その結果、本人はいっとき救われた気になっているのですが、私からは「ついに地獄に突き落とされた」と見えてきます。

指導者から見て、相手は喜んでくれるし、本人としてもいっとき元気が出て心も明るくもなります。そして指導者の側もいっとき人の役立てた気持ちになり満足感が得られます。「疑似的救われ」にはこのような危険が常にはらんでいます。

しかし、この指導者はとても危険な禁じ手を使ってしまったのです。これは【欺瞞】によって人を救おうとしているのであり、そこは決して入ってはいけない禁止区域なのです。しかし、巷の宗教にはこの種の【欺瞞】が満ちあふれ、熱心さがさらに【欺瞞】を増大し、ますます負のスパイラルに入っていきます。

これでは相手の運命はさらに下降し、指導する側も大きな罪を作ってしまったのです。

先ず何よりも、相談相手の置かれた環境をよく観察し、安易に味方の振りをすることは避けなければなりません。基本的理解として、相手にとってその問題は運命的に必要があって与えられた越えなければならない課題なのですから。

何故このような危険な間違いが発生するかと言えば、自己正当化と自己肯定は心の処理として正反対の作業であるからです。

自己肯定は自明行によってのみ達成されます。自己肯定は一元論に到達して初めて達成されます。プーチンのそれは典型的な自己正当化であり、【欺瞞】そのものです。しかし、一元論の究極においてはプーチンさえ肯定されます。

自己正当化という【欺瞞】が、運命の中でその人の運命を苦しめている原因であることに気づかずに、自己正当化という【欺瞞】によって自分を、そして人を救おうとすることが、何にもまして危険であることを肝に銘じるべきです。

この自己肯定と自己正当化との違いはプラスとマイナスの違いであり、峻厳に運命に作用します。ここでの判断を間違うと、救うつもりが相手を、そして自分をわざわざ落とし穴に突き落とすことになります。指導した方も大きな罪を犯してしまいます。

このような例を私は他にも沢山知っています。

「人は褒めれば良い」というものではないのです。解決策は、自他に対して自己正当化を徹底して拒否することです。今の時代優しさを示すよりも厳しさを伝えることの方が遥かに難しいのです。人を褒めれば相手も喜んでくれるし、指導する方も楽なのですが、一方でその人の人格を貶めている自己正当化を手助けし、結果的に相手が今直面している課題を回避させてしまうのではただただ相手の運命を更に狂わせ苦しめてしまうことになります。

指導者は相手の自己正当化の誘惑を取り除くことで問題解決し、その結果として自己肯定するように導かなければなりません。相手が自己正当化しようとしているその問題から逃げないように、その場にとどまってそれと正面から向かい合い、自らの抱える「嘘」を自ら発見して、自分の問題として解決するように導かなければなりません。

自己正当化という嘘を排除して、それではじめて自己肯定につながります。相談された相手の自己正当化を手伝ってわざわざ欺瞞に満ちた逃げ道を用意してやるのでは、相手だけではなく、相手の関係者に対してまで罪作りなことをしてしまうことになります。

自己正当化を破棄させるように導くことはとても難しいことなのです。

結局の所、自己肯定は自明行のプロセスを経なければ到達しないのです。つまり、人間というもの、自己正当化を抱えたままでは決して自己肯定には至らないのです。つまり今のまま「祈っていれば救われる」とか、「救世主が出てくれば、一気に救われる」、というようなことは絶対にあり得ないということになります。自分が求めて自己正当化から逃れて、自己肯定に切り替わること以外に、救われる道は有りません。

そのことを知り、褒められたいといういっときの気持ち良さに騙されずに、真剣に自己正当化の誘惑に対処し、それに勝たなければならないのです。

自己正当化の誘惑に勝つことで、それを繰り返すことで、やがて魂の進化につながっていきます。自明行はここでも究極の自己肯定の手法なのです。

神の存在しない宗教

宗教には確かに神が存在していて人々を指導していることがあります。しかし、神が存在しない宗教もあります。歴史的に存在した神を人智で解釈している場合もあります。それは「人造の神」のことです。「人造の神」の特徴は相手を縛ることです。信者は知らないうちに縛られてしまいます。縛られていることさえ知らずに呪縛の度合いを増していきます。それは「真の救われ」とは正反対の方向にあるのです。そのことにいつ気づくかが次のステップを決めます。

それでも信仰は成り立ち、小さな救済は為されますから、存在価値はあると言えるのです。それが「限定条件」の範囲であれば矛盾が少なく済みます。私はこう表現しますが、ガブリエルは苦い顔をしています。

たとえ神の名を語っていても、人智が作り上げた「人造の神」が「限定条件」の範囲を越えてしまうと忽ち大きな矛盾を発生し、社会的に危険性をはらんでしまいます。それがグレイの言う【欺瞞】です。そしてガブリエルに言わせれば「人造の神」はすべて欺瞞であり排除すべきものです。

ですから、今地球上には【欺瞞】が蓄積していて、崩壊寸前であると言えるのです。

「人造の神」であっても身の程をわきまえていれば矛盾は少なくて済みますが、勘違いして自らを「救世主」と言ってしまえば、忽ち矛盾が吹き出てしまいます。これが【欺瞞】です。

人を指導する立場で自らが「救世主」とは、口が裂けても言ってはいけないことです。「救世主」と言わずとも、自分を世界の中心に持ってこようとした途端にそれは「救世主」と宣言したことと同じ意味に成ります。通常はそれを口にすることさえ危険です。

自らを「救世主」と言える人は完璧に宇宙意識からの指導があって、そのように育てられて初めて言えることなのです。

私は五〇年以上前から霊的指導を受けていますが、絶対に「この言葉」を遣ったことはありません。意識して避けてきたことです。「この言葉」を安易に言える「人造の神」に対しては憤りを覚えます。

世界中の宗教において、この言葉を遣わないことが最大の「限定条件」でしょう。

教祖以外にも歴史上の神々の応援を得て人々を指導することがあります。ただしここには条件があって、この条件が実は重要で、この「限定条件」を逸脱すると様々な「欺瞞」が発生します。

グレイから見れば、地球には「欺瞞」が満ち溢れているのです。

実はイエスも地域限定の条件付きで「救世主」となり、「ユダヤの救世主」を宣言し、道を説いたのですが、後代の人達がその条件を無視したために、今日の西欧の巨大な「欺瞞」が発生したのでした。

「救世主」は滅多に出現しませんが、出現したときにその方を「救世主」として受け入れることが周囲の人達の重要な役割になります。

もし目の前に「救世主」が出現しても、それを無視したり拒否したりすると、それはユダヤがイエスを「救世主」として受け入れなかったことに対応し、ユダヤの二の舞になり、その人とその集団は歴史の中で大きな困難を味わい続けることになるのです。

さて、一般化すれば宗教は「限定条件」の中で活動する限り、存在が許される場合があります。そして宗教はそれなりの力を持っており、病気が治ったり、運命が改善されたり、お金が儲かったりすることは、それが一時的なことであれ、実際にあることです。これらの現世利益もこれは立派な救われの体験です。

折角ですから、更に一般化して言えば日常の人間関係であっても、自分は正しいことを言っているつもりでも、実際に正しいことであっても身の程をわきまえないと、その発言が決して問題を解決することにはならないことがあるのです。つまりそれは言葉として正しく間違いが無くても、ベクトルとして正しくないのです。そういうことが［欺瞞］の蓄積になるのです。

さて、再び宗教の話に戻ります。

そこでは霊的な体験をして、多少の現世利益を得て、この現実の世界以外にも見えない世界が存在することを知る事が出来ます。確かに一見良いことなのですが、この世界は玉石混淆で、一つの現世利益のために未来の何か大きなものを失っているかもしれないのです。或いは、自己満足のために社会的に大きな負担を掛けているかも知れないのです。

そのような弊害を無くすためには、人智を捨て神智を回復し「人造の神」から離れなければなりません。現実的には、自らの「限定条件」を知っていて、その立場を守らなければなりません。たとえ多くの人達に役立っていたとしても、宇宙的には結果として大きな罪を作り、周囲を汚し続ける事になります。

そして、中には特別に悪質な宗教団体や思想団体が有ります。私が説く、つまりガブリエルが目指す「魂の解放」とは正反対の、その人間を積極的に呪縛して教団や組織にとって都合の良い人間に育てようとする組織さえ有ります。脅迫して追い詰めておいて、そこで「救ってやる」と言って金を取る悪質な宗教も少なく有りません。多かれ少なかれ、多くの宗教団体、思想団体にはその様な傾向がみられます。

特に決して有ってはいけない宗教組織として、組織維持のために組織が集金マシンと化していて、信者は献金のみに追い立てられている状態の団体があります。事もあろうに、それが神の名の下に行われていて、正にその時点でその団体の宇宙の中での評価が決まってしまいます。勿論、それは最低最悪の評価です。

最近、又も有名になった悪名高き「旧統一教会」の日本における集金システムは究極の「欺瞞」と言えます。ここにも、裏に隠された理念と方針があり驚かされます。

「旧統一教会」に限りませんが、いわゆる霊感商法といわれるもので免罪符を買えば罪が赦されるとか、印鑑や壺を買えば救われるとか、イニシェーションで先祖が清まるとか言い出し始めると、これはもう反社会的組織と言うべきです。これらは既に神を語りながら、神に背く最悪な集団に成り下がっているのです。

それであっても、そこには強引な理由付けと独特の解釈が為されていて、それが人を迷わせ、中々脱会できない理由となっているのでしょう。それが脅迫であることに早く気付かなければなりません。

これらは既に「人造の神」を崇めながら、互いに称え合いながら、真理とは真逆な救われとは正反対の方向に急速に向かっている姿なのです。

多くの場合、説かれている教えの独善性や、集金方法や金銭の扱いからその団体の［欺瞞］の程度が分かります。


以下に「疑似的救われ」とその「限定条件」を示しました。

通常は二年、長くても五年でその団体の矛盾に気づけます。そこから先は弊害が大きくなり、自らもその宗教の独善性を擁護して、自らの霊的成長が止まります。成長しているつもりでも、独善を身につけた思想をさらに深めて、人々をこの独善に導く役割を担いながら、自らは祠に入り、そこから出ようとせず、オカルト的技術は身につけても霊的成長はそこでピッタリ止まるのです。

今後、宗教や類似の思想団体の「限定条件」を外側から決めてやる仕組みが必要でしょう。それが出来るのは『人類普遍の世界観』を体得した人のみです。

ここに示した「限定条件」を明確にすることで、人は又世界を変えて次の成長へ向かうことが出来るのです。

私は修行中にこれらの事を学び、自ら覚醒して、後は「疑似的救われ」の手法を一切採用せず、最初から普遍性を前面に出して徹底的に普遍性を貫く中で救われの道を説いてきました。つまり、最初から一切呪縛せずに、自ら「真の救われ」に気づいてもらおうとして指導してきました。その「真の救われ」を「魂の解放による救われ」と呼称します。

自らの内面が見えてくると、救われの意味合いが大きく変化して、内面の救われに関心が向いてきます。ここからが魂の解放を目指す「魂の解放による救われ」となります。

いくら病気が治っても、運が良くても、お金があっても、自らは苦しんでいる事に気付きます。その苦しみの原因を辿っていくと、自らが求めていた自由とは形の自由であり「思考の自由」ではなかったことに気付き、初めて自らが想念の奴隷状態であることに気付きます。

そして、そこから魂の解放のための修行が始まるのです。

そこで自らの出発点を定め、そこを回帰点として修行が始まります。

そしてここからは「疑似的救われ」と「魂の解放による救われ」の関係において立場の確立が必要です。この関係は対等ではないのです。

普遍的な祈りによりフラクタル共鳴となり、自らの意識の根源は宇宙意識にあることが分かってきます。そして、自らの肉体の意識と自らの個別意識の結合部分とのギャップに対して苦しみを感じている自分を発見できます。

そこで、生物学的に進化してきた肉体に纏《まつ》わる意識（疑似意識）と、宇宙意識から地上に降りてきた個別意識とを整合しつつ分離し、疑似意識に偏って振り回されないように個別意識が優先的に活動できる状態を創り上げることで、やがて想念を切り離すことが出来るようになります。**【巻頭図5】**

人間と宇宙を知り、絶対価値を生み出す

このように、人間とは常に宇宙意識と宇宙意識が働きを限定して降りてきた個別意識と、物質的環境が作り出した疑似意識とのフラクタル結合状態にあり、多くの人達は疑似意識の作用が強く表れているのです。

個別意識こそ本当のあなた自身なのですから、疑似意識の支配から解放され魂は自由を取り戻し、人間は個別意識の強い影響下に置かれ、その時に人間は本来の姿を取り戻します。これが「じねん」の状態です。

ところで、疑似意識と言えど、それが疑似というだけで否定してはいけません。疑似意識はこの物質世界を生きていく原動力として、必要だから与えられているのです。疑似意識は個別意識の制御の下にあれば、全体は調和するのです。

個別意識と疑似意識とはしばしば逆の作用するので、そのバランスをどのように取るのかが、『人類普遍の価値体系』を作るときに十分に考慮しなければならないことです。その場合、人間一人一人そのバランスは異なり、殆ど疑似意識そのものでしか行動できない人から、個別意識が疑似意識を適切に制御している人まで、様々の種類の人間がいる中で、それらの人々をすべて区別しないで、対等に扱うのか、明確に区別して扱うのか、それによる秩序構成にも違いが出てくるはずです。

現代の民主主義は、敢えてこの違いを無視して、人間を区別しないで扱う秩序構成と言えるでしょう。そしてもちろんこのような民主主義も一つのやり方に違いありませんが、それを未来において絶対価値体系に近づけるためには、対等に扱う故に発生する矛盾に対して、適切に対応する仕組みを追加して作らなければなりません。

我々はこれから未来に向かって『人類普遍の価値体系』を作っていくのです。そのための基本的な考え方は、本著で示し続けています。

ここでのバランスの取り方とその表現形式は民族文化によって多少異なるし、知的生命体によっても異なります。私たちは地球人類にふさわしい、『人類普遍の価値体系』を求めているのです。

人類はここまで進化することで、やがて「じねんの論理」を体得し、地球外知的生命体と共存して生きることが出来るようになります。

そして更に、ここで言うところの「個別意識と疑似意識のバランス」が一人一人の救われの段階として現れてきます。

救われの段階

このように救われの段階には幾つかの段階があって、初期の「疑似的救われ」は入門としては役立ちますが、その体験を持ってそこを早く卒業して「魂の解放による救われ」の段階に至ることで、人間は「じねん」の生き方が出来るようになるのです。

私は「疑似的救われ」における現世利益を決して否定しません。これは「限定条件」内であれば有って良いのです。

ただし、私はこの段階を飛ばして「魂の解放」という意味合いでの「魂の解放による救われ」を五〇年に亘り修行し、それを常に体験的に説き続けています。「魂の解放による救われ」以降は救われの段階は高次に入り、やがて「個の救われ」を超えて「全体の救われ」との区別が無くなっていきます。「魂の解放による救われ」以降は修行のあり方が全く変わります。あの思念技術などは一切捨てて宇宙に一体化し、宇宙そのものの変化とともに生きることになります。

その修行についてですが、私はどちらかというと仏教系の修行を積み、仏教再生の役割で指導され、魂の解放を目指す自明行を開発し、般若心経の解読に成功し、その後に最近ガブリエルに出会いました。そして「グレイからの警告」で人類の【欺瞞】の解消の手段が自明行であることを知らされました。

ここからは修行の内容が急に変わってガブリエルとの交流により、そしてガブリエルの導きにより、ガブリエルが関係した西欧のすべての宗教の【欺瞞】を自明行によって解消しつつ、次の「魂の解放による救われ」の段階に導き入れる方法論を開発しています。そしてこれらすべての西欧の宗教の【欺瞞】を裁き、そして解消し、魂を解放し、普遍性を回復する道を確立させることになります。

ガブリエルによれば、ガブリエルが深く係わったユダヤ教とそこから派生した思想までをも普遍性を回復させるために、私が示した「魂の解放による救われ」に導き入れようとしています。

そして、イエスを裏切りバチカンによって作られたキリスト教は、イエスの再臨により私が示した「魂の解放による救われ」に導き入れようとしています。

本著はガブリエルとの交流によっているので、アジアではなく中東と欧米の宗教や思想に深く係わることになります。そしてカバラ裏思想を「力の論理」として位置づけ、その危険性を示しました。

独善に満ちた民族の宗教であっても、普遍性を回復することで「魂の解放による救われ」に到達することが出来るのです。

上記の「疑似的救われ」を入門として「魂の解放による救われ」に至りますが、そこまで行くとやがて「個の救われ」という個の概念が消失してしまいます。魂が解放されると、宇宙意識としての自覚が、自分自身が人類を全体とする意識に変化していきます。そして「じねんの論理」に身を委ねて生きるまでになります。

ここで「じねんの論理」とは、フラクタル共鳴により絶対価値体系に合わせた生き方であり、絶対価値体系からのフィードバックを受けた生き方であると言えます。

そうすると人間は個でありながら、同時に全体であることが自覚出来てきます。つまり、人類と一体化して個の救われは消失し、人類の救われと同時に為されるようになるのです。そしてそこからが自らの天命を果たす修行となります。

さて、以下にプロセスを簡単に纏《まと》めておきます。詳細は拙著「人間やりなおし」（献文舎）を参照してください。

人間の魂の進化を表す「個の救われ」「民族の救われ」「一元論への道」という三種類の救われにつ

いて説明します。以下の概略分類に纏めました。

個の救われを卒業し、全体の救われである次のV章の「統治の論理」に行く前に、個の救われのための15階段を示しておきますので、自らを評価してください。以下の5以降であれば「統治の論理」に導かれても混乱しないで済みます。もし4以下であれば、そのことを含めて未熟さを自覚しつつ読み進んでください。以下は平均的な分類と段階です。

「疑似的救われ」

1・霊的な新しい世界を知る。肉体的精神的な苦しみから一時的に開放され、奇跡らしきことも体験し、感動した。それが錯覚であっても、救われた感覚は体験できる。しかし、既に呪縛が始まっていると気付かない。カルト教団幾つかのスピリチャル集団自己啓発運動の一部などがこれに当たります。入り口では優しく招かれるが、中は何も見えていない。

2・運命的困難から一時的に解放され、時々幸福感を感じる。宗教に興味を持ちかなりの知識を得た。人に優しく接するようになった。時々人に教える立場に立っても自己否定と自己正当化の区別が出来ないまま自分や自分たちに都合の良い独善的主張が「熱心さの表現」だと勘違いしている。様々な呪縛が進行して、縛られていることに中々気づかない。そこには［欺瞞］が満ちあふれ、既に脅迫も始まっている。

3・霊的存在を知り、霊的体験もして神の存在を知り、未知の世界の存在を知り、もっと真理を知りたいという欲求が芽生える。真理の言葉を沢山学んで楽しい。人を指導することが楽しい。周囲も自分の話を聞いてくれるし、自分の独善的主張に磨きが掛かってきた。生き甲斐を持ってやっている。しかし、その団体の中にある選民意識や［欺瞞］に気づき始めているが、それが熱心さだと誤解をしている。

4・人間の真実の姿を探求し、救われを求める道を探求している実感がある。この道の先に救われがあると自信を持っているから金が掛かるのは当然と思う。しかし、この期間に何かを得たとで、その何万倍も大きな運命そのものを失っていることに未だ気付かない。ここまでは「疑似的救われ」の段階です。次第に［欺瞞］に気づき、そこに疑問を持ち始め、何を求めているかについて考える段階。

「魂の解放による救われ」

5・自らの未熟さを正しく自覚し始める。そこに「正しい苦しみの自覚」を持ち始める。自己の所属する組織の普遍性に疑問を持ち始める。この先に自分の求めるものがないのではないかと気づき始めた。少し休みたいと思う。［欺瞞］に決別する決心をする。

6・一旦やりなおしを決意し、回帰点に戻って立場を確立し、自らの修行の出発点をここに定める。

新しい人生を求め生まれ変わりを決意する。

7・自分の中の「嘘」がよく見えるようになり、自明行が上達し、フラクタル共鳴に至る方法を実践する。これまで得た知識を捨て学んだ言葉を捨てる。

8・宇宙の中での自らの位置を確認できるようになる。自らの未熟さを全体の中で捉える。意識の世界から自らを省みる。愛を意識することなく人を愛する。

9・自らの未熟さを自覚しつつ人格的統一を求めることで、この先を信じ切れるようになり、安心を持続できるまでになった。

10・未熟さを切り離し、完全なる自分を感じ取り、自明行を深めて自らの天命を信じ、それが成就する道を歩む。

「一元論への道」

11・善悪二元論から一元論に至る道を歩み、善悪二元論から抜けかかり、全肯定に向かう道を歩んでいる。

12・宇宙意識に到達し、魂が解放された実感。自らの至らなさを自覚したまま自己肯定できる。

13・魂として肉体の拘束から解放されて、そこから降りてきてこの安心を持続できる。

14・自らの救われと全体の救われとを一体化して生きることができる。

15・宇宙と一体になり、人類と一体になり、フラクタル共鳴となって宇宙の創造活動に参加して生きる。

1から4の「疑似的救われ」から始まり、この初期段階でも「救われた感覚」を体験できるのです。しかし決して救われたわけではありません。これは錯覚であり、治療のための麻薬のようなもので、ここでは普遍性を大きく犠牲にしています。一方である種の脅迫観念とここに居なければならないという義務感が出てきます。これらの強迫観念によって思考が縛られ、自由な発想ができなくなってしまいます。これはもう救われとは正反対の状況で、人間性を完全に放棄した状況なのです。

この状況に「正しい苦しみの自覚」があれば次の「魂の解放による救われ」への道が用意されます。世の中の多くの宗教団体は、この「疑似的救われ」の段階に位置づけられます。この段階は二年で卒業すべきであり、長くても五年で、それ以上は危険です。早く次の普遍性を求める段階に入る必要があります。

そして真実の方向とは、実は「疑似的救われ」の方向ではなく「魂の解放による救われ」としての方向にあり、それは決して安直な救われた感覚ではない「正しい苦しみの自覚」が生まれて、真実の意味での「魂の解放」を求めたいという欲求が出てくる新たな「魂の解放による救われ」の段階が5以上の段階です。

人間は先ず5の段階まで進むことが必要で、そのための「疑似的救われ」の様々な体験コースが用意されています。「疑似的救われ」は省略して「魂の解放による救われ」から始めることは十分可能です。

持続できる段階、そして魂の幸福を感じ始める段階から、最終的に肉体に纏《まつ》わるさまざまな捕らわれから魂が解放される「高次の救われ」の段階まで、数段階あります。

前著と本著を通して「個の救われ」だけではなく、人類の近未来に必要となる「全体の救われ」のための「一元論への道」について議論を進めています。ここで「全体の救われ」とは、人類全体に対する「統治の論理」を意味します。

そこで前著と本著を通して人類の進化を「救われの論理」と「統治の論理」の対比として記述していきます。

Ⅴ章

統治の論理

［第三弾の地球プロジェクト］の始動

本著は「グレイからの警告」から始まりました。

前著ではバチカン由来のキリスト教の［欺瞞］を明確にすることから始まり、神との約束を破り、イエスを救世主とは認めなかったユダヤ人の［欺瞞］について述べました。

そして本著では、ユダヤ人はマサダの戦いに破れて世界に散りますが、彼らはイスラエル再興を掲げて世界戦略を作り上げ、二千年近くかけてイスラエルを再興したこと。そしてユダヤ戦略はそこで終わることはなく、世界支配を求め続け国際金融資本を動かし、カバラに代表される「人造の神」を作り上げ、現代に至るまで世界を動かしてきたのでした。

ウォール街からは未だに中国に金が流れているという点からみても、国際金融資本はいつの時代も「金の流れ」だけで動いていると見えます。

イスラエルはロシアによるウクライナ侵略を当初は正面から批判しませんでした。それは自分達もいざとなれば神の名と民族の使命を持ちだして、他国を支配する計画があるからです。

このようなユダヤ勢力の行動について、ここまでは「独自の世界戦略を持ち世界を混乱させている困った存在」という視点で話してきましたが、これは最終見解に至る過程としての善悪二元論の立場からの見解です。

そこで次に、私の修行によって得た『人類普遍の世界観』に立って「ベクトル史観」の観点から、一元論を導入するために必須である自明行を通して［欺瞞］を解消し、ユダヤ戦略をも一元論に導き入れ、最終的に宇宙の生命活動の中で肯定していきます。

即ち、本著に於いて示したように、ガブリエルが深く係わって、私を通して神の意志に反したユダヤの歴史の［欺瞞］を裁いたのです。それは私が開発した自明行によって本著の中で裁いたのです。ユダヤ人とユダヤ戦略に係わったすべての関係者は、裁きに示された理由を受け入れることによって過去は許され、一元論の世界で肯定されます。

前著と本著ではイエスによる「原罪消滅宣言」が為され、イエスの天命の位置づけが為され、さらに私が般若心経を解読したことで一元論への導入が現実的となり、それが画竜点睛《がりょうてんせい》となり、人類の未来が見えてきたのです。

そこから次第にガブリエルが前面に出てきて［第三弾の地球プロジェクト］が始動し、私の天命が明確にされ、『人類普遍の世界観』から導かれる「時空を越えた未来からの発想」という切り札が出現します。そしてここにはグレイも参画します。

その切り札を使うためには現実の世界に手を入れて、いよいよ善悪二元論から一元論へと移行しなければなりません。そこで、この章では少しずつ一元論に向かって移行していきたいと思います。

本章では、ガブリエルの指導と私の『人類普遍の世界観』と「ベクトル史観」から導き出される世界の新しい勢力図が次第に現れてきます。

ここでは過去から現在に至る経路が見えてきて、それらが有機的に作用して未来の姿が次第に形作られてきて、最後に到達する未来の一点が少しずつ明らかになっていきます。

それは即ち、世界の恒久平和が実現した未来からユダヤ勢力を位置づけて、その働きについて最終的に肯定し、そこに日本の真の姿が突然湧き出すように現れることになります。

それは、フラクタル共鳴を共にする皆さんと共に創り出す世界です。

民主主義の位置づけ

さて、この章を読み進む前に、我々の拠り所となっている民主主義の位置づけと、それを評価するための心の準備をして欲しいと思います。民主主義とは統治の論理として存在していますが、どのような世界観を元にして生まれたのでしょうか。実はそこが曖昧なのです。

世界観が曖昧のままではその価値観は砂上の楼閣に過ぎません。そこで、反対に私達の知る民主主義という価値観からどのような世界観が元となっているかを探ってみましょう。

キリスト教社会では神の存在があっての、神の下の「統治の論理」としての民主主義と見えますが、日本に於いては神とは全く別の世界の、人間だけの単なる手続き論としての民主主義とさえ見えてきます。

ということは、キリスト教社会では平等と言いながら、実は神の世界と人間の世界の二重構造になっていて、日本のそれは神の存在は前提ではなく、人間だけの世界の平面構造になっていると言えるのです。この区別は後に意味を持ってきます。

さて、民主主義をさらに遡って吟味してみましょう。

ユダヤ勢力には幾つかあって、敢えてここでは左派とは限定しませんが、ユダヤ勢力によってイスラエル建国の計画書として書かれたと言われる、一九〇五年に発表された「シオンの議定書」に注目すべきです。それを読めばその内容に驚かない人は居ないと思います。

ここには民主主義の原点となっている自由と平等の概念はユダヤの革命の為の思想であり、革命の手段であると書いてあるのです。

この書は偽書だとも言われていますが、確かにこの書の内容は偽物として葬りたくなるような内容が書かれているのです。

実際にこの本には、ユダヤ戦略と計画が詳細に書いてありもし、偽書であったとしても内容は一部の真実を伝えており、中々簡単に全てを否定しきれないものがあるのです。


次に、欧米で生まれた民主主義ですから、先ずは宗教との関係で「統治の論理」として見てみます。歴史的に宗教はその発祥に於いて、先ず世界観を説きました。その時代の最先端の世界観でありました。

私の示した『人類普遍の世界観』と比較して、或いは般若心経の世界観と比較して、過去の宗教の説く世界観はかなり抽象的ですが、それはやはり天の時が至っていないからであると言えるでしょう。

宗教はその世界観を基にして「個の救われ」の目的と「統治の論理」としての「民族の救われ」の目的の二つの目的を持っていました。

そして現代に於いて、本著では上記二つの目的に追加して「人類の統治」としての「人類の救われ」の目的が追加され、大きく三つの目的に分類して議論したいと思います。

沢山の民族や国家が係わる現代においては世界の宗教をその理論を延長することだけでは「人類の救われの論理」にまで発展させることは出来ません。何故なら「民族の救われ」のためには多くの場合独善性、排他性、選民性、被害者意識が理論の骨格をなしているために「人類のための救われの論理」、つまり「人類の統治の理論」にはなり得ないのです。

例えば、プーチンのロシアがそれを示しているように、ロシアの論理で世界を統治することは不可能なのです。

「個の救われ」と「民族の救われ」「人類の救われ」の三つの目的を全て満たす宗教や思想は現在まで存在していないのです。

私達の社会においてはしばしば宗教的思想が「個の救われ」を担当し、民主主義が「統治の論理」として存在します。そして、しばしば無宗教の人は民主主義だけでこの二つの目的を対応していることもあります。

ここでは、民主主義を「統治の論理」として議論していきたいと思います。

そして、これらの三種の目的を満たす思想は「有れば良い」というものではなく、完全に近い形で存在しなければ、人類の未来はないのです。

もしそれが『人類普遍の世界観』に基づいていなければ、存在価値が無いばかりで無く、必ず矛盾を起こし、その矛盾が蓄積するといずれ大崩壊を起こして社会に大きな弊害をもたらします。

人類の歴史はその繰り返しの連続でした。

上記の三種の目的を満たす思想は「人造の神」「人造の宗教」「人造の思想」であってはならないのです。

ですからその吟味が必要なのです。

『人類普遍の世界観』に基づいた「個の救われ」に関しては、私による幾つかの前著があるので、それは前著に譲り、本著では『人類普遍の世界観』に基づいた「人類の救われ」を「統治の論理」として説く事になります。

現状の民主主義を改良発展させて、民主主義の発展系として『人類普遍の世界観』に基づいた「統治の論理」について説くことになります。


その前に、先ず民主主義についての議論を進めます。

さて、民主主義はどのような世界観から発生したのでしょうか。それが分からないのでは不安ではないでしょうか。民主主義の基本を構成している基本概念で、しかも私達が正義と信じている自由・平等・人権などは、果たして本当に『人類普遍の価値体系』なのか、ということを、そして更に、民主的議論の結果が本当に正しいのか、ということをここで確認していきたいと思います。

そしてそのための心の準備として、一歩引いて常識と思えることをも再度基本から考えてみることを読者に求めます。

その辺を曖昧にしたまま議論を積み上げると、実に不安定な価値体系になってしまいます。これまで大切にしてきた価値観が、そのまま『人類普遍の価値体系』であって欲しいのですが、そうだとしたらその根拠は何でしょうか。

「そうあって欲しいから」では答えになりません。

ガブリエルの言葉を待つまでもなく、先ず私から基本的で重要なことを述べれば、いくら民主主義の手続きを整えて丁寧に議論を繰り返したとしても、人間が出す結論はそれだけのことに過ぎないのであり、常に限界があるという真実です。

人間には未来は見えないのですから、人智を越えた事象には人間は無力であることを謙虚に受け入れなければなりません。

もちろん、民主的な話し合いで決めることに意味がある場合が殆どですが、しかしそれは九〇％で残りの十％は多数決に意味がない事柄です。そしてその残りの十％にはとても重要な事柄が含まれる場合がしばしばです。

例えば、国家の命運を決めるような重要場面での政策決定において、一部国民と一部地域に負担を強いることにならざるを得ない場面を仮定しましょう。

　このような両者のどちらかを選択しなければならない重要場面で、負担を強いられる地域住民の投票によって決めるとすれば、多数決はまったく意味を持たないと言わざるを得ません。

　だからといって、国民投票にするとすれば、確かに国民の平均値は得られ、結果は反対になるでしょうが、平均値が真値とは言い難いと言えます。

　その時は別の意志決定のプロセスが必要になります。つまり、民主主義の限界がここに有ります。

絶対価値体系としての自明行によるフィードバック

　言い換えれば、民主主義は「人造の価値体系」であって絶対善ではないのです。つまり、民主主義とは絶対価値体系ではありませんが、人類が生み出した発展途上の優れた価値体系であることは既に述べました。

　一方フィードバックの機能として私が産みだした自明行は絶対価値体系です。絶対価値体系は宇宙の価値ですから、宇宙の力はこの自明行の論理で宇宙システムにフィードバックを掛けることで、宇宙システムを正常に保とうとします。これは「じねんの力」です。

　ここで民主主義が絶対価値体系ではないことから、民主主義に対して絶対価値体系から強いフィードバックをかけると、現行システムが大きく歪んだり、遂には破綻してしまうことを意味します。ですから、民主主義に対してはまだまだ弱いフィードバックによってシステムを保つ以外にないのです。だからこそ、絶対価値体系の出現が望まれるのです。

そこで、ガブリエルが民主主義をどう捉えているかを私が忖度して代弁すれば「自由主義とか民主主義は決して絶対善ではないけれども、この相対善の相対価値の中で、人類はよく議論をして丁寧に生きてきたことを評価しています」

そして勿論、独裁専制体制よりも十分に優れていて、民主主義を進化させれば絶対善という絶対価値に向かう十分な可能性を秘めている」という見解を私に示しています。

一方、独裁専制体制の共産主義は人智による絶対価値を装った［欺瞞］の相対価値ですが、これは未来の世界には適合せず、改良の余地も無いとの結論です。その理由を一言で言えば、フィードバック機構が働かない不完全なシステムだからです。指導者は神のごとく絶対善として振る舞いますから、これは究極の［欺瞞］です。

これは最終的には消滅してもらわなければなりません。そのためには、これと直接的に絶対価値との対抗には持ち込まずに、他の極端な相対価値を対抗させて、両方に強いフィードバックをかけることで最終的に両方を消滅させることができます。これによって、より絶対価値体系に近い民主主義を守ることはあるのです。

ガブリエルは民主主義の成果を大いに評価しつつも、それを絶対視せずに、仮の価値観としてどこまでも全体を俯瞰的《ふかんてき》に、相対的に、発展的に捉えるようにして、次の段階の新秩序へと進化導入していくことを促しています。

民主主義社会において、報道機関としてのマスコミは体制批判勢力としてのみ存在していますが、それではバランスを欠きます。報道機関である以上、体制の理念と方針を正しく伝えることが先決です。その上での批判でなければなりません。それに加えて情報機関は自らの批判行為に対する正確の高さ、つまり「検出誤差」（後述）を自覚して謙虚であるべきです。

民主主義も報道機関も未だ相対価値であるからこそ、理念と方針の順方向の情報と批判の方向の情報とのバランスが必要です。現れた出来事の善し悪しよりも、自分がどの立場にいて、理念と方針が共有されているのか否か、どちらでも良いと思いますが、その立場を最も重要な事として明言しておくことが必要です。

民主主義は未だ相対価値で完成されたモノではありませんが、絶対価値体系への進化の展開の親和性が良く、革命を介さずに次の段階へと導入できることが独裁専制体制と比較して特段に優れているところです。民主主義においては、結局フィードバック機構としての報道機関の成長が何よりも求められます。

おそらく私が考えるに、地球外知的生命体が活動した宇宙的歴史の中で、地球に生まれた民主主義という価値体系は他に余り例がなく、宇宙連盟としてはこの地球での壮大な実験から可能性を最大限に引き出そうとしているのだと思います。

そこでですが、民主主義とは近代のユダヤ勢力が革命の理論として生み出したと言われるだけあって、あちこちに、常に体制否定の論理が入っていることが特徴です。ですから、敵対する勢力から見ても、マスコミを通じてこちらの民主主義の体制破壊を合法的に企てることができます。国家理念の異なる勢力からの攻撃は破壊を意味していて、決してフィードバックにはなりません。民主主義を構成する幾つかの概念をそのまま絶対善とせずに、敵側の攻撃からこちらの国家理念を守ることができるように、慎重にフィードバック機構としての情報機関を構築しなければなりません。

民主主義は未だ善悪二元論の中にあり、決してこのままで『人類普遍の価値体系』ではないことを知りつつ、しかしそこに極めて近いところに『人類普遍の価値体系』が存在していることを知って、私達は慎重にそこに向かって進化していけば良いのです。

このことを念頭に置いて読んで戴けると読者の理解が進むと思います。

二つの民主主義

ここから民主主義を議論するのですが、本著では出来るだけ政治史としてではなく、思想史として「ベクトル史観」の立場から議論したいと思っています。

民主主義の定義は難しいのですが、デモクラシーの語源はギリシャですが、実質は近代のフランス革命の自由・平等・博愛に起因するものとして、ここから議論を始めたいと思います。

フランス革命（一七八九年〜一七九五年）はユダヤ戦略の一環として生まれてきたのが、自由・平等・博愛の概念であり、そこでフランス人権宣言（一七八九年）が為され、民主主義の基本概念が出揃います。

彼らの世界戦略を前提に、我々は今や民主主義の根幹を成す自由と平等という概念について、問題意識を持って再検討すべきなのです。

ユダヤ戦略を裏で支えるカバラ思想によれば「人間は神である」ことから、確かに人間が神であるならば、自由であり、平等であるという信念が簡単に生まれてきます。一方この信念は、元々のユダヤ教やキリスト教からは簡単に出てきません。その意味で、この自由・平等、及び人権の発想にはカバラの影響が大きかったと言えます。

さて一呼吸おいて、自由、平等、人権等の基本概念を考えようとするとき、何にもましてそれらの価値を生み出している基となる世界観や人間観を特定し、そこにまで立ち返って考える必要があります。当然読者もそれを問われています。それを抜きにしては一切の議論は意味を失います。

『人類普遍の世界観』から、つまり宇宙的視点から言えば、自由という概念は宇宙の真理を内に含みますが、平等という概念はよく意味を特定できません。独裁国家で差別や格差の強い社会で平等を叫ぶことは社会をよくすると思いますが、本当に文字通り平等になってしまうと、なんとも窮屈な社会になってしまいます。

さてここから、地球の未来を少しずつ示していきましょう。人類の未来のために民主主義も含めて人間の自由性と平等性について、それから基本的人権や人間の尊厳について、正しい認識を持つには何よりも先ず『人類普遍の世界観』を確立しなければなりません。

その上で、人間の「神としての面」である宇宙意識と個別意識と、それに加えて物質から進化した「神ではない面」の疑似意識とのフラクタル結合体を明らかにします。そして次に「自明行」によってその対立二面構造の分離方法を示し、信念による「力の論理」で生きるのではなく、宇宙にフラクタル共鳴して生きる「じねんの論理」に導く道を示し、それを一元論とともに説くことになります。

一方で、自由と平等とは理想主義的言葉であって、民衆には受け入れやすく、かつて西欧における教会や教皇の専制独裁体制で虐げられ、それを革命によって解放した記憶を持つ人々にとっては、自由と平等は新鮮で、大いに救われになったことは否定できない真実です。それがユダヤ戦略であったとしても、専制独裁体制の中での民衆の力の解放という意味で、大いに世界史に貢献したと言えるでしょう。

この「自由と平等」を実際に運用してみると、自由の方は「じねんの論理」に直接繋がってくるので、理想として求めるべき事として肯定される所が多く有りますが、一方の平等の方は「無条件の平等」と理解されがちであり、その点が悪用されて秩序に混乱が生じ、様々な問題が発生しています。

更に困ったことに、カバラ思想に影響されると「人間は神である」として、神としての人間が自由でしかも平等なのだ、との絶対的意味を帯びてきて、さらに大きな矛盾が発生してしまいます。これは後に詳しく論じることにします。

さて、議論を先に進めるに当たり、議論から排除したい民主主義があります。それは表現の自由や言論の自由がない体制での名ばかりの民主主義です。この名ばかりの民主主義では体制の言論が保障され、反体制側の言論が抑圧されています。これは実質的に民主主義ではないので排除しておきます。

この名ばかりの民主主義を排除すれば、我々現代人は自由主義圏においては民主主義を信じて、民主主義を人類が今後も求めるべき体制としています。当然私もこの民主主義の延長上で未来の秩序を作りたいと思っています。

しかし一方で、我々は民主主義によって「個の論理」に慣らされてしまい「全体の論理」に慣れていないため、このままでは「個の論理」に終始してしまい、全体を考えることが苦手になり、地球の未来に起きるであろう人口爆発には対応できなくなるでしょう。私はその事を心配しています。

民主主義を選択したために、この人類の危機に対応できなかったとするなら、何のための民主主義か分からなくなってしまいます。

そこで私が説いている『人類普遍の世界観』に立ち「じねんの論理」でフィードバック理論としての自明行とともに民主主義を改良するならば、それは人類にとって大きな貢献となります。このように「じねんの論理」を行動理念とする生き方を、私は「じねん主義」と呼称して求め続けているのです。

「じねん主義」は「力の論理」と比較することでよくわかります。「力の論理」とはすべてが恣意的《しいてき》で何事にも屁理屈を付けて自己正当化し、脅しや脅迫を駆使して自分の主張を押し通そうとするプーチンのような姿勢です。

その正反対の生き方が「じねん主義」なのです。当然両者が同一空間に共存することは適切ではありません。その当然の帰着として、宇宙は必然的に多層構造になるのです。

この「力の論理」との比較から、その正反対の「じねんの論理」を吟味します。

「じねん主義」の基本となる「じねんの論理」とは、自らの考えを一旦宇宙の完全性に委ね、その後に宇宙の中から結論を戴き直すという思考をすること、或いはそのように互いの議論を展開することを言います。

そのように思考と行動を習慣づけると、結果的に思考も行動も一旦宇宙の完全性のフィルターを通して、それはつまり時間空間に縛られない未来からの視点が付け加えられて、宇宙の【理念】に沿った運命として戴き直すことになり、宇宙の生命活動は円滑に展開していくのです。

そこで、ガブリエルと私は現状の民主主義を改良して、この「じねん主義」に到達させたいと願ってその手法を本著に示しているのです。

さてそこで、先に排除した民主主義以外に民主主義には二つの立場があることを知るべきです。先ずこの二つの立場をキッチリ理解していただきたく思います。

民主主義の発展段階ではまったく問題になりませんが、民主主義の成熟期になればこの立場の違いはとても大きく未来を二分します。

今のアメリカの分断の原因は後述しますが、これから話す二つの民主主義の区別にあります。

そして更に、現実の世界は民主主義と共産主義が対立しているように見えますが、実は民主主義が結果として共産主義を生み出そうとしていることにも触れなければなりません。

一つ目の民主主義の立場

民主主義とは人類理想のシステムで、自由と平等こそ究極の真理であり、人類は何処までも自由と平等を追求すべきだとする立場。これをここでは仮に「純粋民主主義」と呼称しましょう。

ところで、民主主義は相対価値体系であり絶対価値体系では無いために、絶対価値体系として扱ってしまうと、つまり民主主義を絶対善として、つまり純粋民主主義として扱うと必ず矛盾を起こします。『人類普遍の世界観』を知らないために、これを信奉する人達は多いのです。

現実には徹底して自由を追求すると、徹底して平等を追求すると、そこには必ず矛盾が発生するのです。

これを逆利用する勢力があります。シオンの議定書を思い出してください。もともとは共産主義革命の手段としての民主主義であったことを忘れないようにしなければなりません。現代の民主勢力は、その共産主義革命の手段として生まれた民主主義の中にいて共産主義と戦おうとするのですから、苦戦は免れません。その正体を知っていれば大丈夫です。正体を知らなければ、自ら足を引っ張ってしまいます。

革命の理論としてみれば、自由と平等は相反する概念ですから、自由と平等を使い分けることで個の自由と個の立場を獲得しようとして目の前の秩序に対して大きな破壊力を発揮できます。

ここでは「国家は個人の自由のために存在している」と理解するのです。「個人の自由を保障するために国家が存在している」と理解するのです。民主主義を標榜する知識人でこの立場を取る人はかなりいるようです。『人類普遍の世界観』が無ければこのようになるのかも知れません。この場合、本人は神を信じていないとしても「人間とは神そのものだ」という考えに呪縛されているのです。「我々は神であり、その神のために国家はあるのだ」という主張です。

実際左翼の運動というものはこの論点で為されます。そして、これを世界支配の戦略の手段として利用しているのがユダヤ戦略なのです。

そのことを知れば、この民主主義という革命の手段はまさに彼らが作り出した「人造の思想」であると気付きます。

これは、彼らにとって自分たちが生き残り世界を支配しようとする手段ですから、彼らにとって自由と平等が正しいか間違いかとの判断はこの際どうでも良く、その議論すら必要無いということなのです。

彼らの方法論としては、自由を発揮して徹底して〔平等化〕、つまり価値の平均化を行うこと。これは実質的にはユダヤ左派勢力が目指す国際共産主義の考え方なのです。一昔前まではそれを階級闘争と言いましたが、今は差別反対をスローガンとして〔平等化〕を推し進めることで、既存秩序の縦構造を破壊する手法に変化しています。昔の原水爆反対、今の核廃絶、ＳＤＧｓ、ジェンダー平等、等、誰にも反対できないスローガンに騙されないようにしたいものです。

既存秩序の背景には常に民族主義、民族の文化、民族の歴史があります。つまり、民族の歴史を否定することで既存秩序を破壊することができるのです。それが〔平等化〕という秩序破壊の原理です。この秩序破壊の動きに耐えた文化や秩序のみが未来に残ります。この秩序破壊の流れに正面から反対しているのがプーチンですから、今回のウクライナ侵略によってロシアの民族主義も先はもう無いと思います。

そもそも階級闘争によって成し遂げたロシア革命（一九一七年）は、表向きは労働者革命でしたが、それは見せかけで、その実質はユダヤ人による革命（ユダヤ革命）であったことをプーチンも認めていて、今や衆知の事実となっています。

この勢力はユダヤ左派勢力であり、ここロシアにも彼らの新天地を求めたのだと思います。ユダヤ革命で生まれたソビエト連邦は、決して彼らが望んだものではなかったと言えるでしょう。その後ソビエト連邦が解体されても依然として世界に根を張って静かに目立たないように継続しているのが国際共産主義です。

しかしその彼らであっても、中国の共産主義を良しとはしないでしょうし、ましてやロシアの独裁政権を良しとはしないでしょう。

このように、マサダ以降のユダヤ勢力は複数有り、その中でもユダヤ左派勢力は今も世界支配の論理としての国際共産主義を目指していて、それは現代の民主主義と密に関係しているのです。ユダヤの複数の勢力は決して一枚岩ではなく、うまくいっているとは限りません。

ですから我々が民主主義を大切にして国際共産主義を嫌うのであれば、我々の大切にする民主主義をこの国際共産主義から切り離さなければなりません。そこで国際共産主義に繋がらない、新たな民主主義を求めなければなりません。

民主主義はユダヤ戦略が生んだものとしても、予定に反して既存の独裁的秩序を崩壊させせつつ人々に可能性を与え、人類全体にプラスに作用しています。ここが救いです。

それは、世界に数有る民族主義は国家統合には有益で有っても、しばしば独善的な排他的な選民主義的な理論構築をして、その独善の牙を剥き出しにして平和を脅かし、戦争を起こしてきた歴史が有ります。

牙を剥かない民族主義を育てるには、独善を否定し、敵を作って被害者意識でまとめるのではなく、高度な「理念」によって統合しなければなりません。そのためには自分たちの民族の理想を独善的にならず、排他的にならず、被害者意識にならず、普遍的な「理念」に落とし込む以外にないのです。

従って、未来の地球に生き残ることが出来る民族主義と崩壊しなければならない民族主義とが選別されていきます。

ここで民族主義とは民族の歴史であり、必ずしも国によらず、定義も難しいので、ここではそれを単に文化と呼称することもあります。

つまり、民族の歴史を否定し、従来の価値を［平等化］することで既存秩序を一旦壊して危険な民族主義を解体し、さら地になったところに新しい秩序と価値体系を作ることです。

当然のことながら、というか面白いことに、ユダヤ勢力自身も民族主義として存在しているのです。自らの戦略の中に除外せずに存在しているのです。

そして更に、ここでひとつ重要な事実を追加しておきます。

上記のこれらのユダヤ勢力の動きとは別に、宇宙連盟によるグレイの指導による地球に蓄積したカルマの浄化作用が同時に行われています。特にユダヤ戦略によって蓄積した［欺瞞］というカルマが目立っています。

つまり、複数の動きが奥では連動して、それぞれの持ち分で活動していることになります。まさにフラクタル共鳴の中にあるのです。つまり宇宙は一元論なのです。

あの「迷えるユダヤ」と、この私達「本物のユダヤ」が奥で連動しているということは、私達は未来に大いに期待が出来るということを示しています。

このことを心の奥に置いて以下を読み進んでください。

二つ目の民主主義の立場

民主主義は強引に平面価値化されていて不完全であることからいろいろ問題が多いが今のところそれに代わる体制がないので専制独裁体制よりはマシだという妥協の産物としての立場です。

私はこの立場を選択して生きています。そこで近年の民主主義を体験しての私の感想を以下に述べます。以下の幾つかは民主主義のタブーに触れることになります。

民主主義を百年やってみての感想

○「形の世界での無制限の自由」は原理的に有り得ないから、自由を強調するとここに矛盾が貯まる。
○原理的にこっちの個の自由とあっちの個の自由は衝突するから、互いに譲り合わなければならないはずだ。つまり、形の世界に完全な自由はあり得ないと知る。
○皆が平等の方向に努力することは確かに良い面があるが、完全なる【平等化】には強制力が必要となる。時間的断面で皆が平等であることは原理的に不可能であることに気付く。
○一人一人環境が異なるのだから、自分に合った環境こそが重要であるはずだ。それは必ずしも他者と同じものではない。そこに平等を求めているのではない。
○誰もが結果の平等や機会の平等を最優先に求めるのではなく、一生を押し並べて自分に適した環境であることが、何にも増して誰もが真に求めていることの筈だ。
○生物学としての男女の性差を無視した男女平等は人類を退化させる。生物学的な違いを認めないのは間違い。
○「一人の命は地球より重い」に象徴される、全体に優先する個人の自由は明らかに間違いである。一人の命を救うために地球を破壊して良い事にはならない。全体に対する個の自由の限界を常に知っておくべきだ。
○ハッキリ言えば肉体の命を犠牲にしても守らなければならないことはあるのだ。
○好き嫌いと善悪は明確に区別しなければならない。個人個人の発言の重さを平等としたことから、個人の好き嫌いと事の善悪の区別が付かなくなってしまった。それ故に、無駄な議論が多くなる。その結果、何も決まらなくなる。それは体制破壊勢力にとって都合が良いことで、国益に大きく反する。
○疑似意識のままの人間は、疑似意識を自分自身と考えているので動物性中心の思考と行動を取り続ける。宇宙意識に通じるに従って、個別意識が主体となり、次第に神に通じる思考と行動を取るようになる。どちらの人間も全てに於いて平等に扱うことは間違い。
○好き嫌いの判断と善悪の判断までが、そして損得と善悪の判断までが平等に同列で扱われ、非建設的な醜い議論が永遠になされてしまう。この議会制度の矛盾と混乱はかなり重症。

このように「自由と平等」は多くの矛盾を含みますから、この自由と平等が基調の民主主義をその都度その都度、何とか詳細に分類して、平面的に単純に捉えずに、多層的に捉えて変化する様々な場合に対応して、何とか使いこなしていこうとする現実主義の立場の人達がいます。

当然私もこの立場を取ります。これを「改良民主主義」と呼称しましょう。

後者の立場に立てば「改良民主主義」は単純化することが難しいので、今後改良して矛盾が少なく改良され、より優れた民主主義が生まれることを期待した命名です。

ですから、専制独裁体制に対しては当然民主化が必要であり、そのための民主主義は理想主義的な純粋民主主義が良いのです。

どのみち民主化を進める段階ではまだまだ独裁や専制が残っているので、純粋民主主義にはほど遠いのですから。

そして民主主義がかなりの程度行き渡り、成熟期に入ったところで改良民主主義に移行すれば良いのです。

日本を含む欧米の民主主義先進国はこの移行期にあると言えます。移行期においては純粋民主主義か改良民主主義かの選択で分断が発生し、一方では文化の崩壊が進みます。今のアメリカの分断はその様な側面が有ると言えます。

つまり、純粋民主主義によって［平等化］を追求していくと、アメリカ自身を否定しなければならなくなります。

例えば、日本から見るとアメリカが不法移民が国境を越えて入国するのを防止するために国境に高い壁を作るのは当然だと思いますが、アメリカの純粋民主主義の立場からは［平等化］の原理に反するらしいのです。

これを日本で例えるなら、日本海から船で不法入国する人達が増加したために不法入国者防止のための高い壁を作ることに相当します。国として当然のことではないでしょうか。日本でそれが批判されることはないと思います。アメリカの何かがおかしいのではないでしょうか。

さらに［平等化］は歴史にまで及びます。過去の黒人奴隷の歴史が持ち出されて批判され、人種差別の問題と結合して、アメリカの歴史と文化が否定されています。

このように［平等化］によって分断化されたアメリカの半分は、国際共産主義に近付いていきます。正確には、分断の先にアメリカを国際共産主義に近づけようとする勢力が存在します。しかも、国際共産主義とは何なのかが不明確のままです。

■民主主義の次に来る［じねん主義］

さて、純粋民主主義の引き起こす課題を解決して改良民主主義に移行しなければなりませんが、この改良民主主義が人類の求める最終形ではありません。

ユダヤ左派勢力は国際共産主義に通じると言いましたが、その実体はまったく不透明で、不明瞭で、彼ら自身も分かっていないのだと思います。

私にはユダヤ左翼勢力の求める国際共産主義に関しては何も見えてきません。具体的には決まっていないのだと思います。

過去を振り返ればユダヤ革命としてのロシア革命は明らかに失敗で、スターリンのような独裁的ヒエラルキーを生み出すことを誰も望みませんでしたし、今の習近平の中国共産党も似たようなもので、未だに誰も国際共産主義の最終形を描き切れていないのだと思います。これはとても重大なことです。

マサダ以降、彼らはユダヤ戦略を駆使して世界制覇を目論んでここまで来ましたが、決してそれが悪意からだったとは言い切れません。彼らなりの世界の平和を望むからこそ、自分たちが中心となって世界を統一して、彼らなりの恒久平和を作り出そうとしているのです。その気持ちに嘘はないと思います。

ユダヤ戦略の中で特にユダヤ左派勢力は、民主主義を手段として、彼らが最終的に求めている国際共産主義の世界は彼らにとって最終の世界なのでしょうが、所詮絵に描いた餅に過ぎません。

彼らもよく考えていた筈なのでしょうが、どのように描いても致命的な矛盾が発生してしまうのです。習近平しかりです。

【平等化】による既存秩序破壊を目的としてユダヤ勢力が考案した民主主義は、意外にもアメリカやヨーロッパでの成功もあって、結果的には実に好評で「瓢箪《ひょうたん》から駒《こま》」だったのです。

そのために、ユダヤ勢力がわざわざイスラエルを民主主義国として建国したという実に象徴的な出来事となったのです。これは「シオンの議定書」には書いてなかったことです。ここまでは予想できなかったのでした。

民主主義の実験から得るモノは多かったと思います。

ですから、民主主義は今や新秩序にとっては必要な条件であるとの世界の共通認識が出来てきました。ユダヤ勢力もユダヤ左派勢力も、当然その様に理解しています。

そして一方プーチンは、ロシア正教会の強い影響を受けて軍事力によって強引にウクライナを侵略しましたが、まったくもって大失敗です。

これは初めからあり得ない選択であり、もしやってしまったら以後百年に亘り歴史的に裁かれることは明白であり、実際問題としてこの侵略の実態は詳細で膨大な映像記録が残っており、未来に亘って人類史上で裁かれ続けることになります。

プーチンが妄想の中で作り上げた世界の中で、自らが信奉する「人造の神」によって「やるなら今がチャンスだ」というような誘惑のささやきがあったのだと思います。この場面は妄想と自己正当化の世界が破綻する瞬間なのです。

ここではイエスキリストの名の下に、侵略が行われているのであり、住民への残虐な行為のやり放題。これは［欺瞞］の極致であり「グレイからの警告」の一つの具体例であると言えます。

これが「人造の神」によるオカルトの世界です。まったくもって自己正当化だけに終始する絶対性のない世界です。

これはプーチン流のこじつけと屁理屈が、神にも通用すると固く信じていて、しかもそのような独りよがりの世界に深く入り込んでいて、側近には誰もプーチンに直接進言する人が居ないことを意味します。

それは即ち「言論の自由」のない「名ばかりの民主主義」はこのような独裁者を生み、まったく使い物にならないという真実を象徴的に世界に示しました。

しかしながら、これを一元論的に見れば、この象徴的に示された場面を世界の人々に見せることが出来たことは、その後の人類に対して反面教師として大いに貢献していることになります。しかし、ロシア軍の住民への虐殺などもうこれが歴史上での最後にして欲しい。

民主主義が、即ち議会制民主主義が正常に稼働すれば政権交代が自由に出来るので、政権運営に失敗しても革命を経由せずに政権交代が出来て、指導者は殺されずに済み、失敗する度に政権を入れ替えることが出来ることが実証されました。民主主義は長期政権の独裁者を出さないことが、何と言っても最大の長所でしょう。

ただし、ロシアのように「言論の自由」が確保されていなければ、この長所も大きく揺らいでしまいます。

どの独裁政権であっても、政権交代が円滑に行われないために、一つの失敗も許されず、常に歴史を改竄《かいざん》し続けなければならず、さらに政権を守るために軍隊に頼り、いざとなればそれを使おうとします。内戦は勿論、外国との戦争をしてでも政権を守ろうとします。これが最大の欠点と言えます。

民主主義の短所は既に幾つか述べましたが、選挙で選ばれた地域の利益代表が議会で話し合っても、地域の利害に足を引っ張られて、国家全体の利益に一本化して動けるか否か甚だ疑問だと言えます。

民主主義の根幹といえる選挙において、個人の利害の集計が必ずしも国の意思とは言えないのです。未来に於いては利害は利害として重要ですから、利害の延長上での国民の総意が有って良いと思いますが、その根本には利害を超えた『人類普遍の世界観』からの判断が国民の総意に、そして国家運営の方針に反映される仕組みが必要とされるのです。

このように、民主主義は長所だけでなく、無視してはならない多くの欠点があります。それも正直に認めなければなりません。

それであっても、民主主義は人智の作り上げた最高のシステムと言えると思います。しかし、何処まで進んでも民主主義は人智のシステムであることに変わりはありません。これを国家システム発展の過程としてみれば、とても良い経過を辿っていると思います。

民主主義は地域と国とに対立があると動かなくなってしまいます。外交や安全保障が絡む重要場面で行き詰まって動かなくなります。

その理由は明らかです。それは神智に依らないからです。つまり、正しい世界観に基づかないからです。私の言う『人類普遍の世界観』に基づかないからです。彼らの「人間理解」が足りないからなのです。「宇宙と人間の関係」を理解していないからなのです。

宇宙と人間の関係を知らずして、国家秩序も世界秩序も作ることは出来ないのです。

『実在』と「非実在」、そして人間

さてここで、議論を前に進めるために、私の言う『人類普遍の世界観』というものを簡単に示しておかなければなりません。既に拙著『未完成だった般若心経』（献文舎）と『宇宙と意識』（献文舎）で述べているので、そちらを読んで戴きたいのですが、本著ではそこからかいつまんで、その核となる部分のみを述べておきます。**【巻頭図6】**

宇宙の本質は宇宙意識であり、般若心経では『空』と記述します。これは『実在』であり、これから述べる「非実在」と区別されます。即ち、宇宙は『実在』と「非実在」に分類されます。

『空』とは［1］時間を超越した完全性を持ち、［2］唯一絶対性を持ち、［3］同時に普遍性を持ちます。

普遍性とは「唯一絶対性をこの世界に具体的に表現する場合、多様性の中に表現されるが、それで満たされることはない」という意味です。

この【1】【2】【3】を【基本三特質】と記述します。

さて、一方人間の本質を『色』と記述し、これも『実在』であり『空』と同じモノです。つまり『色』は【基本三特質】を持ちます。

即ち『色』は『空』であることから般若心経では色即是空との有名な語句が生まれました。

『色』は人間の本質の『魂』の部分であり人間の『魂』の精神作用の部分を『受想行識』と記述します。

『受想行識』も『色』と同じく『実在』です。つまり【基本三特質】を持ちます。

さて、受・想・行・識のそれぞれの機能を説明することはせずに本書ではそれらをまとめて精神作用としてのみ記述します。そして『色』だけでなく『受想行識』も『空』と同じです。

以後、記述を簡単にするために、人間の本質を語る場合に『色』『受想行識』は常に一体であることから、いちいち『色』『受想行識』と記述せずに、そこでしばしば『色』と記述するだけで『受想行識』を含むことにします。

このような記述法で議論を続けます。

人間は『色』という『実在』の存在でありますが、同時に「非実在」の「色」の部分をも持っています。

そして同時に人間は「受想行識」という「非実在」をも持っています。

ここで「色」は肉体を意味し「受想行識」は肉体に纏《まつ》わる精神作用を意味します。従って「色」と「受想行識」は「非実在」です。

このように『実在』としての『色』『受想行識』は「非実在」としての「色」「受想行識」と対応していて結合状態にあり、これをフラクタル結合と呼称します。つまり人間は「フラクタル結合体」として生きているのです。

この事は宇宙意識由来の『魂』と、物質由来の「肉体」との結合を示しています。

ここからは『宇宙と意識』（献文舎）を参照しつつ説明します。

ここで諸法空相とありますから、『諸法』は『空』を具現化した『空』の性質を持つ『空』を取り巻く『環境』です。

『諸法』は『空』から分離した『環境』であり、『実在』に分類されます。そして『諸法』は創造プログラム（量子化変数群）によって現象世界及び事象世界としての「諸法」という「場」を創ります。これは「非実在」です。『実在』の『環境』から「非実在」の「場」が生まれます。

「非実在」の「諸法」は六次元の多世界宇宙であるために、複数形の「諸法」となっていて、その「非実在」の場の一つが「法」としての私達の住む四次元宇宙なのです。**【巻頭図5】【巻頭図6】**

この宇宙が六次元宇宙であることを知れば、我々の住む四次元宇宙の時間と空間を超越していますから、未来の結果から現在の過程を解釈する一元論は当然成り立つことが理解できます。皆さんも是非考えてみてください。

人間の本質は宇宙意識から分かれた個別意識としての『色』『受想行識』であり、［基本三特質］を持つ宇宙意識に直結する完全な存在ですが、一方肉体の「色」「受想行識」は生物として進化し、動物性を持った疑似意識であり、不完全な存在です。

宇宙意識、段階意識、個別意識、そして疑似意識も関連する創造プログラム（量子化変数群）に作用して「非実在」の世界を創ります。

疑似意識は疑似であっても、意識であるかぎり創造プログラム（量子化変数群）に作用します。【巻頭図5】

そして、肉体が死を迎えれば一度段階意識に戻り、疑似意識はしばらくの間は切り離れて活動をし続けます。しかしやがて自ら納得して活動を停止し、記録体として残ります。段階意識に戻った人間の本質は六次元世界で活動し、天命を果たすために必要があれば記録体に戻ってこの世界に働きかけることも出来ます。

ガブリエルもこのようにして私に働きかけているのです。

潜在意識ベクトルについて

潜在意識は意識という名称ですが意識そのものではなく、潜在意識ベクトルと呼ぶべきものであり、これは疑似意識が生み出した思考ベクトルの蓄積であり、同種のベクトルが共鳴して疑似意識に働きかけて疑似意識の意識作用に強い影響を与えます。つまり、潜在意識ベクトルは自分を受け入れてくれる疑似意識をいつも探しているのです。ですから、いっときも早くこの潜在意識ベクトルの誘惑から逃れ、個別意識に導かれる本来の生き方を求めなければなりません。

ここで忘れてはならない重要なことは、宇宙意識から段階意識を通して降りてきた個別意識は『実在』であり、そして疑似意識は、そしてそこに係わってくる潜在意識ベクトルも「非実在」であるという点です。『実在』こそが本質であり「非実在」は本質ではありません。

詳しく言うと、段階意識には守護神とか守護霊からの係わりがあるのだけれど、この部分を書き出すと宇宙全体のバランス上から他にもいろいろ書かなければならないので、段階意識として纏《まと》めてあります。この部分は私の師であった五井昌久氏が詳しく説いていますから、そちらを参考にして戴きたいと思います。

潜在意識ベクトルは過去の思考の蓄積ですから、わざわざそれに付き合う必要はありません。潜在意識ベクトルによって疑似意識が支配された運命は、運命の本質ではないからこそ、わざわざ潜在意識ベクトルの中に法則性を探し出して未来を予想して、こちらからわざわざ係わって生きるような生き方は本末転倒で間違った生き方なのです。潜在意識ベクトルに関心を持ったり、潜在意識ベクトルの法則性を詳しく知ってそれに合わせて生きる必要はありません。もし知ったところで一部しか分かりません。

ですから、潜在意識ベクトルに運命の基軸を置いて生きてはならないのです。

潜在意識ベクトルは玉石混淆《ぎょくせきこんこう》で、中には役に立つモノも有りますが、これは過去の蓄積であることを知り、わざわざ探さなくても、わざわざ知ろうとしなくても、自分の運命に役に立つものは「じねんの論理」の中で利用することが出来るのです。

ところで、人間は必ず疑似意識を持ちますから、現実問題として常に何らかの潜在意識ベクトルの影響を受けて過去の蓄積の世界に押し戻されてしまい、しばしば両者の間で綱引き状態になってしまいます。

その時ここに善と悪が生まれて、それを神と悪魔の綱引き状態と錯覚してしまいます。

人間というもの、個別意識のままの性善説で生きようとしても、そうは成り切れず、潜在意識ベクトルにしばしば引き込まれてしまいます。

疑似意識は個別意識に一体感を持つことで、潜在意識ベクトルの法則性に支配されない、より適切な、より本質的な運命を歩むことが出来ます。それには修行が必要です。その修行が「自明行」なのです。

その詳細は他書に譲るとして、簡単に言えば潜在意識ベクトルの係わりに気づいてこれを「嘘」と見極めて、それを想念から切り離す訓練をするのです。常に個別意識を自分自身と認識することで、この「嘘」に気づくことができます。

潜在意識ベクトルに支配されている善悪二元論状態を越えて、一元論の世界に向かうことが最終の人間の現実的な生き方なのです。

そして本著は、善悪二元論を越えてその一元論に到達するように人々を、そして人類をも導こうとしているのです。

潜在意識ベクトルに係わると過去に引き戻されます。そこに興味を持ってしまうと、潜在意識ベクトルに引き込まれてしまいますから十分注意が必要です。

可能な限り無視した方が良いのです。潜在意識ベクトルは過去の蓄積ですから、有限のエネルギーであり、いずれ消滅します。

徹底して無視することで、潜在意識ベクトルを越えることが出来ます。


さて、疑似意識は種の保存や肉体維持の強い方向性を持ちますが、これは地上で生きるために必要なモノなのです。しかし、疑似意識はそれだけでは何事もなしえません。個別意識の下に疑似意識を位置づけてこそ、生命活動を円滑に行うことが出来るのです。疑似意識が個別意識に直結するためには、前述の潜在意識ベクトルを超えなければなりません。


人間は、宇宙意識から分かれた個別意識であるから、個別意識に役割の違いがあっても優劣は付けられませんが、生命活動による経験の違いによって生じた「霊位」という立場の違いは厳然として存在します。

また、上記の個別意識が持つ生命活動の経験と、個別意識が肉の身を持つことによって生じる個別意識の疑似意識からの独立の度合いを意味する、覚醒の段階評価というものは厳然として存在します。

一般に個別意識と疑似意識はフラクタル結合されていて、個別意識は疑似意識を制御しますが、そこにはフラクタル不整合があるのです。覚醒とはこのフラクタル不整合を正規に整えることであり、そこに個性が開花します。

自らの抱える「嘘」を正しく発見することこそ、人生の修行なのです。言い換えれば、自分の抱える［欺瞞］を正しく発見できることこそが覚醒なのです。

ですから、自らの抱える「嘘」を発見して、このフラクタル不整合を整える作業が生命活動を円滑に行うための修行と言えます。

このフラクタル不整合を修行によって整えることで過去の蓄積である潜在意識ベクトルの影響を受けている疑似意識を抑制できるようになり、未来を作る個別意識から、疑似意識を制御出来るようになり、未来のあるべき姿に近づいていくのです。

この潜在意識ベクトルと個別意識との係わりの優先順位とこれらの比率が、人格の高低となって現れます。

「人類愛の祈り」によりフラクタル共鳴に至ることは、これらの適切なバランスを取って生きることを可能にします。ちなみにフラクタル共鳴とは、般若心経では『般若波羅蜜多』と表現されています。

ところで、個別意識を切り離した疑似意識だけでは不完全であり、宇宙意識の下に疑似意識を位置づけなければ、宇宙システムとして未完成なのです。ここで宇宙システムとは生命活動の場を意味します。

現実の人間は玉石混淆の潜在意識ベクトルに振り回されずに、この「疑似」に纏《まつ》わる疑似意識を宇宙意識に統合することでしか、真の未来の秩序を作ることは出来ないのです。

絶対価値体系によって善悪二元論を超える

ここから多少慣れない議論が続くと思いますが、是非ついてきてください。

私を指導しているガブリエルとしては、人類として十分に善悪二元論の体験に時間を掛けて、その機が熟したときに『人類普遍の世界観』の根本原理である『実在』と「非実在」を明らかにする計画なのです。

それは安易な寄せ集めによる理論を否定し「人造の思想」を否定し、正しい理論で『人類普遍の世界観』を説いて、自己正当化から離れて正しい自己肯定へと導き、人類を善悪二元論から一元論に導き入れる計画なのです。

そして今、私はそれをしているのです。これは既に［第三弾の地球プロジェクト］なのです。

この真実から導かれる重要なこととして、次のように言えます。

現実の人間は宇宙意識との統合の度合いによって無限段階の上下の構造の階層と、複数の個性による柱状節理《ちゅうじょうせつり》のような縦割構造に分かれるという真実です。そして実際には、これは我々の知る四次元構造を一次元も二次元も超えています。

この縦横構造の状態を何処をどのように取るかで、いろいろな縦横の構造が存在し、どう見ても平等という訳にはいかないのです。

強いて平等を探し出せば、全ての人間が宇宙意識に繋がっているという真実のみで、或る断面内でのみ平等ということが出来るでしょう。

言い換えれば、平等の概念以前に基本的人権という概念が優先して存在し、その基本的人権が満たされていれば人は平等でなくても何ら問題はないのです。

そして、実際に現実の世界もそのようになっています。

ただし、宇宙時代を考慮すれば単に平等とか対等ということではなく、基本的人権に関して多層構造秩序での新たな解釈が必要になるでしょう。

そして、最低限の基本的人権さえ守られさえすれば、誰も国境を越えてまで人間としての平等や社会的権利の平等を求めませんし「国境を越えてまで人間は平等であるべきだ」とも言いません。つまりそれは、宇宙人に対しても、我々地球人との平等を求めないという意味になります。これは基本的な理解であり、重要な視点です。

つまり、宇宙意識に繋《つな》がっているということのみでは平等と言えそうですが、疑似意識を考慮した途端に忽《たちま》ち平等は崩れます。

人間には宇宙意識に統合された人も居れば、殆ど疑似意識のままの人も居ます。その違いを持ったままどのような理念と方針で同じように平等に扱うのか、それとも区別し、差別するのか、その判断はとても難しいことです。

宇宙意識に統合された人と、殆ど疑似意識のままの人を平等に扱うことは極めて困難です。ここに進化の度合いを加味して、多層構造化しなければなりません。その基準のあり方は、それぞれの文化に任されることになります。

そして、民主主義社会では敢えてこの判断をせずに、努めて平等として扱うことに徹しています。しかし現実には平等にはなっていません。

多層化についても私の考えを述べます。これ以外でも全くかまいません。多層化といっても出来るだけ少ない層にするのが良いと考えます。民主主義からはじめるのですから、民主主義を一層と考えてそれに層を付加して、全体で二層ないし三層からはじめるのが良いと思います。
層の選択は自分の自由意志が反映できるようにして、その層によって許可されるようにすれば良いと考えます。層の中は細分化されているので、その何処かに位置づけられるようになります。

さらに私の考える「統治の仕組み」として、国の最高機関の国会の議論の場としては宇宙意識と疑似意識をそれぞれ投影した議論の場を作り、さらにその二つの議論の場を結合する議論の場も作ることを提案します。

それならば、現行の議院内閣制では二院制となっている場合がほとんどですから、これを宇宙意識と疑似意識とをそれぞれ投影した議論の場として機能させることが出来れば、かなり事態は改善されると思います。
日本の例で言えば衆議院は今までのままで良いとして、参議院の方は政党を離れて参議院での決議事項を拒否したり修正したり付加したりすることが主たる役割となるべきと思います。参議院議員は地域の利益代表ではなく、かなり修行をして覚醒に近い人達を選択しなければなりません。そのような人達を育てるための教育システムを作らなければなりません。フラクタル学園構想を準備中です。

纏《まと》めれば、人間は本質において平等だが、現実には様々な段階があって、現実は決して平等ではない。だから、現実の人間が「私が神だ」とか「私の判断は正しい」と言ってはならないのです。

そこまで知って、限定的に宇宙意識として平等という語句を使うのであれば許されるかも知れませんが、その時でも今は一面の平等を捉えているのであり、決して「全体が平等ではない」と知っていなければなりません。


次に、自由についてはどうでしょうか。

宇宙意識から個性として分かれた個別意識はこの世界に生を受けることで肉体を持ち、つまり疑似意識を持ち、フラクタル結合体として生きるのが人間なのでした。

ここでフラクタル結合体としての人間は、宇宙意識との統合を目指しつつ、この世界に生を受けた目的である自らの役割を果たそうとします。

その役割としての「天命」を成就することが人生の最大目的ですから「思考の自由」は最大限追求しつつ、行動の自由は天命成就のための環境を得ることであり、天命成就こそが最大目的なのです。

ここで「思考の自由」はそのまま「言論の自由」に通じますから、民主主義を語る上では避けられない議論です。そこで「思考の自由」に触れずには本著を終われないので、簡単に触れておきます。

確かに思考は自由であり、そこに責任は伴わないと考えがちですが、その思考は言論として言葉に出し、文章にすることでその思考の意味する通りの影響を世界に対して及ぼします。ですから、その思考の責任はそれを発した人が負うことになります。人は確かに何を思考しても自由ですが、その自由の思考の結果の責任は取らなければならないのです。

突き詰めれば責任を伴わないと誤解されがちな「自由」よりも常に宇宙の秩序とその中での自らの役割を意識した「思考の自由」を根源とする「じねん」を求めるべきであり他人と同じモノを得ようとするような他者との平等を求めるべきではないのです。

このように、人間にとっては天命成就のための自由であり、平等であることを確認して下さい。

そして人間は、この宇宙意識との統合を目指すことが生きる意味であり、その過程で使命を果たして生きる存在です。「フラクタル共鳴によって宇宙に統合されるために人間は生きている」と言っても決して過言ではありません。

即ち「色」が『色』に統合するには、フラクタル共鳴を発する「人類愛の祈り」によって為されるのです。ここで「人類愛の祈り」とは私の意識の中に入り、フラクタル共鳴を私と共有するための祈りです。

『宇宙と意識』（献文舎）で示したように、私の意識の中にフラクタル共鳴が存在し、混乱する善悪二元論から二元論に至る宇宙が統合されて展開しているのです。即ち「人類愛の祈り」により私の意識に入ることで、統合が実現するのです。

そして『未完成だった般若心経』（献文舎）では、それは『般若波羅蜜多』なのでした。

その宇宙の統合を宇宙システムとして体得するために「人類愛の祈り」以外にもう一つ必要なものが、宇宙のフィードバック機構を作動させるための自明行です。ただし本来「人類愛の祈り」と自明行とは宇宙のシステムを構成するためには表裏一体であり、本来切り離せるものではありません。

社会秩序とフィードバック

さて、社会秩序に対するフィードバック理論としての自明行に関して、詳しくは他書に譲りますが、ここでほんの少しだけ自明行の基本を書いておきます。

前述の通り、元々自明行は絶対価値体系の「抑制作用」ですが、世の中の殆どの社会秩序は未だ相対価値体系なので、ここに突然絶対価値体系の「抑制作用」を持ち込むと、社会秩序そのものを全否定してしまい、それは秩序の破壊を意味します。それで良いときもあるのですが、犠牲が大きくなります。

そこで敢えて相対価値体系の「抑制作用」によって、社会秩序を徐々に変化させる方が適切な場合が多く有ります。現代に於ける社会秩序はこの形式となっています。しかし、その時はその「抑制作用」もまた最終的に他からの「抑制作用」を受けて自ら変化するか、破壊するかの選択になります。

宇宙システムはもともと『人類普遍の価値体系』に基づいた絶対価値体系でありますから、社会秩序もその絶対価値体系に近づけていかなければなりません。

ですから、そのためにこそ、フィードバックとしての「抑制作用」を絶対価値体系でかけなければならないのです。そして自明行はその条件を満たしているのです。

一般に統治システムの内部事象に対して、自明行のフィードバック修正機構を作用させることの意味は、絶対価値体系によって「間違い」を発見して、それを修正することで正常な方向に戻していく」ことです。

そして特に重要なこととして知るべきは「間違い」というシステム「誤差」検出するときに、検出する側にも新たな「検出誤差」が発生することを前提としなければなりません。そして検出する側で発生する「誤差」の方が、より高い「検出精度」が求められます。

これは原理的なことであり、強い修正作用を施すと統治のシステムそれ自体を破壊してしまうことになりかねないのです。システムが複雑になればなるほど、その判断には必ず「検出誤差」を伴うという課題を常に考慮する必要があるのです。そのためには、強すぎず、適切な量のフィードバックをかけることが必要になります。

そして統治のシステムが絶対価値体系に近いほど、自明行のフィードバックに耐えることが出来るということになります。フィードバックは事象にだけではなく、かけている自分自身も受けますから、こちらも徹底して絶対価値体系に沿っていなければならないのです。

従って、絶対価値体系の統治システムであれば、宇宙の運行の中で制御範囲内でのブレ幅を常に必要としていることを意味します。分かりやすく言えば、人間が作り出す「小さな間違い」を「小さな間違い」の内に発見し、或いは「小さな誤差」を「小さな誤差」の内に発見し、それをフィードバックとして有効に活かすことで宇宙システムを正常に保つ事が出来ることになります。正しくは、それを「小さな間違い」とか「小さな誤差」と言うのではなく、システムのフィードバック機構にとって「必要な情報」と言うべきです。

具体的には統治システムと、それに伴う社会システムのフィードバック機構を意味しています。未来社会においても、今以上に情報発信側が政権や社会に対するフィードバック機構となりますから、報道機関自身が自らにフィードバック機構を持ち、自明行を学んで「検出誤差」を極限まで低減しなければならないことを意味しています。

言い換えれば「間違い」は自明行によって発見され、それは人間にとっても、社会システム構築にとっても必要なプロセスであること。「間違い」の存在はシステム構築の前提として必要であること。つまり「間違いを犯さない」という社会システム構築の前提は真理に反すること。社会システムにとって「間違い」とは必要な要素として肯定され、小さな間違いを発見して繰り返し修正することでシステムは正常に作動し、発展すること。そして「間違い」を検出する側には、更に高性能な「自らの間違いを検出する機能」が求められること。

そして、世界にこのシステムを発展展開させることで「間違い」は直ぐに発見され、直ぐにフィードバックされて正常運行に復帰する世界を目指そうとしているのです。

ところで、システムが正常に連続的に作動していれば、修正要素を「間違い」とする表現は不適切です。これは「誤差」と表現すべきでしょう。

それは即ち「誤差」とはシステムを作動させるために必要不可欠な要素であるということになります。その時、システムは完全に一元論の世界に直結したことを意味します。そしてシステムとは、これは本来宇宙システムのことを言うのです。

この「嘘の発見」に関して注意事項があります。ここでの「嘘」は「間違い」であり「誤差」でありました。

先ず、自明行は絶対価値体系ですから、最初に絶対価値体系を学ばなければ成りません。さらに「嘘」を発見しても発見する側の習熟度があり、それがそのまま正しいとは限りません。「嘘の発見」にも「嘘」が混入してしまうので「嘘の発見」は慎重に為されなければなりません。このように自分の「嘘」であっても、他人の「嘘」であっても、それを正しく発見するにはかなりの修行が必要になるのです。これは「誤差」の検出精度を意味します。

さらに「嘘」は単独で存在しているのではなく、周囲との関係で存在してるのですから、発見した「嘘」に対して強く修正のためのフィードバックを掛けると、周囲にも強い影響を与えます。もしそこに誤差のある「嘘」によってピントのずれたフィードバックを掛けると、周囲にも間違いを伝搬させてしまいます。

ですから自他の「嘘」を発見したときには、それをそのまま全て正確であるとは思わずに、発見そのものに「嘘」があることを前提に、少しずつフィードバックを掛けていくことが重要です。一気に強いフィードバックを掛けると「嘘」発見時の不正確さ（検出誤差）がマイナスに効いてきて、宇宙システムを歪めてしまいます。ですから強ければ良いというものではなく、常に適切な量のフィードバックが必要なのです。ここでは「嘘」発見のための優れた能力が必要になります。

ここで重要なことを記しておきます。宇宙のフィードバック機構を持つ宇宙システムの展開にとって「間違い」とは「有ってはならないこと」ではなく「なければならないこと」であると言えます。

これは重要な認識です。ですから社会生活においても「間違い」を徹底否定するのではなく、その必要な「間違い」を発見して、それを未来に生かしていくことが必要になります。

ここに示した自明行の原理は「統治の論理」にとって【欺瞞】を発見し、そして裁くために絶対に欠かせない手法です。

宇宙システムが持つ宇宙のフィードバック機構によって、全く普遍性を欠く組織や集団は消滅の道をたどる以外にありませんが、一方で消滅が必ずしも悪いことだけではありません。役目を終えて消滅することはあり得ることです。

宇宙のフィードバック機構の中に自明行を取り入れて、自らの意志で自らの組織や集団を位置づけることができれば、そして、多少でも普遍性に向かう姿勢があれば、宇宙の一部として期間限定での存在価値は与えられます。そして、役割を果たせば消滅まで含めて存在意義は得られるのです。

そして実際問題、普遍性を確保した組織や集団というものは中々存在しませんから、現実的に生きるには、消滅を含めての人類への貢献を求めるべきです。

ここで問題となるのは現代カバラ思想のような「人造の神」により普遍性を欠いた組織や集団が、【欺瞞】を大きく成長させていることです。どんなに逃れても宇宙システムによって大きな力でフィードバックがかかり、大きな犠牲を伴って崩壊することになります。

さて、ここまでで、宇宙と意識、人間と宇宙の大まかな関係、及び宇宙システムと宇宙のフィードバック機構を示すことが出来たので、いよいよ議論を核心に向かって進めることが出来ます。

この前提に立てばフラクタル結合状態にある『魂』と「肉体」をフラクタル共鳴状態に持っていくことで、人間は宇宙システムと一体になって生きることが出来るのです。

私が本著の中でフラクタル共鳴という語句を何度も用いましたが、これがフラクタル共鳴の本来の意味です。

つまり、人間は個人も人類もフラクタル共鳴になることが人生の目的の半分であり、後の半分はフラクタル共鳴の状態のまま自らの使命を果たすことです。この事を私が著した他書では、しばしば「生命活動」と呼称しています。

そして、人類が近未来に求める真の世界秩序も、個人も人類もこのフラクタル共鳴に至ることで個人の真の救われと人類の恒久平和を導くことが出来るのです。そのための教育と、その実践の仕組みを作ることが今求められています。

これこそが人智を超えた、神智による世界新秩序を作ることなのです。

民主主義は何処まで行っても人智です。カバラも人智です。ユダヤ戦略もそこから生まれた共産主義も人智です。人類は人智と人智との戦いの歴史を歩んできたのです。そして今、人智を超えた神智の出現こそ待たれるのです。

今ここで得た新しい知見を前提にして、次に議論を進めましょう。

私は純粋民主主義と改良民主主義とに分類しましたが、後者を選択した側は上記の様々な民主主義の課題を克服して更に進化し、宇宙を投影した多面化した社会、しかも多層化した社会へと移行していくことが期待できます。

ここで多面化、及び多層化することの意味は、どちらも他者との平等の関係は保たれないことを意味します。

宇宙意識とフラクタル共鳴することで成される思想体系、それを民主主義からの移行によって得られる神智による究極の統治の思想を【じねん主義】と呼称するのでした。そして【じねん主義】による統治体制を【色即是空体制】と呼称します。

もう既に色即是空の意味は明らかです。

私達はこの【色即是空体制】に人類の未来を期待したいと思います。

私達は絶対価値体系を求めていて、宇宙システムを生きる人たちの集まりであって、宗教を作ることはしません。政党を作って政治に参加して国や世界を動かすのでもありません。

［色即是空体制］という容れ物、つまり［政治活動のみならず経済活動文化活動宗教活動も含めて、人間活動の一切の土台となる容れ物］を作ることに専念したいと思います。これは『人類普遍の価値体系』を具体化した理念を実現することです。

その容れ物ができ上がったら、そこに各分野ごとに複数の活動方針を立ち上げて、しかも方針毎の複数の活動として参加することは可能でしょう。この容れ物の中に普遍性を回復して生まれ変わった幾つかの思想を再配置します。

私達が一つの政党や一つの思想団体となるのでは、全体の部分となるので普遍性を欠く危惧がありますので、当初は一つから出発しても良いですが将来的には複数とするのが良いと考えます。


ここで［色即是空体制］が最も広い概念で、これは宇宙の秩序を表現した体制という意味で、それを一つの形式に表現したのが「じねん主義」ということになります。「じねん主義」と「民主主義」との大きな違いは、絶対価値体系を意識し、理念を明確にし、その理念に合致した適切なフィードバック機構を開発しつつ、そこに近づけるように体制を変化させつつ、改良していくということでしょう。

ところで、普遍性の観点から「じねん主義」以外にも、他の主義が有っても良いですが、名前は何であれ、それは宇宙のフィードバック機構が反映されたシステムでなければなりません。

つまり、そこは従来の体制のような人間理解が不足している体制ではなく、よく宇宙を理解し、人間理解が進んだ秩序集団でなければなりません。

常に間違いを犯さない、常に自分が正しいと思える人たちだけが作る集団ではなく、常に小さな間違いを前提として、それを正しく発見してフィードバックさせる仕組みが反映されている集団でなければなりません。

自己正当化しない人や、自分の「嘘」が嫌いな人にとっては作為を巡らす必要が無いので住みやすい世界でありますが、自己正当化が得意な人や、被害者意識が得意な人たちや「嘘」を平気でつける人には住みにくい世界となるのです。

そして、この「色即是空体制」の構築こそ、ガブリエルがいうところの「第三弾の地球プロジェクト」の最初の仕事なのです。

これは重要なので次章で詳しく述べます。

それはつまり「宇宙の構造」を知って作る「統治の論理」であるということです。「宇宙と人間の関係」を正しく知って作る「統治の論理」であるということです。

Ⅵ章

一元論に統合する

■【色即是空体制】を実現する【三層構造】

さて、読者としてはここまでの議論の先にいったいどのような秩序があるのか、そこに何があるのかが気になることでしょう。読者の理解を深めるためにこの辺で未来を少し覗いてみましょう。ただしこれは、幾つかある未来の私が知り得た一つの未来の新秩序の体制の構造です。私は既に前著『未完成だった般若心経』（献文舎）でその構造の概略を示しています。

下部集団・母集団（中層構造）・上部集団の【三層構造】からなります。これを以下、下層構造・中層構造・上層構造と言うこともあります。**【巻頭図11】**

この【三層構造】からなる未来世界を私は念頭に置いています。以下【三層構造】と記述し「ベクトル史観」から議論をします。

簡単に示せば【三層構造】を持つ新秩序は、下層構造・中層構造・上層構造の【三層構造】からなり、先ず中層構造としての母集団には、民主主義を基本理念とした集団が中心にあります。これはどこまでも集団であり、国そのものか、又は国の中の一部の集団と言えます。ここは現在の民主主義社会がほぼ含まれ、純粋民主主義と改良民主主義の二種類の民主主義が混在して分断状態にあります。ここは中間層として当初最も多くの人口を支えることになります。

母集団としての中層構造

この中間層は玉石混淆で「力の論理」が「じねんの論理」に移行し「じねん主義」が形成されるまでの経過の層です。ですからここには分断があっても、上層に結合することで解決されることになります。ここでの基本理念と基本方針としては従来通り、民主主義、法の支配、基本的人権、言論の自由などが挙げられます。

母集団としての中間層は殆ど現状の民主主義の世界と同じような世界であり、殆どすべての人達をこの層に許容できます。

そしてこの中層の下には下層構造が有り、民主化されていない専制独裁体制が分類されていて、極端な「力の論理」に晒されています。ロシア、中国、北朝鮮などがそれに当たります。

ただしここは思考空間が限定されていて、人々は完全に支配されたままです。ここには絶えず中核層からの民主化圧力があり、内部から沸き起こる民主化の活動があり、弾圧されては又復活するという段階で、やがていつの日かは民主化される集団と位置づけられます。これは確かに現在も見かける独裁国家の姿でもあります。

このような今の独裁国家の独裁体制がこのまま許されないことは明らかです。そこで、国の発展段階を考慮した計画に基づいて、民主化に向かうことを条件に新国連に対して計画書を提出し、国家存続が一時的には許されるでしょう。そこでは基本的人権を国境を超えた共通の価値として認め、『人類普遍の価値体系』で評価されることを受け入れなければなりません。非人道的扱いへの批判を決して内政干渉とは言わせないことが、国家存続の条件となるでしょう。

しかし、当該国は当初は受け入れないでしょうから、これは新国連による決議事項となり、記録に残すことになります。しかも新国連の下、後退は許されません。更に進化して新国連が絶対価値体系を確立すれば、強制力が自動的に発動されることになります。

ただし、ここで「じねん主義」の立場からの基本的人権とは何かについてはまだ結論が出ていませんので、十分なる議論が必要です。それは絶対価値体系から導かれる基本的人権でなければなりません。

さて、この母集団としての中層構造では、純粋民主主義は有効な、そして重要な位置を占めています。純粋民主主義は現実にはあり得ないシステムですが、民主化される前の混乱した秩序には単純明快で効果的なシステムです。

それは即ち、純粋民主主義集団の上方には［平等化］の洗礼を受け、そこから抜け出した改良民主主義集団が位置し、下方には未だ［平等化］の洗礼を受けない、或いは体制維持のために［平等化］からの挑戦を拒んでいる専制独裁体制が位置します。

純粋民主主義集団の上方も下方もどちらも［平等化］から外れますが、それを明確に分離する位置に存在します。つまり、［平等化］以前、［平等化］途中、［平等化］以後の中間に位置していて、［平等化］以前と［平等化］以後を正確に分離しています。

上層構造に絶対価値体系を作る

そして［三層構造］の中層構造としての母集団の上にはさらなる上層構造があり、この上層部が［色即是空体制］の最も重要な層として機能します。

ここには最終的に選ばれた文化を持つ複数の集団が、緩い横の関係を保って多層化しています。全体としてはそこは均一ではない、多層構造秩序体系を構築することで普遍性が確保されています。

上層構造は基本的に「理念」の集団であり、フラクタル共鳴を発することを最大の使命とします。基本理念と基本方針は、色即是空、絶対価値、普遍性、ベクトル史観、思考の自由、じねん多層構造秩序、一元論などでしょう。

ここには宇宙の普遍性と共に宇宙の絶対性が投影されています。その事はここでは嘘は厳禁で、嘘は通用しない世界であることを意味しています。そしてわざわざ理屈を付けても付けなくても、正しいものは正しく、正しくないものは正しくないという世界です。

民主主義では声の大きい方が相手にも周囲にも話は通じるのですが、宇宙の秩序では必要なことは正しく表現さえすればよく、声の大小は関係ありません。ですから正当化も屁理屈も必要ないのです。むしろそれは意味を限定してしまい、本来の絶対価値を低めることになるのです。

普遍性の観点から多面化した価値観を受け入れ、そこで「理念」を明確にして「理念」から導かれる「基本方針」までを常に吟味し、発展し続けます。それは固定したモノではなく、常にフラクタル共鳴の中で変化し続けます。

司祭を中心とした上層構造

ここは司祭を中心とした組織であり、徹底的にフラクタル共鳴を求めます。〔色即是空体制〕の中で上層構造は中層構造と円滑に結合しています。つまり、フラクタル構造で結合し、フラクタル共鳴を発するのです。そしてそこから生まれる「じねん主義」によって中層構造を、そして更には下層構造をフラクタル共鳴によって導きます。

中間構造からの代表と下層構造からの代表を常に儀式に参加させることで共にフラクタル共鳴を確認し続けます。具体的には「祈り」を祈り続けます。日本の国体の例からしても司祭は物言わず徹底して「祈り」に徹することが、恒久平和に大きな力を発揮するのです。

エジプトやユダヤの歴史を見れば、司祭が権力を持つと争いが絶えなくなりますから、司祭は司祭の役割に徹して統治の実務に係わる実行権力は持たない方が良いと思います。

ただし、国の運命を決するような重要事項についての再審権については持つべきと思います。

一般には、司祭は世襲で引き継がれる場合が多いものですが、今後は理念を共有した霊統を重要視して、血統ではなく霊統を世界中からフラクタル共鳴によって探し出し、多くの司祭を教育システムによって育て上げ、司祭の組織体を作るのが良いと思います。ここでの教育システムでは『人類普遍の世界観』を学び、そして徹底した自明行によって教育され、覚醒した人を沢山輩出し、資格を持った司祭が世界中に配置されることになります。

司祭としての教育を受けた者が司祭の資格を取って、その後に統治の実務に回ることはフラクタル共鳴を拡大することに大いに貢献すると思います。


司祭を行う司祭庁は、世界中に普遍性を回復させる役目を担います。これは司祭が直接何かを実行するのではなく「人類愛の祈り」により宇宙連盟の働きの場を地上に作ることで、普遍性が満ちた地球世界を実現するのです。

過去の人智による「人造の神」もこの下に入ることで、それぞれの役割を与えられ「人類愛の祈り」を祈る場にその働きの場を確保できるのです。

上層構造は物理的力を発揮することはなく、常にフラクタル共鳴を周囲に与え続け、そして中層構造に下層構造に進化のための適切な情報発信を続け、三層化した地球全体を支え続けます。

さらに上層構造には既に機能不全となった国連の次の世代となる宇宙連盟の地球支部を置きます。勿論これは宇宙連盟の許可があればの話ですが、許可が下りるまでは地球支部の前身を置き、国際秩序を議論し、地球の平和に寄与します。

それからここには研究機関があって、核兵器を遠隔で作動不能にするシステムを秘密裏に開発します。宇宙人からの援助があれば、それは実現可能です。これにより独裁者の持つ核兵器を無効化し、人類は核の恐怖から解放されます。

上層構造は常に宇宙と一体で、次元を越えて未来に繋がっていて、現在をフラクタル共鳴の中から人々を導き、統治をしているという前提で存在します。

つまり、上層構造は宇宙意識に直結した場所ということになります。

全体が［色即是空体制］であることから、原理上、上層構造の基本は宇宙意識に向かう「登る道」であり、目に見える構造であります。そして、この背後には目には見えない「降りる道」が存在していることになります。

司祭は「登る道」に居て「祈り」によってフラクタル共鳴体となり宇宙意識に通じますが、宇宙意識に通じたところからしばしば「降りる道」となり、人々を導きます。これはごく限られた時と場合に限ります。

さて『実在』としての『色』『受想行識』と「非実在」の「色」「受想行識」はフラクタル結合していると先に述べました。

それとまったく同じ意味で、上層構造と母集団とはフラクタル結合することで母集団は円滑に動くのです。神智と人智とがフラクタル結合することで母集団は円滑に動くのです。更に下層構造と母集団（中層構造）においても、フラクタル結合部分を構築することが体制安定のために必要です。

これが［色即是空体制］であり、新秩序はフラクタル結合体なのです。

［色即是空体制］は宇宙の秩序を表現した秩序です。

［色即是空体制］の最上層部は司祭のみを行い、常にフラクタル共鳴を確認し続けることが最大の使命と自覚し、常に司祭を執り行います。

［色即是空体制］は宇宙連盟を宇宙意識の表現体として位置づけ、宇宙連盟への加盟を申請し、結果が出るまで自らを宇宙連盟の下に位置づけます。

［色即是空体制］は「じねん主義」による最上層構造を有していて、中層構造以下の複数の相対価値体系を統括する絶対価値体系を有していることが特徴です。

［色即是空体制］の下における［じねん主義］が絶対価値体系であるということの意味は、同じ絶対価値体系である自明法（自明行の実践体系法）の強いフィードバックに耐えるということを意味します。

宇宙システムからの自明法の強い制御の力が働いても、十分に耐えて強い修正力によってシステムが維持できることを意味します。

私は人類の未来は絶対価値体系を構築して、この強いフィードバックに頼る以外にないと思っています。ガブリエルもそれがなければ人類を救い上げることは出来ないと言っています。

さらに、絶対価値体系を外から守るために、第二のプーチンを出さないために、上層構造は中層構造と下層構造に対して抑止のための緊急時の絶対権力を持ちます。

そして、改良民主主義も純粋民主主義も、それ単独では相対価値体系です。しかし、その相対価値体系が［色即是空体制］に統合されれば絶対価値体系の部分価値として生まれ変わることが出来るのです。「じねん主義」は改良民主主義と相性が良く、連続的に結合できます。

下層構造であっても、それが専制独裁体制であっても、最上層部の絶対価値体系の下に自らを位置づけることが出来れば存在は肯定されます。

現状から［色即是空体制］へ移行するにはそのスタートにおいて、大きな変更は必要無く、現状から無理なく移行できるのが［色即是空体制］の優れた特徴です。この大変革において革命は必要ないということです。

極端に言えば、何も一切変わりたくない人は今のままで良いのです。しかし、次第に変更を加えていかなければ時代についていけなくなりますから、多くの人達がフラクタル共鳴を学び、改良民主主義まで到達すれば、人類としての進化が始まり、そこからは「じねん主義」に至り、その後は一気に上層構造に結合できます。

先ず「色」が『色』にフラクタル結合するには、フラクタル共鳴を発する「人類愛の祈り」と自明行によって為されるのでした。

それと同じことが改良民主主義と上層構造とのフラクタル結合による統合が為されます。それは「色」と『色』との関係と相似形に、即ちフラクタルに為され、［色即是空体制］が動き出すのです。

これを人類に示す事こそが、ガブリエルが三人目の使徒の私に対して与えた天命であり、最終的に目指している究極の統合であり、一元論的統合なのです。

残りのページを使ってそこまで議論を進めましょう。

さて、私はユダヤ戦略から完全に離れてここに［色即是空体制］を議論していますが、結果としてユダヤ人にとっての本当の、そして最終の「約束の地」は「パレスチナ」ではなく、この日本であることが次第に浮き上がってきたのです。

つまり、世界に散ったユダヤ人の集合場所はこの日本であり、既に［色即是空体制］のひな形が既に日本に存在していて、これは実は日本の伝統の文化から成るシュメール以来の理想を体現した体制であるということです。

もちろん今後改良しなければならない点は多々あります。それを私達が構築するのであり、そこは『人類普遍の世界観』が反映されつつある「じねん主義」が優先的に作用する世界なのです。

［三層構造］の中に世界の勢力は位置づけられる

ここまでの議論をこの［三層構造］に当てはめてみると、専制独裁体制は下層構造として自らの存続を許りますが、やがて開放され、民主化され、自由と平等を学び母集団に合流します。

現状で言うならば、ロシア・中国・北朝鮮は下層構造に所属して、その中で民主化を待つ事になります。しかし、自分が民主化を求めなければこれらの国々の中だけでの関係で活動し、母集団（中層構造）とは一線を画しておくことになります。

そして、いわゆる民主主義勢力は中層の母集団（中層構造）となり、そこに基盤を置いて母集団の上下の構造にも係わり続けます。

民主主義は人類の壮大な実験でした。宇宙連盟も期待して見守りつつ、それは特にアメリカで発展しました。これは宇宙連盟からアメリカの貢献として、高く評価されています。

しかし今、母集団において民主主義が二つの民主主義に分断したことから、今ここに次の段階へ至る道が用意されたことになります。

そこで最も人口の多い母集団は、アメリカの貢献の場として、今後も継続していくことが期待されます。

そして私達は上層構造にあって「じねん主義」を中心とした文化を構築することになります。

一方で、世界支配を最終目的とするユダヤ左派勢力は、純粋民主主義から国際共産主義へとその最終形を決めないまま一気に進めようとしています。

今や階級闘争の古い手法は通じないでしょうし、ロシア革命と同じことは起こり得ません。

しかし、今がその目的の途中経過であることは明らかです。

国際金融資本が理想とする国際共産主義を達成するには、具体的には［平等化］によって危険な民族主義を破壊し、秩序の縦構造を破壊して平面化していきます。

その事自身には良い面と悪い面があるので、或いは国際金融資本と国際共産主義を必ずしも一体とは言い切れないので、同列においたり、善悪二元論的な評価はここでは避けます。

しかし、知っておくべきは「平等化」の後には、公正で平等な社会を作ろう」と言うのかと思いきや「最終的には徹底した多層構造秩序、多層構造社会を作ろう」と言っているのです。つまりそれが未だ誰も見たことのない国際共産主義と呼ばれるモノです。

結局のところ彼らは歴史的に十分に体験していて、今の「平等化」の延長では中国やロシアのような病的で危険なヒエラルキーを作るだけで、決して良い結果を生まないという事実に気付いているはずです。

彼らの本音としては既存の価値の「平等化」は手段であって、その後の価値の多層化した社会構造こそがまだ見ぬ真の目的なのです。

価値の多層化のために、一旦価値を平面化する必要があると考えているのです。そして破壊の後の新秩序を再生しようと考えているのです。

実は、多層構造秩序という点では求める方向は私達と同じであり、彼らのゴールは彼ら自身でまだ見えていません。

そして彼らは、最終的に私が示した「色即是空体制」の「三層構造」の新秩序が登場することを潜在的に知っているはずです。

ですから、ここまで知ってしまうと、大いなる意思の下で集合無意識の中で互いに協調して動いていることが分かるのです。

「ユダヤ勢力と私達どちらが正しいか」というのでは既になく、互いに協調しながら、それぞれ自分の立場を貫くことになります。互いの立場を両立させながら進むことになります。ユダヤ左派勢力以外のユダヤ勢力となら、私達と話し合えるようにも思います。

私達の方がゴールが見えていて、彼らはまだ見えていないと言えます。

彼らが進める【平等化】の過程で、地球上の多くの文化は失われるでしょう。もちろん彼らは他者の文化を破壊しても、自分達の文化や価値は徹底して守ります。

世界の中には破壊した方が人類のためになる文化や、袋小路に入って行き場を失った文化など、破壊すべき価値体系も幾つか存在します。

ですから、進化出来ずに歪んでしまった文化や危険な価値体系の破壊作用として、彼らは十分に役に立っていると言えます。しかしそこに私達は一切係わりません。

彼らはまだ私達を発見していませんから、これから暫く私達も彼らに攻撃され続けます。

この［三層構造］で考えれば、これらの勢力は決して悪いことをしているとは言えないことが分かります。部分的に見れば悪に見える部分もありますが、そこに私達が私達の「理念」を持って主体的に係われば、それは悪ではなく善になります。

それを知った上で私達は自らの文化を守るべく、ユダヤ左派勢力の文化破壊の勢力と戦えば良いのです。戦うと言っても武器で戦うのではありません。

これは正に民族文化の力で、思考空間で戦うのであり、それが自らの文化を自ら守ることに他なりません。民族文化を揺さぶる勢力に対して、思考空間で勝利すれば良いのです。それが守ることです。もし守れなければ、それだけの価値しかなかったということでしょう。

思考空間で戦うとは、思考空間を宇宙意識に共鳴させ、つまりフラクタル共鳴の中で普遍的な価値体系を構築し、その中で自己の思考を確立することです。

「力の論理」で自己正当化するのではなく「じねん主義」の中で自己肯定することです。フラクタル共鳴の中で宇宙の中に肯定できない価値体系は崩れ去ります。それは自己正当化しようとする自分との戦いなのです。

当然私も、私達も常々［平等化］による歴史否定、秩序解体、文化平均化の挑戦を受けています。秩序解体は民族の歴史の解体でもあります。

例えば、日本の古代史や神武天皇以来の二千六百年の歴史は戦後否定され続けてきました。外から否定されている内はまだまだ秩序を保てますが、もし内側から否定されてしまうと内部に対立が生じ、中々保ち続けられません。民族の歴史を自らに問い続けることで打ち勝つのです。

これは新秩序を生み出すための産みの苦しみであり、避けられない試練であり、この戦いには思考空間で勝利しなければなりません。

［色即是空体制］の具体的な姿に対しては、拙著『未完成だった般若心経』で多少触れましたが、詳細は今後の著作に譲ります。

ところで［三層構造］が完成するまでには時間が掛かりますから、その完成を待つことなく、先ず国連に変わる国際秩序を急ぎ作らなければなりません。そのための主導は場所も含めて日本が良いと思います。二度とプーチンのような横暴を許さない為の安全保障の枠組みのための国際秩序です。

［色即是空体制］への移行

［色即是空体制］とは、『人類普遍の世界観』から導かれる正しい人間理解の下に、民主主義から発展させた個と全体を調和させた未来の行動原理をそのように呼ぶことにします。私は徹底してこの立

場です。

つまり、未来には徹底した人類愛に基づいた、『人類普遍の世界観』に基づいた「個と全体の進歩と調和」を「理念」として掲げることになります。

決して被害者意識による統合ではなく、独善による統合ではなく、人類愛に基づいた「理念」を育て、その「理念」の下に統合するのです。

もし「理念」が確立しないまま前者の純粋民主主義を放置すれば、その究極では秩序が崩壊し、崩壊までしなくても極めて不安定になり、革命が起きてバラバラになり、そこには一瞬だけ皆が平等な平面構造の秩序ができあがります。

そしてそこからまた独裁者が現れ、一気に共産主義化され、またまた悪質で危険なヒエラルキーが作られて戦いとなり、殺し合いとなり、結果として人口が減少し、地球の人口調節を強引に成し遂げてしまうでしょう。人智ではいくらやってもそうなります。

純粋民主主義は元々はユダヤ戦略から生まれた理論であり、現行の秩序を破壊することに目的があり、平等な国際主義の浸透を通じて幻の国際共産主義に直結するのでした。

しかし、民主主義は意外にも、人々に自由な効果を生み出しました。これは大切にしたいと思います。

つまり、現実を見れば確かに左翼や共産主義者は民主主義社会の中で活動するときには、必ず純粋民主主義の立場を取ります。

民主主義と共産主義は正反対の思想のように見せていて、実は根を同じにしていて、彼らにとっては民主主義社会の中で徹底して純粋民主主義の立場を取ることは、結果として国際金融資本の立場を擁護し、究極の資本主義としての国際共産主義に近づく道なのです。

これをユダヤ戦略としてみると、世界は或る一つの方向に次第に収斂《しゅうれん》していくように見えてきます。マサダ以降のユダヤ人は純粋民主主義を生み出し、今世界の［平等化］を推し進めています。新秩序を生み出すためには過去の文化の破壊と新しい文化の創造が必要であり、過去の文化の破壊の勢力として、純粋民主主義という価値の［平等化］が、差別反対のスローガンの下で肯定され、加速されていきます。

純粋民主主義によって専制独裁体制を解体させ、革命後の国家の民主化には大きな働きをする価値体系であり、大いに役に立つ価値体系と思います。

この［平等化］という文化平均化の力によって、既存の文化を根底から揺さぶるのが純粋民主主義であり、これは新秩序に至る経過としては宇宙的に肯定されます。私は決してこれに与《くみ》しないけれど、人類の進化の過程として、全体の流れとしては、これはこれで一つの働きを持っていると思います。

ここには自由を生み出すとても良い効果と、価値を平面化して秩序を破壊する効果と、両方の効果がせめぎ合っています。

この状態は、未来に向かう経過の「断面」を見ているのであり、決して白黒を判定することではなく、断定することでもなく、この場面で出来る事は、多面性のある断面の一つ一つに誠実に対応する以外にないのだと思います。フラクタル共鳴に至ろうとする祈りの中で対応するのです。

そこで私達が求めるのは、改良民主主義の立場から価値の平面化を拒否し、多層構造を保てるように個と全体を調和させた［色即是空体制］へ移行することです。

それは統治に関するような、私達の重要な「判断」を人智を超えた宇宙意識に一度お返しして、そこから改めて戴き直すというプロセスを導入し、そのプロセスを通してから現実の行動に移行することを意味します。

例えば、私達の慣れ親しんだ議院内閣制を議論の戦いの場だけにするのではなく祈りの場とし、議論の戦いの前に、そして議論の戦いの後にもフラクタル共鳴に至るまで祈り続けることで、求める「統治の論理」が出来あがるのです。

もちろん簡単ではありませんが、何十年も継続することでフラクタル共鳴に至る、より具体的な方法論も確立していくと思います。

宇宙意識とは人間の根源の意識なのですから、それ以外の選択肢はあり得ないのです。

そして【色即是空体制】を生み出すのが『人類普遍の世界観』であり、そこから導かれるフラクタル共鳴であり、そこから生まれる『人類普遍の行動原理』なのです。

今、世の中はロシアのウクライナ侵略と、中国共産主義の武力による現状変更に対する強い警戒感がありますが、私達はそのことで共産主義の一面を直接見ることが出来て、それを反面教師とすることができる適切な環境にいると思います。

もし中国共産党が存在しなければ、共産主義とはまるで絵空事で、国際共産主義と言っても、そんなことは戯言として誰も真剣に対応しようとは考えなかったと思うのです。又、形は民主主義であっても「言論の自由」が失われ、実質民主主義が行なわれなければ、危険な独裁者が生まれてくることも実証されてしまいました。

もちろん、ユダヤ左派勢力としてはロシアの体制は勿論、中国共産党は自分たちの目指す共産主義とは全く違うと言うでしょうが、私から見れば人智である限りそれらは皆実質同じ所に到達するのです。人智の限界を知り、フラクタル共鳴という神智を知らなければならないのです。

今こそロシアの実態と、中国の実態をつぶさに観察して、それに真剣に備えるべきです。

その為にはこの時だからこそ、自由主義という我々民主主義国が慣れ親しんだ価値観に対して、もう一度その限界を確認し、純粋民主主義と改良民主主義とを明確に区別する必要があるのです。

共産主義が「全体」に偏ることが間違いであるように、一方で自由主義が「個」に偏ることもまた真理に反するのです。人類は今こそ、ここに問題意識を持たなければなりません。

今、自由主義陣営に問われているのは正にそこなのです。これをしなければ民主主義は崩壊します。全体の問題を解決するためには、今の民主主義では不可能です。

民主主義を私が言うところの［じねん主義］に進化させ、［色即是空体制］に改良できるかどうかが鍵であり、それが今人類に突きつけられている人類の課題なのです。

つまりグレイが警告し、ガブリエルが解説してくれていることは、いくつかの「人類の危機」に対して私達が如何に対応すべきかに関してです。

先ず最も基本的な「人類の危機」とは地球の人口爆発であり、これに対して今の民主主義の社会はこれを無視して、このまま何もせずに社会を継続しようとしています。

確かに生物としての人間が集団無意識により、人口が限界まで達すると何らかの作用が働き、自動的に人口抑制が為されると考える人達もいます。

現実に、日本やフランス等「文明が発達すると人口増は頭を打ち、やがて減少に転じ、農業生産の形態から、アフリカだけが人口増を必要としていて、地球の人口の半分はアフリカ人になるとのこと。だからと言ってこれを法則として採用し、人口爆発はやがて頭打ちになるから、この法則に任せておけばよい、とするのは余りに無責任な態度であります。

この説によれば最終的に地球の人口は百億人で止まるとのこと。そうなれば良いですが、これは証明された法則ではないし、これに頼って安心するのは大変危険であり、通常ならこの問題に関してもっと研究を続けて、この説が外れた場合も想定して対策を用意すべきです。この問題を表立って議論できないところが、民主主義の「ひとりの命は地球より重い」とする大いなる矛盾点だと思います。

これが、共産主義国家であれば、言論を統制し、軍隊を動員し、歴史をねじ曲げ敵を作って大義名分を掲げて、民衆には真実を伝えないまま敵対した集団から順次殺戮《さつりく》していき、どんな手段を使ってでも人口調整をやってしまうことが出来ます。

私達は中国のコロナ対策で、専制独裁体制の一端を垣間見ました。完全な管理社会となればあのようなやり方で何でも出来てしまうのです。民衆もうまくコントロールされていて、反論は表に出ることはないように見えます。

このまま放置しておけば、全世界がその様な社会に成ってしまいます。既にその様な動きがかなりの勢いで進んでいます。

実はその様な共産主義的な動きは共産主義として進行しているのではなく、民主主義の名の下に進行しているのです。民主主義は共産主義と正反対の位置にあるように考えるのが常識ですが、実は共産主義国家を作ろうとする人々にとっては純粋民主主義は自らの目的達成のための便利な手段となるのです。その点に早く気付いてほしいと思います。

既に話しているように、純粋民主主義とは元々はユダヤ民族の生き残り戦略であり、世界支配の論理として生まれてきたのです。

ですから、そうと知らずに我々が純粋民主主義の立場を取ることになると、自らの意に反して結果的に共産主義に加担してしまっているという、実に皮肉な結果となってしまうのです。

恐ろしい話ですが、そのような人智による共産主義の体制では、徹底的に個人を管理し、人間の支配欲を丸出しのヒエラルキーを作る一党独裁となります。

このように一部の勢力が世界を支配する構造を真に望んでいるのは、マサダ以降のユダヤ左派勢力の一部と中国共産党の幹部だけです。

結局のところ、共産主義に限らず、神ならぬ身で、人智だけで危険なヒエラルキーを作るという失敗を、人類はこれまで何度も繰り返してきたのです。

旧秩序破壊の後に新秩序が構築される

マサダ以降のユダヤ人の或るグループは、長期の戦略を練って世界支配をもくろんできました。それは見事な人智戦略です。

今まで多くの人々はそうとは知らず、民主主義陣営の一国としてこの自由を追求してきました。

彼らが生み出した純粋民主主義による秩序破壊の理論をもう少し具体的に書いてみましょう。

考えてみれば、自由と平等は相反する概念であることに気付きます。自由を追求すれば当然平等は保てないし、平等を追求すれば自由が犠牲になることは近代史を見るまでもなく明らかです。

そこで、その両者を使い分けることで、既成の秩序の破壊ができるという革命のための行動原理が純粋民主主義の正体です。

より具体的に示せば、民主主義は自由と平等が原則ですから、自分たちが既存権力に対して平等を主張すれば、既存の権力の秩序と対等な立場にまで到達できます。次にそこで個の自由を主張すれば競争関係に持ち込めますから、そこで十分な力を蓄えていけば合法的に弱肉強食に持ち込んで、相手を倒すことさえ出来るのです。

そして自由は人々をわがままにさせ、自己の利害のみで既存の秩序に刃向かいます。それこそ誰かの思う壺です。ですから国家秩序が破綻する寸前にまで達したところで、人々はやっと共産主義勢力の戦略に気付くことになります。

ガブリエルは個を犠牲にした全体の利益追求に偏った共産主義を危険なものとしてそれを否定し、民主主義をさらに発展させて宇宙時代にふさわしい新しい秩序を地球上に構築することを薦めているのです。

ここまでは統治体制の面からのみ話しましたが、最も危険であって避けなければならないのは私達の思考環境が極端に制限されることです。

制度として「言論の自由」が掲げられていたとしても、思考環境が整っていないと自由な思考は実現出来ません。

自由が人類最高の価値と思っている人が多く居ますが、私から見ると「その程度のモノで満足なのですか?」と問いたいところです。

私は「自由よりも、もっと素晴らしいモノが有るのだ」と言いたいのです。日本には元々自由という概念も文字もありませんでした。そして「じねん」が有ったのです。これは文化として誇りに思うべきことです。

明治になって外国から突然「自由」の概念が入ってきました。しかも困ったことに日本に於いてFREEDOMとLIBERTYをどちらも「自由」と翻訳したために、自由の概念が極めて曖昧になってしまいました。

簡単に説明すれば、前者は宇宙の秩序を意識した「自由」であり、後者は個の行動における社会的障壁を突破する「自由」を意味していて、むしろ秩序を無視した概念です。この両者の概念はかなり異なり、そこに対立さえ存在しています。

ですから「自由」を議論するときはこの辺を明確にしてから議論しないと、実に曖昧なボケた議論になってしまいます。

さらに「自由」を議論するときにはFREEDOMとLIBERTYの違いだけではなく、行動の自由なのか「思考の自由」なのか、ここも分類して議論しなければなりません。


「思考の自由」は本当の意味で自由です。「じねん」に近い概念です。

ここに制限はありません。制限はありませんが、殆どの場合自ら制限を掛けてしまっています。

制限された思考空間で「自由」と言っても、それは「自由」に値しません。自己規制した、或いは外から規制された制限内の狭い範囲でしか思考は展開しないからです。これでは自由の意味がありません。それは自由と口では言いながら、実は不自由という状態なのです。

組合せれば「思考の自由」（FREEDOM）とは、それを制限する思考の障壁を解放すること（LIBERTY）でその「思考の自由」の条件が満たされます。


一方行動の自由はその行動の障壁となる壁を破壊し、解放し続ければ確かに行動の自由は得られそうです。しかし、現実問題としては常に障壁が有り、その障壁を破壊することは他の人の「自由」を破壊することになります。

ですから、形の世界では常に限界があり、自由の範囲を広げようとすれば必ず他者の自由と対立します。

行動の「自由」とは、複数の人が同時にそれを満たそうとしますから、当然「自由」と「自由」が衝突します。それは戦いを意味します。強いモノが勝つまで常に奪い合いとなります。いつも武器で戦うのではないと思いますが、行動の「自由」を追求すれば、それは最終的に「戦い」を意味するのです。それが本当に人類の理想なのでしょうか？

「宇宙はもっと合理的に出来ているのだ」と私は言いたいのです。

現実はこの世界がそのようになっていませんが、理想は高いところに置いて「じねん主義」の世界を目標にすべきです。

最終的には世界は「じねん主義」が隅々まで浸透した理想の世界があることを確信して、その上で現実の「力の論理」の世界を生きる方法を見いださなければなりません。

私が言い続けている「じねん主義」の「じねん」とは、自分にとって必要な運命が与えられる世界ですから、それは日頃の努力の結果として得られるものであり、何もせずに得られるものではありません。

現実の世界は「力の論理」で動いていますから「じねん主義」とは「力の論理」の世界でも通用するものでなければなりません。

しかし現実対応として、ロシアによるウクライナ侵略という悲劇的な国際情勢を見ていても、各自が「自由」を求めてひしめき合う「力の論理」が支配的な世界においては、力のバランスが崩れたときに戦いが仕掛けられます。

戦いは避けたいですが、仕掛けられれば戦う覚悟は必要だと思います。

もし本当に戦いを挑まれてしまえば、実際に戦う以外にありません。これがもし地球の大部分が未開の地として残っている時代なら、この地を捨て他の地域に移り住むことも選択肢の一つだと思います。しかし現代は逃げ込むべき土地は既に無く、それが出来ません。

ですから、戦うだけの準備はしておかなければなりません。侵略者に対して丸腰で向かい合うことは出来ません。バランスのために相手と同等か、それ以上の力を持たなければなりません。

自分は戦うのはいやだから、自分は死んでも良いと思えたとしても、国家や民族や家族を犠牲には出来ないのです。平和平和と言っていることが却って平和に反することがあるのです。

責任上戦わなければならないことは有るのです。例えば、あのウクライナにとって戦わない選択肢はなかったと言えます。

その時は「力の論理」と見える戦いを「じねん主義」の世界に組み込んでしまうのです。「力の論理」を個々の部品として、全体として「じねん主義」のシステムを作り上げるのです。

つまりそのことは「じねん主義」優先の進化した世界に成るまでは、周囲に合わせて「力の論理」

に似せた「じねんの論理」をも駆使し「じねん主義」の立場で生きなければならないことを意味します。

そのためにも徹底したフラクタル共鳴に徹しなければなりません。たとえどんなに努力しても「理念」が世界観に矛盾していればフラクタル共鳴に成ることはありません。

実際問題として、世の中の複雑な出来事は歴史的な蓄積があり、又表には現れていない事情を抱えています。このような複雑な問題に対処するには一旦自分の善悪の判断を捨てて、全てを「理念」の中に投げ入れて、フラクタル共鳴の中から事態を戴き直すというプロセスが必要になります。

「理念」とは「祈り」でもあります。言葉を超えた「祈り」のフラクタル共鳴が『人類普遍の世界観』の中から結果を生み出します。

フラクタル共鳴の中からの「じねん主義」であれば、形が「力の論理」になっていても「じねんの論理」に沿った運命が現れます。それは個人の問題から国際問題まで全てに共通して言える原理です。

フラクタル共鳴によって宇宙に共鳴することで、自分が真に望むことを宇宙という全体から個の自分に運命として与えられるのです。

つまり「じねん主義」とは「望むこと」と「与えられること」が一致する生き方なのです。言い換えれば「自ずから」と「自ら」が一致する生き方なのです。宇宙が与える運命と自分が求める運命とが見事に一致する生き方なのです。

そこには対立は無く、戦いは発生しません。つまり人類にとって真に求めるべきは「自由」より「じねん」なのです。

世界の恒久平和を築くためには、この「じねん主義」を世界的に確立しなければなりません。その為には先ず、自分自身の思考空間を整えなければなりません。

ここで思考空間だけは、それこそが「自由」なのです。徹底して「自由」を追求して良いのです。思考空間に「自由」を住まわせることで「じねん」を体得するのです。

しかし、そのためには自らの思考空間の中に有る様々な障害を排除し、最大限に可能性を宇宙に広げなければなりません。

その条件が満たされるとき「じねん主義」は完全に発揮されます。

しかし、もし思考空間に不自由が有れば思考の障壁が発生しますから、狭い思考にとらわれてしまいます。常日頃から思考を宇宙に広げるように、つまりフラクタル共鳴に至る修行を継続しなければなりません。

そして当然のことながら、フラクタル共鳴に至った人の意見はそうでない人の意見より重いのです。

さらに、フラクタル共鳴の中では個人間でも平等の原則は崩れていて、それぞれの天命が最優先されように不平等化されるのです。

フラクタル共鳴に至る人が多くなることで、周囲の思考環境が「じねん主義」に移行していきます。その様な価値観が普及した世界が、人類の目指す世界です。そこで初めて世界の恒久平和が実現します。

「じねん主義」が優先される多層構造秩序

完全な「じねん主義」が未だ実現されていなくても、先ずは「じねん主義」が優先的に作用するような世界を求めるのが現実的と思います。

前章で猛獣の例で示したように「力の論理」優先の世界では相手の土俵で相手のルールで相手に勝って見せなければ、相手はいつまでもこちらの隙を突いてきます。「力の論理」の支配する世界とはこういうモノです。ロシア、中国、北朝鮮、韓国及び精神文化の未発達の地域をみればそれは一目瞭然です。

こちらだけ神の如く振る舞っても、相手はそれをこちらの弱さとみるだけです。相手のルールから見ても、こちらが負けてはならないのです。

ですから潜在的に、人類は多層構造社会を必要としていると言えるのです。

多層化することで、同じ層内では直接的に触れ合わないように距離を置いて関係を保って行こうとするのは必然と言えるのです。

猛獣と人間との関係はそれの極端な形です。


そこで「じねん主義」を求めるグループは「力の論理」を求める国や民族に対して次のように対応しなければなりません。

先ず、世界中の沢山の民族文化を詳細に調査し、それぞれの「じねん主義」の発達の程度により「力の論理」の信奉度合いを評価し、その評価リストに応じて共同で対策を練り、対応するのです。

「力の論理」を信奉する国でありながら軍事力がある国に対しては、慎重に長期戦略を練る必要があります。


ここで「じねん主義」を求めるグループとは、その通りに出来なくてもそれを理想とするグループという意味で良いと思います。

その国の最近の行動様式から判断して「力の論理」への信奉と「じねん主義」への信奉との比率から多層的な評価関数を作り、それを基にして国家間の関係を構築すべきです。

互いに「じねん主義」への過程にある国家と国家、つまり「じねん主義国家」の間では、互いの努力を認め合い、互いに多層構造文化を作り上げていくことが未来の「統治」形態へと進化していきます。

そして「じねん主義」を認めない「力の論理国家」とは、それは動物性が強い国家ということを意味します。このような未進化の国や民族は、それらは同種の「力の論理」による行動様式によって互いに潰し合いになることを「じねん主義国家」としてはそのまま放置する以外にないでしょう。その崩壊の過程で「じねん主義」の存在を伝えていくのが良いと思います。

三層間の交流と安全保障

より深く現実世界に係わり、最終の「じねん主義」に至る過程として大きく三層化したことにより、同一層における経済活動、文化活動などの交流と、隣接する層におけるそれらの交流と、更には層を跨ぐ場合の交流には、ある程度の距離感と制限があるべきと考えます。

さらに「じねん主義国家」は「力の論理国家」からの日々の挑戦に対して堂々と「力の論理」のルールでもって十分に対処する「力」を備えなければなりません。そして、力で抑えなければならない場面も多々有ります。

［色即是空体制］において、母体となる中層構造の民主主義体制の改良すべき点として幾つか挙げ

ておきます。

母体となる中層の民主主義体制においては従来通りの統治が為されていきますが、そもそも民主主義は絶対価値体系ではないので、そこには必ず矛盾が発生します。例えば次のような場合が想定されます。

それは民主主義の手順通りに議事を済ませたとしても、議事に参加した人達が自分の利益になることだけを考えていたとすれば、或いは背後で買収や脅しがあれば、それは表に出ないので、合法的に体制が侵略され、独裁政権に取って代わられることが想定されます。

［色即是空体制］はそれを是認しません。

［色即是空体制］は例え独裁政権であっても、一歩でも進化を継続できればその存在は許されます。民主化はゆっくりの進化で良いが、退化は認めないのです。

「悪貨が良貨を駆逐する」ことは絶対に避けなければなりません。たとえ民主主義の手続き論としては合法であっても、退化を拒否するシステムが必要になります。「じねん主義」で判断して、この危機状態を強制力でもって是正しなければなりません。

それは、緊急事態として上層の「じねん主義」からの「じねん」の係わりに関して、前もって合意を交わしておく必要があります。

この例としては、ウクライナに突然侵略したロシアに対して、世界が一丸となって対処し、ウクライナを支えるような場合です。ロシアとしてはこれを合法と言い切るだけの屁理屈は持っているのです。嘘も積み重なれば力を持つのです。悪貨が良貨を駆逐してはならないのです。

安全保証面での改善点として近未来に期待したいことがあります。

現状のように核兵器が拡散している段階では非核化は不可能で、不安定が続きますが、核兵器を無力化する技術が上層構造の中で「じねん主義」によって開発されれば世界は一気に安定します。これはもう宇宙人の技術に頼る以外にないでしょう。決して不可能では無いと思います。絶対価値体系の下でなら、宇宙人は力を貸してくれるのです。

ここから重要な真実が導かれます。我々は絶対価値体系である「自明行」を徹底して実践して、目先の損得を無視して生きることで宇宙のフィードバック機構からの「運命の力」に加えて、その「具体的な力」としての宇宙連盟からの力も与えられることになります。これによってこの人類の危機を超えることができるのです。

そのためにも、三人目の使徒の私は、早く『人類普遍の価値体系』を確立し、世界に広げなければならないと気持ちを引き締めています。

ロシアのウクライナ侵略も、人類崩壊に至る前に何とかしなければなりません。これだけの理不尽な場面を見せられても批判しない国もあることに驚かされます。

世界から非難されたロシアは、今後衰退して中国の子分に成り果てるとの多くの人達の予想です。それに付け加えれば、その先でロシアと中国の対立が生まれ、そこで中国とロシアが戦い、互いに疲弊するというシナリオがあります。

もう一つの私の期待と予想は、プーチン後のロシアが一気に民主化して、西側陣営に入ることがあり得ると思います。ウクライナ侵略によってロシア内部にはその素地が構築されたと思われます。

一方の弱肉強食の「猛獣の論理」を振り回す中国は、あたかも重武装して強くなりすぎた暴力団に警察も手を出せないという状況に似ていますが、こうなってしまうと今暫くは手がつけられず、内部事情によっての崩壊を期待する以外に無いと思います。

そして、それさえ期待できない状況に至った場合には、宇宙人の介入を期待しますが、そのためには私たちがそれを強く望まなければなりません。しかし、宇宙連盟の規則上、宇宙人として地球の一部の勢力に味方するのはかなりハードルが高いことなのです。そのハードルを下げるためには先ず、私たちが強く絶対価値体系を未来に掲げる勢力となる必要があります。その勢力が地球の一勢力と見なされるまでになり、可能な限り絶対価値体系に近づくように行動し、自明行に相当する絶対価値体系に近い価値観で評価し、批判し、自らをも制御することが必要です。絶対価値体系は宇宙の普遍的価値体系ですから、それに答える形でなら正面から宇宙人が介入することは可能なのです。

経済構造の改良とフィードバック

今後発展するバーチャル世界を無視はできません。そこで現実世界とバーチャル世界とを一体化した中でのフィードバック世界を構築するべきです。

その中で経済は経済だけで成り立っていることはなく、経済以外の分野と密に関係していることは誰もが理解できることです。近未来にはデジタル通貨を含む未来のバーチャル経済を述べて、その上でさらに現行の経済構造の改良点に触れておきます。

現行の経済構造をシステム論として見た場合、極めて不安定で抑制的制御（Negative Feedback）が極めて弱いと言えます。一部には促進的制御（Positive Feedback）となっている部分もあり、これが不安定の要因となっています。つまりデフレがデフレを生み、インフレがインフレを生むというのは、システムとして不安定であると言えるのです。

改良点としては、抑制的制御（Negative Feedback）が正しく作動するような仕組みを考える必要があり、簡単には、システムをフィードバックシステムにすることが望まれます。経済の自由競争というのはフィードバックが全く無い状態を言います。どちらの方向に行くか分からない状態であり、それはそれで発展期の一時期には必要なことです。しかし、発展が落ち着き、方向性が見えてきたところから、フィードバックシステムに組み入れていくことが必要になります。これは経済に限らず、いかなる分野にも言えることです。

また、デジタル通貨が現実的になってきた現状から、通貨システムも新時代に合わせて開発する必要があると思います。そもそも「貨幣とは何か」とは極めて難解な問いですが、多くの人々で仮の共通の価値観を共有し、それによって他の多くの人々との関係を経済的に結合しているものと言えるでしょう。貨幣は未来においても暫くは必要なものであり、そこでも貨幣は仮の価値です。正しくは貨幣は決して価値を正しく表現していません。それでもデジタル通貨はバーチャル世界で今後発展するでしょう。

そこで我々の生活の基本はこの現実世界にあることを忘れてはいけません。バーチャル貨幣は現実世界にとって利益になるように、具体的にはバーチャル経済を現実経済に対するフィードバック経済として位置づけてシステム化しなければなりません。バーチャル経済は、当初は自由競争でも良いと思いますが、直ぐに現実経済に影響を与えるまでになりますから、そこからは現実経済のフィードバック経済として作用するように、前もってシステム設計をしておく必要があります。

金本位制は崩れましたが、これは貨幣価値の原点にあります。貨幣経済においては貨幣価値は生み出される価値、或いは生み出される予定の価値に対して与えられるべきであると私は考えます。

未来においては価値がさらに多様化して、一つの通貨では全てに対応する事ができなくなるでしょう。生み出す価値と同時に失う価値も評価しなければなりません。それもフィードバック経済の要素として表されます。

そこで、最も根源的には、価値とは何かを問う根源的なことから始めます。その中では絶対価値体系にまで議論は至るでしょう。価値とは多層的に存在していて、全ての価値に対応するのが理想ですが、現実には価値体系を整理し、数種類に絞ってそこに対して、その中の最高価値体系に対して基軸通貨の権限を与えることで、貨幣経済を含む全体システムは安定する方向に進むでしょう。

現実世界の貨幣システムに触るのは妨害が予想され危険ですから［第三弾の地球プロジェクト］の計画に沿って基軸通貨を発行するまでに進みたいと思います。先ずバーチャル世界から係わります。多層化された階層で生み出した価値、これから生み出す価値を基軸貨幣として、バーチャル貨幣を発行し、フィードバック経済を構築していくのが適切であると考えています。

司法制度の多層化

一方、世界中の多くの思想とその集団は、初めから普遍性が無いものが有り、或いは初めは有ったとしても長い歴史の中で真理は人智によって歪められたり、曖昧になっています。

一般に、善悪二元論において多層構造価値体系の頂点にある絶対善と絶対悪は希で、底辺部の相対善と相対悪からはじまり、層を登るに従い、次第に絶対善に近付いていきます。

「毒をもって毒を制す」という考え方があります。「大きな悪を他の小悪《しょうあく》で退治する」ことを言います。実は、現実は程度の差こそあれ、このような世界となっています。

二元論から見れば民主主義さえ、その小悪に分類されます。これは人類の進化の過程として必然であり、歴史的にはそのようになっています。大きな悪に対して小悪を駆使して前進し、やがて一元論に繋がっていきます。そして、現実の世界ではこの生き方を取らざるを得ません。そのまま一元論を前面に出して行動したら、そのギャップに躊躇して殆どの人は付いてこれません。

それは、「人間がこの状態のままで、直ぐに神様の世界で生きてはいけない」という意味でもあります。多層構造価値体系として善悪二元論には様々な段階があるという現実理解が必要です。そこでは上位の価値体系が下位の価値体系を制御していて、全体秩序が保たれていることになります。

人間が動物を制御しつつ環境を支配していることも、このことを意味します。

さて、人間と宇宙人との関係はどうあるべきでしょうか。人間側が宇宙人と対等に付き合いたいのなら、人間側にそれなりの努力が必要であることになります。本著の事の始まりの「グレイからの警告」はそのことを意味していて、ガブリエルは私を通して、宇宙人が人間を支配する関係を作るのではなく、対等な関係を築くためのさまざまな働きかけをしてくれているのです。

何故、私がこの時期に本著を執筆しているのか、の意味を考えてみれば、グレイは地球人に対して

「一段成長して宇宙人との対等な関係を求めますか？」「それともこのまま自らを変えずにプーチンのように、習近平のように、金正恩のように、恐怖で地球人を支配することを望みますか？」と、暗に選択を迫っているように感じています。

生命活動の原点から話せば、生命が宇宙から地上に降りて現実の中で生命活動を営む場合、多層構造秩序の絶対善だけを貫くことは不可能なのです。民族として集団として、或いは人間として生命活動は動きます。

「動く」ということはそこに必ず歪みが生まれ、そこから発生したひび割れの谷間に独善的な考えが発生し、そこが障害になって著しく普遍性が犠牲になった相対価値が生まれてしまいます。絶対価値は沢山の相対価値を作りながら、生命活動は展開していきます。宇宙はそれを必然として、そこに宇宙のフィードバック機構が作用し、発展拡大する生命活動を制御します。

生命活動におけるフィードバック機構とは、このような人や集団に対して正規の目的の方向に導くように働きかけます。宇宙のフィードバック機構を現実の世界に投影し、現実を生きる集団や人間側のためのフィードバック機構としての司法制度を構築することになります。

『人類普遍の世界観』を基にした「自明法体系」を導入し、それを現行法体系に重ね合わせて多層化し、世界に普遍性を回復させるのが私の働きでもあります。

「自明法体系」をより具体的に言えば、人間の行動および人間が作る集団の善悪は従来通り、先ずは善悪二元論で一旦評価され、裁かれます。次の過程で善悪を自明法で処理して、最終的に一元論に移行して全肯定されます。絶対価値体系とそのフィードバック機構としての「自明法体系」を徹底して学ぶ教育機関が必要です。ここで学んだ人たちが世界の統治機関に派遣され、フィードバック機構としての役割を果たします。また安全を徹底するために、フィードバック機構のためのフィードバック機構も必要であり、そのために人材交流も必要になります。

さて、最初の善悪二元論における善悪とは行動や言動の善悪だけではなく、行動や言動の以前の「思考のベクトル」から判断して、大きくは「ベクトル史観」から判断して、行動や言動の元となる原因のベクトルを重要視して、評価され裁かれます。

ここでは善は善、悪は悪として別々に評価され、一般的には善と悪の差引計算は不可能です。金銭の損得のような小さい範囲の一次元で評価できる事柄であれば、例外的に差引計算はあり得ます。

本人の自覚とは別に、普遍的立場からその人の行動の理念と方針が評価され、裁かれます。集団であれば集団の理念と方針が評価され、裁かれます。

当然それは『人類普遍の価値体系』から評価され、裁かれます。ただし、理念とは言葉で表現できるものではなく、表現したとしてもそれは大まかな方向を示しているだけで、実際には全人格で表現されます。多くの場合そこに上位と下位の区別は明確です。

しかし一方、理念から生まれた方針は必ずしも上下や善悪で区別できるとは限りません。方針としては複数の解が有って良い場合が多々あります。

民族の歴史の中で、或いは集団で、或いは個人の人生の中で為された蓄積には、『人類普遍の価値体系』から見た善と悪がありますが、善と悪はそれぞれ善が本質として、悪は「消えてゆく姿」として位置づけられます。

ただし、その悪の部分は本人がそれを「消えてゆく姿」と自覚しない限り、つまり本人が反省して、それを悪と自覚しない限り、自覚できないこと自体を新たな課題として評価に追加され、裁きの対象になります。

評価も裁きも、本人の生命活動としての次のステップへ行くために必要な区切りです。このような区切りは人生に何度も訪れ、過去を処理して先に進むために必要です。

善は自覚があってもなくても先に進めますが、悪を為した場合の自覚が無い場合は先に進めないので、自覚の有無により分けられ、無い場合は最終評価は預けられ、裁きは二段階となり、出来たところまでとなります。

自覚がない状態が蓄積すれば、さらに延期され、自覚のためだけの世界に移行して、そのための修行がはじまり、最終評価と裁きのために自覚の時を待ちます。
その結果運命は先に進めなくなり、自覚のための修行の運命となります。

善を善、悪を悪と思考のベクトルの次元から自覚することが自明行です。もちろん行動や言動という形式的なことではなく、思考ベクトルとしての観点からです。そしてそれか民族の歴史であれば、蓄積した［欺瞞］を解消するために、ベクトル史観の立場からの自明行が必要です。

自明行がなければ、せっかくの善の蓄積も、［欺瞞］が支配的となり、運命は停滞せざるを得ません。

ここで自明行が出来なければ運命的に、より強いフィードバックに導かれ更なる体験を通して課題が与えられます。

今明らかになったことは、自明行こそ、つまり自明法こそ、人類の未来を作る方法なのです。そして自明法がなければ、人類の未来は［欺瞞］に支配されてしまうのです。［欺瞞］こそ「嘘」であり、その「欺瞞」の発見こそ今の人類に必要なことなのです。

そして自明行が出来れば、歴史は肯定され次の段階に進みます。

ですから自明行は間違っても自己否定ではなく、自己肯定の為にあるのです。既に否定されているものを追加否定することで二重否定となり、自己肯定するのです。くれぐれもこれを否定と理解しないようにしてください。

そして特に重要な理解として、自己肯定とは自己正当化とは正反対の作用であり「嘘」という［欺瞞］は個別意識にとって苦痛であるはずですから、苦痛である「嘘」を発見し、それが消滅することは人生の喜びである筈なのです。事ある度にこのことを確認してください。

つまり「嘘」に苦痛を感じることが出来れば「嘘」は発見できるようになるのです。それなりの訓練が必要であり、何度も何度も自己肯定であることを確認し、決して自己否定にならないように肝に銘じてください。

そうして、ここからが一元論の世界です。

ここからは過去の［欺瞞］は解消し、運命は全て肯定され、宇宙の中で生命活動を継続することが出来ます。

自明行ができることが一元論への資格となります。

宇宙のフィードバック機構はこのように作用し、運命を作るのです。

「じねん主義」から生まれる文化活動

『人類普遍の世界観』を現実に投影することで「じねん主義」の世界が展開していきます。

これから構築する『人類普遍の世界観』を基とした絶対価値体系は「じねん主義」を採用することで問題発生は少ないと思います。

ですが、既に存在する相対価値体系とそこから発生する国民や民族の文化は民族伝統の文化の上に築かれていて、その伝統文化が独善で汚されているときが多々あり、その時は絶対価値体系と相対価値体系との不整合が生じてしまいます。

従って、過去の文化の基盤の上に新たな文化を構築するためには、新たな絶対価値体系を学ぶ教育機関を持つ必要があります。

「じねん」は「思考の自由」の上に成り立ちます。ただし、思考に嘘があっては「じねん主義」は成り立ちません。その場で瓦解《がかい》します。ですから「じねん主義」は嘘を付かないという人間としての最も原点に忠実でなければなりません。ましてや嘘のストーリーまで作るようでは、人間としての基本的条件が満たされていないため「じねん主義」は初めから成り立たなくなります。

言葉には限界がありますから、思考の全てを表現できないとしても、正直であろうとする前提が崩れれば「じねん主義」は成り立たなくなります。

このためには「欺瞞」という「嘘」の研究が必要であり、その為にこそ自明行はあるのです。自明行では嘘を詳細に分析し、嘘の原因を追及し、日頃気付かずに付いている「欺瞞」という「嘘」を白日の下に晒します。そのことによってのみ「思考の自由」は達成されます。

嘘で作る被害者意識のストーリーが通じる世界は過去のモノとなり、下層の独裁体制においても被害者意識は厳しく裁かれます。

そして、それぞれの思考の自由の下に、それぞれの思考が作る価値体系には落差があり、それぞれ平等ではありません。

平等でなければならない場合は、上層構造の中に多層構造文化を構築することになります。

母集団に所属する民主主義体制においては、平等を建前としていますから、ここを基準に上と下に多層構造文化を構築することになります。だからと言って、何でも差を付けて扱うのではなく、出来るだけ平等の中で扱い、どうしても無理がある場合に多層に展開するのが良いでしょう。

さらに母集団の中から改良民主主義をさらに進化させ、上層構造の「じねん主義」に移行するためには普遍性を回復しつつ、その形状、形式、形態は多少の改良をしつつも、民衆の安心のために一気に形態を変えない方が良いと思います。その形態の内面にこそ、破棄すべきこと、改革すべきこと、新規に置き換えすべきことが有ります。

つまり、最初は容れ物は少しだけ変えて中身を大きく変える。そうしつつも、容れ物をもドンドン変えていく。新たに中心となる秩序とそれを表現した「容れ物」も当然必要になります。

民主主義との整合性

「じねん主義」、これが人類の最後の価値となります。

『人類普遍の世界観』を学びながら人間に対する理解を深めること。そして「じねん主義」を体得し、その中から思考する習慣を付けることで「思考の自由」を確保することになります。

『人類普遍の世界観』によって「じねん主義」を体得し、その中から思考する習慣を付けることで「人間の尊厳はどこから来るのか」を学ばなければなりません。

『人類普遍の世界観』に立って「じねん主義」を体得し、人間に与えられた自由の限界と平等の限界を明確にし、自由と平等のバランスをコントロールする方法を開発しなければなりません。

『人類普遍の世界観』から導き出さなければならないいくつかの概念があります。

ここでは「自由」について「じねん主義」との関係を述べましたが、民主主義の主要な概念として、他に「自由」と対になる平等、一部触れた「言論の自由」「人権」「人間の尊厳」についても、その基本概念の依って立つ根拠を『人類普遍の世界観』から導き出さなければなりません。[三層構造]の新秩序を構築するためには避けては通れないプロセスです。

民主主義で語られるこれらの基本概念は、殆ど「じねん主義」における絶対価値体系に近いところにありますが、分類が単純化しすぎていて、一部多層化するように調整が必要です。そこで今後「じねん主義」に移行する機会に、これらの基本概念を徹底的に吟味する必要があります。

我々はこれまでそれらの基本概念の根拠を示すことなく当然の事として「自由」や平等を語ってきました。民主主義の世界にあって民主主義を発展させ民主主義を守ろうとするならこれ程の重要な基本概念を根拠を示すことなく「それは自明の理である」と言ってはなりません。

それでは答えにならず却って専制独裁体制の国からは「独裁も専制も自明の理である」と言われてしまいます。

こうしてみると民主主義と言えどその依って立つ基盤となる世界観が実に曖昧であることが分かるのです。

民主主義を発展させるためにも『人類普遍の世界観』から再度導き出さなければなりません。それが共産主義と戦う最大の武器となります。

民主主義におけるこれら基本概念を、『人類普遍の世界観』によって確立し、或いは一部条件付きとするのか、又は一部否定することもあるのか、十分な吟味が必要です。

これらの議論に根拠を与えるのが『人類普遍の世界観』として、私が著した『未完成だった般若心経』（献文舎）、及び『宇宙と意識』（献文舎）なのです。

基本概念に基づいた民主主義に関する議論と展開は、内容が膨大になるために本著では問題提起と簡単な議論に留めておきます。本格的な議論はWEB上での追加の情報発信で行いたいと思います。

これらの前提に立ってより具体的な［色即是空体制］について議論を重ねて、解を求めなければなりません。しかし、ここから先は民族単位、或いは国単位の個別の方針になるので、解は複数あると考えるべきです。

私の働きとして、複数の解があるものを敢えて私が示すことは誤解を生む原因となるので得策ではないと今は考えています。

ガブリエルと「じねん主義」

さて「じねん主義」について多少理解を深めて戴いたところで、ガブリエルが地球を導こうとしている方向を示しておきましょう。

今後人類は人口爆発までの時計の針を横目で見ながら、新しい世界秩序の構築に向かうことになります。

もし、人類の人口が、実は背後の世界から制御されていて、人口爆弾が不発に終わることも有り得るかも知れません。その時までに背後の世界から制御されていて、有益な文化と危険な文化の選択が為され、自動選別されていきます。そして、人類の未来にとって、この過程は避けて通れないのです。自動選別は、これは宇宙のフィードバック機構の働きによります。

私達は決して国際共産主義に与《くみ》しませんし、もし私達に降りかかればそれを排除しますが、ここまで来るとガブリエルが私達に何を求めているかが見えてきます。

ユダヤ戦略として［平等化］による文化平均化と既存秩序の崩壊がなされていく先に、未来の新秩序に耐えうる価値体系を生み出す必要があります。普遍的な文化を構築する必要があります。それは既に秒読みの段階に入っています。

そのための『人類普遍の世界観』は既にここに有ります。フィードバック機構としての「自明法体系」は確立しています。

民主主義の中で培った自由主義を上手に発展させて、個と全体をうまく調和させた未来世界を作り、その体制で地球の人口爆発や、そこから派生する様々な課題を解決させて欲しいと願っているのです。

欧米では純粋民主主義と改良民主主義の分断が進み、しばらく混乱しますが、その状況で様々な社会実験が行われていきます。「グレイからの警告」は、このような欧米への警告でもあり、そして同時に「グレイからの警告」を受け入れて、次なる飛躍への期待でもあります。

今後日本から出現する［色即是空体制］は、ユダヤ戦略により歪んでしまった思考環境を再構築し、欧米を統一的に救うことになります。

「偽りの贈り物」と「破られた約束」からなる著しく歪んだ基礎の上に築かれた世界は［欺瞞］に満ちており、放置すれば崩壊しかないのですが、ガブリエルの登場で基礎から再構築することになりました。「再構築できる」ということが重要です。

そこで「ガブリエルの子」の私は表舞台で世界を動かしている欧米のすべてを［欺瞞］として切り捨てました。［欺瞞］を放置しておいては世界は崩壊しかありません。

しかし、決して欧米だけが［欺瞞］という訳ではなく、世界には欧米を上回る［欺瞞］も数限りなくありますが、ガブリエルとしては、今世界を動かしている欧米を再構築することこそ、世界を救う道と考えています。

ガブリエルはこの世界の現状と、ユダヤとの係わりの歴史的理由から、欧米に優先的に係わり、欧米をユダヤ主義の呪縛から解き放ち、超ユダヤ主義に導くことで、そしてそこに日本が係わる［色即是空体制］を構築することで、世界を導こうとしているのだと思われます。

そこでですが、欧米において発達し、独裁国家と戦いながら世界を動かしているのが民主主義国家です。その民主主義の基本概念は［色即是空体制］においてはそのままではなく、一部改良されて「じねん主義」の中心位置に置かれます。そして超ユダヤ主義の根幹をなす「じねんの論理」を主とした新しい価値体系が生まれます。それは現状体制をも含む、多層構造に多層的に位置づけられていきます。

これらの動きの背景では、新型コロナウイルスによるパンデミック、ロシアのウクライナ侵略と激動の時期を超えて、世界の大勢に変化が始まり、苦難を超えて人類は良い方向に向かいます。

一方で、地球の人口は増加し続け、やがて許容限界に達します。これは既に秒読みの段階に入り、もう避けられません。これは決して遠い未来の事ではありません。百年とか二百年先の話であり、様々な手を打ってもどんなに引き延ばしても三百年とはもたないでしょう。

この危機を超えるには否応なしに全体の利益を個の利益に優先させなければならないのです。いくら「ひとりの命は地球より重い」と言ってもいくら個の利益の方が重要だと言っても何の解決にもならず、それでは時限爆弾が爆発するのを待つだけになります。当たり前のことですが「ひとりの命より地球の方が重い」のです。

改良民主主義の立場に立つ人達に課せられた最初で最大の課題は、この「人口爆発を如何にして阻止するか」の解決策を何とかしてひねり出すことです。

予想してみれば、一部の国々では人口減少の傾向を示しつつも、地球全体としては急激な人口増となり、それに伴う資源の枯渇、気候変動、自然災害、海洋汚染、大気汚染農地の衰退、森林の減少、食糧の不足、衛生環境の悪化、感染症のパンデミック、極端なインフレ。更にこれらの要因によって生じる社会不安、及び国際間の緊張、それによる核戦争の勃発の危機等々を抱えています。もしそうなれば、人口爆発を待つまでもなく、人類絶滅が成されてしまいます。

個人の自由を前面に出せば、この時限爆弾が必ず爆発します。それが人類絶滅にもつながる悲惨な修羅場を生み出すことは火を見るより明らかでしょう。

危機的なのは、それに対する対処法がなかなか見つからないということです。

真剣に人口爆発という時限爆弾に対処しようとすると、純粋民主主義では解決できないかもしれないと多くの人達が潜在的に気づくことになります。

でも、多くの人達は共産主義への脅威を感じながらも民主主義を守るために、この問題に触れるのを避けるようになり、危機の存在が隠されてしまっています。

ここでは民主主義と自由の名の下に、敢えて人類の危機を無視する態度がさらに事態を悪化させてしまいます。このような無責任な姿勢こそが、自由主義の崩壊をまねき、反対に共産主義の地球支配を生むのではないかと思います。


私は、自由主義の立場から民主主義を改良して、共産主義支配を拒否しつつ、この人口爆発の問題を解決すべきだと考えています。

人口爆発という最初の最大の難関を突破するためには、一国だけの努力では解決できないのは明らかです。世界的な共同歩調が必要です。人類は今そのための世界新秩序を作らなければならない時機にいるのだと思います。


『人類普遍の世界観』から導かれる行動原理を生み出し、一度は民族文化を平均化する試練に合い、それを戦い抜いた選ばれた民族文化のみで［三層構造］の上層秩序としての［色即是空体制］が次第に形成されていきます。

［じねん主義］による［色即是空体制］が究極の姿ではありますが、すべての人々を［じねん主義］に導き入れることは不可能です。現実体制から段階的に移行して、最終的に［じねん主義］に導き入れるように体制を工夫するのが良いと考えます。その為に［三層構造］として、現実の人間の理解度

に応じて負担を最小限にするのが良いと考えます。その表現様式は決して一つでは無いと思いますが、私はその一つをイメージして書いています。

「三層構造」は上中下の多層構造秩序であり、そこには当然優劣の区別は有りますが「自分の所属するところが一番良い」と思うのは勝手です。希望すれば移動できるという条件付きですから「自分の求めるものが与えられる」という原理に沿っています。

『人類普遍の世界観』から導かれる新しい「理念」によって、それぞれの民族文化の特長を生かしたさまざまな民族国家の集合体を統合する都市国家連邦のような形が「三層構造」の上層構造に多層構造秩序として構築されます。そして当然、その中心に日本が存在することになると思います。

何もわざわざ日本が無理に中心に位置しなくても良いと思いますが、結果として中心になるでしょう。何しろ日本が手本とならなければならないからです。

それは「じねん主義」によって結果としてそうなるのです。「力の論理」でそうするのではありません。

「もう一つの地球」で生きる

特に［三層構造］の上層部は『人類普遍の世界観』を基にして、そこから生まれる価値体系と理念と方針が主体の組織であります。ここは人類社会の「理念」を永久に保持することが目的なので、物理的な大地としては一つの都市程度の面積でよく、その大地の上に展開するそのまま都市をコピーした、デジタルのバーチャル世界が主体でも良いのではないかと思っています。

当然それがモデルケースとなり、国家規模にまで拡大し、やがては地球規模に展開できるまでに発展可能です。つまり「もう一つの地球」がデジタルで構築させるのです。

その時は、現実の地球に対応した「もう一つの地球」が現実の地球と同じように利用される時代がもうすぐ来ます。

そこでは地域によって分割された従来の国境も行政区分も必要なく、しかし新しいコンセプトで新たな境界線を引いても良いし、或いは「もう一つの地球」は同時に複数構築可能ですから、一人一人が自らが理想とする地球を構築できるのです。更には過去も現在も未来も、時間軸方向での区切りも可能となります。複数の時間軸を用意することも出来ます。

それは即ち、各自が創造主となって自分自身の地球を自分自身の考えで利用できることになります。デジタルですから、巨大な実験もシミュレーションも可能です。

当然そこには新しい文化と文明が発祥するでしょう。それは多世界宇宙そのものです。

例えば、民主主義だけの世界、イスラム教だけの世界、日本民族だけの世界も可能です。ただし「宇宙連盟」からみて［欺瞞］が有っては宇宙を汚しますから、決して何をしても自由なのではなく、存在目的に沿った条件は必ずあるのです。つまり「じねん主義」でなければならないのです。


新しい地球人類の政府と国民が地域という境界ではなく、宇宙連盟との交流を前提に「じねん主義」による度合いで、敢えて「自由」ではなく、或る制約の下に「じねん」に存在できます。つまり、目的別に多くの世界が展開できます。「自由」よりも「じねん」の方が人間にとって生きやすいことを是非知ってください。

「もう一つの地球」による経済活動が活発になれば、次第に国境に取り囲まれた領土意識が薄らぎ、現在の国境はやがて世界政府が管轄する連邦政府的な行政区域になります。

しかし、決して文化の平均化や経済の均等化を求めているのではありません。

高度な民族文化は残さなければなりませんから、地域性は敢えて作り出す必要があります。それらの新しいコンセプトはかなりの程度「もう一つの地球」で実現できると思います。

「もう一つの地球」は私の研究所で既に実験段階に入りました。現代にはＡＩ技術があるので、とても便利で効率的な地球を複数同時に作ることが出来るのです。

「もう一つの地球」が動き出して生活の大半が「もう一つの地球」となっても、一次産業はリアル地球に残ります。しかし今度は仲良く、資源の分配が出来るのではないかと期待します。

地球人類の意識が向上し、土地所有に対する執着が薄まれば、領土に眠る地下資源は世界政府と新国連が管轄して世界に分配が可能となります。

確かに一部は計画経済になりますが、それで良いと思います。計画経済は社会主義だからダメという理由にはなりません。

全人口の貧困層の下位10％程度の人口と、有限な地下資源の採掘に係わる企業の上位10％程度は計画経済にしておくのが、将来の秩序安定や資源の安定供給に繋がると思います。

そもそも忘れてはならないことがあります。

もともと地球という惑星が人類の所有物という考えは全くもって成り立ちません。常にこの動かしがたい真実を念頭に置いて地球の未来を考えなければなりません。

しかしその前に、世界の民族文化には被害者意識で凝り固まった危険な集団も有りますので、そのような危険思想は強いフィードバック機構の中に置かれ、厳しく裁かれます。

ここでの反省がなければ消滅することになります。このような危険な民族文化を放置すれば、地球のがん細胞となり、地球の文明を破壊し続けます。

［欺瞞］を指摘されて、宇宙のフィードバック機構の制御を受けるのは、欧米の中にも、そして中国も、ロシアも、戦いに明け暮れるアフリカの国々、アジアの国々も、そしてイスラム圏の国々も、そして日本の一部勢力も、そこに例外はないでしょう。

如何なる専制独裁体制の国家も、この［平等化］という民主化の大きなうねりによって、今のままでは存在できなくなるでしょう。逃げ回るだけでは必ず追い詰められて崩壊します。

［平等化］のうねりは一方で人間の思考を呪縛しつつ浸透していきます。

例えば生物学的な男女差まで否定しようとする［平等化］のうねりは私からは「人間とは何でそこまで騙されやすいのか」と不思議に思いますが、その点で抵抗しているのはむしろ中国やロシアやイスラム圏の国々であり、まだまだ［平等化］に対抗している地域が有るということなのです。ただしそれは二元論的には貢献です。

［平等化］のうねりと戦いながら、今求められているのは自らの文化を『人類普遍の世界観』から導かれる新しい「理念」で作り替えなければならないということです。

文化崩壊を進めるこのユダヤ勢力の一つは、国際共産主義を推し進めるユダヤ左派勢力です。私達は常にこの勢力からの挑戦を受けていて、この試練に打ち勝つことが求められています。これは自らが進化するために避けては通れない受けるべき挑戦なのです。

現実はこのように甚だ複雑怪奇に見えますが、［平等化］以前、［平等化］途中、［平等化］以降として考えれば、単純化できて全体が理解できるはずです。

もちろん［平等化］以前は専制独裁体制、［平等化］途中は純粋民主主義、［平等化］以降は改良民主主義となります。

ここで普遍性を確保するために一つ追加しておきます。専制政治と言えど、民主主義を経由せずに「じねん主義」に至ることだって有り得ると思います。そのための上層部とのフラクタル結合部分を作ることで達成されます。

それについてここで議論はしませんが、その可能性を示しておくべきですので、それを「未知の主義」として図の中に書き入れておきました。**【巻頭図11】**

読者からは、それでは「じねん主義」でなくても良いのか。との質問があると思いますので応えておきたいと思います。

グレイから見れば地球人は「思考のベクトル」を直接相手に伝えることが出来ないので、つまりテレパシーが使えないので、意思の疎通が困難であるとの特性があります。

つまり地球人は互いに議論をしても意見の近い人同士の間での議論は成り立ちますが、意見の異なる人たちの間では言葉ばかりが空回りして、議論が成り立たないと見えています。それ故に言葉を並べることばかりを努力し、それが【欺瞞】を生み、結果として対立ばかりが生まれてしまうというように見えています。

そう言われてしまえば確かにその通りだと思います。そこで地球人の場合は互いに言葉による議論を多少控えて「人類愛の祈り」による交流を深めて互いに共通の世界観の中に在ることを確認しつつ、議論はほどほどにしてベクトルの交流を深める必要があるのです。

ですから「じねん主義」は現段階の地球人が、次の段階に進化するために必要なことなのであり、グレイにとっては、そしてガブリエルにとっては特に「じねん主義」と言わずとも、既にテレパシーによってそれ以上の交流が出来ていると言えるのです。

そこで、私たちが近未来に到達する最終の「統治の論理」を垣間見てみましょう。地球人一人一人が絶対価値体系を求めるようになればやがて全員がフラクタル共鳴体となって直接宇宙意識段階意識の意志を自分に必要な範囲で受け取ることができるようになります。

その時は互いの使命を確認するための議会を持ち、相対価値を戦わすだけの巨大な国会や中央政府は必要なくなります。ところで、自明法体系は絶対価値体系ですから、自明法体系を確立した「司法」と、この法体系と対になって作動するための具体的な行動方針を決定する「立法」と「行政」を行う中央政府が、絶対価値体系を確立することが先決です。

やがて世界は各自がフラクタル共鳴の一部となり、自らの意志に従い行動することで、全体秩序は調和するのです。それは「じねん主義」の発展の究極の姿です。この場合は段階意識にコントロールセンターを置いているという意味になります。

そして知的生命体にはそこまで発展した種族も存在するのです。

地球人もいずれは「じねん主義」とわざわざ断らなくても、正常な「思考のベクトル」を発信できるようになれば、これを当たり前のこととしてフラクタル共鳴の中で意志決定が為されるときが来るのです。

もし、今の地球人の状態で、つまりフラクタル共鳴に至らない状態で、テレパシーを使えたとすると、忽ち秩序は混乱してしまうでしょう。テレパシーは『人類普遍の世界観』を体得してからでなければ大変危険なのです。

しかし、本著の執筆がそうであるように、グレイやガブリエルが相手であるならば、フラクタル共鳴に至った地球人の「思考のベクトル」をちゃんと受け取ってくれますから、かなり一方的な交流ではありますが、コミュニケーションはできると言えます。

読者からもこの混沌の世界の中から新たな真実が生まれてくる未来が多少見えて来るのではないでしょうか。

玉石混淆の価値観が戦い合う今の人類にとって、何としても地球が崩壊する前に地球の新秩序を生み出す必要があります。これを放置すれば、中国共産主義が絶対価値体系に替わって世界秩序を作り上げます。「それでもよいのですか?」と「それとももっと良い方法がありますか?」と、この私の公表した価値体系に疑問を呈する人に対して問いたいと思います。

〔色即是空体制〕を知った限りには黙って見ているだけというのは許されず、使命感を持って積極的に絶対価値体系を求めながら、その下に現行の相対価値体系を位置づけ整理し、次の変革のための準備をしなければなりません。

その価値の再構築の前段階として、未来には不必要な既存秩序の解体が必要となり、それをユダヤ戦略の革命理論を利用して成し遂げるという、悪をも有効利用する一段上の勢力が存在するのです。

私達は世界の深淵部分ではその勢力と一部連携していると思われます。

最終的に解体されずに残る中核文化は数種から十数種程度で、しかも普遍性を回復した形で上層構造を作ります。

その中核文化が多様性の連邦政府を作る形を私は予想しています。私のイメージの中には、古代の都市国家の連邦制がモデルとしてあります。ただしこれに限定するものではありません。

そして、日本はその多様性文化の中核となり「人類統合の象徴」となります。選挙で選ばれるのではなく、天の意思（宇宙意識の意思）を受け入れて「じねん主義」によって、その立場に立ちます。日本が中心となって【色即是空体制】を作り上げます。

フラクタル共鳴の中心者は精神的中心者であり、常に司祭を執り行います。司祭は「人類統合の理念」においてのみ、何らかの権限を持つべきと考えます。

今の日本のように天皇は権限を待たないことも選択肢の一つですが、私としては昭和天皇が戦争という究極の選択に反対しながら、それを「和歌」でしか表現できなかったことを重要視し、重要案件の議会の最終決定を拒絶する権限を持つのが良いと考えています。

そして更に、絶対価値体系が確立できれば、より上位の絶対価値体系に対して強制力行使の依頼をすることができることになります。

その中核文化以外の国や組織体は、中間の母体層を選択し、中間層の改良民主主義を構成することになります。基本は自らの立ち位置は自ら選択できるのが良いと思います。

時代の中で成長し、希望すれば、その後、母集団（中層構造）から上層構造に移行することもあり得ます。具体的には純粋民主主義が良いと考える組織体は、それに適合した層を選択できるということになります。

『人類普遍の世界観』から導かれる新しい価値体系は、何でも出来る自由というよりは、したいことが出来る「じねん主義」が中心となります。したいことが出来るとは、何か食べたいものが食べられるというような軽い意味ではなく、自らの天命を果たす上で必要な、様々な条件が特別に与えられるという意味です。この自由と「じねん」の意味の違いは大きいのです。

自由よりも優先される「じねん」を生み出す「じねん主義」とは、宇宙に意識を一体化させ、その中から自分の立場や望みを戴き直す思考を言います。

「言論の自由」は当然確保されますが、人を誹謗中傷するような言論や、嘘の発言を認めるものではありません。また、言論の発信者が自らの発信した内容に責任を持つために、発信者の名前は公表しなければなりません。

さらに、発信者の名前の明記だけでなく、発言者の背景にある「理念」を明確にし、その「理念」で分類した所属を明確にすれば良いと思います。「理念」が異なる人の間での議論は往々にして不毛ですから、その同じ理念の中での議論が生まれることを期待します。

この都市国家形式の連邦政府が、他者支配を求めるような危険な欲望を捨てて「じねん主義」に立ち、『人類普遍の世界観』から導かれる［理念］の下に現状の価値観から［欺瞞］を発見し、排除し、さらには百年計画で人口調節の方法を考え出さなければならないと考えます。

フラクタル共鳴による「じねん主義」は、個と全体とのバランスを宇宙的視野から解決します。それこそが人類が待ち望んだ最終の価値体系であると思われます。この手法を徹底的に追求しましょう。今後私が何処まで係わるかは分かりませんが、地球上の「力の論理」の勢力のどこにも加担しないで「じねん主義」によって具体的な方法を生み出さなければならないでしょう。

人間と宇宙の関係まで戻って、最も根本から考え直し、『人類普遍の世界観』に立ち返って、個と全体を調和させる［色即是空体制］によって、地球の未来を作り出す以外に方法は無いと考えます。

一元論で宇宙は統合される

ガブリエルに見せられた心証風景の最後には、突然全く違う光景が現れました。

それは一元論の世界です。従ってここまでの心証は善悪二元論の世界であったのです。

ガブリエルは一元論の世界からの係わりで、地球の歴史と地球人の意思を尊重しながら、地球人が地球の歴史を作り出しているという大原則に立って安易に地球の歴史を変更しないように係わっています。

そして、ガブリエルは私達以外のところでユダヤ勢力にも係わり、善悪二元論の世界をもコントロールしていて、最終的に善悪二元論を一元論で統合しようとしていると見えてきます。

しかし、ガブリエルと言えど何でも出来るということではありません。出来るとしても、地球人が望まなければそれをしないのです。ですから、それを求める勢力が地球には必要なのです。それが小さい勢力であっても良いのです。


善悪二元論において、純粋民主主義の行く先の最後に出現するらしい国際共産主義は、文化破壊の勢力として私達の思考空間に押し寄せてきます。

ユダヤの左派勢力による国際共産主義は、私達にとって戦う相手ですが、決して外から銃弾が飛んでくる訳ではありません。

ですから、戦う相手は自らの思考空間の中に有ります。戦うべき相手は価値観として攻撃してくる文化破壊の思想です。つまり、戦うのは自分の中のユダヤの左派勢力の主張なのです。つまり、自分の中のユダヤ左派勢力と戦うのです。

嫌なら受け入れなければ良いだけのことです。

それは即ち、覚醒剤を勧められてもそれを受け入れなければ良いだけのことです。それと同じで相手は関係ありません。ユダヤ人を責めても余り意味がありません。

その試練に勝利した者が、自らの文化を構築する資格が与えられるのです。

しかし、私達は一元論の立場に立って居ますから、純粋民主主義を〔三層構造〕の中間層として位置づけ、それを排除することはしません。純粋民主主義を求める人達は自らの文化を破壊し、放棄した人達ですから、それはそれで中間層の中で一つの働きをしたことになります。自らの責任で身の振り方を決定した人達ということになります。

それを知って振り返れば、あのユダヤ左派勢力は結果として確かに一つの役割を果たしていることが分かります。彼らは最後に私達に従うことで、世界の〔三層構造〕の秩序は完成するのです。私達がいなければ彼らの理想も実現できないのですから。

彼らとは最終場面までは出来るだけ係わらないで、最後に統合されるのを待ちますが、今でも彼らにやってもらうことはあるのです。

彼らによる働きの一部に関しては、私は彼らを応援します。

プーチンによる極端な民族主義を排除するためには、ユダヤ左派勢力による〔平等化〕の力がここでは大いに役に立っていることになります。

全ては恒久平和が実現できた未来の世界を構築するために、彼らには彼らの役割があって使命を果たし、彼らも未来のその時を待っているのです。

私達が新しい価値を構築している間に、歪んだ民族主義や普遍性を欠いた宗教や危険な思想を一掃してくれることになります。

彼らとは最後に合流します。

彼らは【色即是空体制】を完全に理解し、自らが求めていた理想がここに有ることを発見します。

彼らはその時、私達を受け入れ私達に従うのです。それは強制ではありません。彼らは私達を正しく理解します。私達に従うことが正義だと彼ら自身が確信するから、従うのです。

そして、【色即是空体制】による新秩序の構築に貢献することこそ、最大の価値が有ることだと誰もが知ることになります。

さらに、自らの所属を自由意志で選択も出来ます。新たな所属を選択した時には、その所属先のルールに従うことになります。もし従わなければ拒絶されるでしょう。それは当然のことと思います。

ここまで来ると気付く人はもう気付いていると思います。

初めから天の計画として何千年に亘って進行してきた計画であることが理解できるのです。これこそが【第三弾の地球プロジェクト】です。

マサダ以降のユダヤ人の振る舞いは批判され続けてきましたが、私達に従うことで生き返るのです。彼らの人智の行動も最後に神智に従うことで生き返るのです。

ユダヤ人が神との約束を破っても、バチカンがイエスを裏切り「偽りの贈り物」をばらまいても、カバラ裏思想が神を恐れぬ「人智の思想」を生み出しても、フリーメーソンやイルミナティーが陰謀を企んでも、プーチンがあれだけ暴れても。それであっても宇宙というシステムのフィードバックの幅の中の出来事であり、決して宇宙のシステムが破綻したのではないのです。そのことを強く信じましょう。

『宇宙と意識』（献文舎）によれば宇宙は六次元世界であり、私達の四次元世界の出来事をすべて吸収してすべてを活かす形で、輝かしい未来に繋げることが可能なのです。ここには基本時間軸が直行して二つあり、これが時間平面を作っていてその平面内を移動する連続点群が私達の知るところの四次元世界の「時間の矢」となります。この時間平面内には「時間の矢」はその方向を含めて無数に定義できます。つまり四次元世界を無数に定義できます。**【巻頭図12】【巻頭図13】**

即ち、宇宙は六次元だから一元論が成り立つのです。

六次元だから、未来から現在へのフィードバックが可能となります。つまり未来から現在をコントロールできるのです。四次元に限定した常識の世界では不思議なことですが、六次元であれば特に不思議なことではありません。

ですから、宇宙システムは六次元世界でのフィードバック機構を持つのです。六次元であるということは、時間軸を自由にとれるので「未来」から「現在」をコントロールして最適な状況を作り出すことが出来ることを意味します。言い換えれば、今が悪く見えてもそれは未来にある最適な状況に至る過程であると見えてくるのです。

当然「過去」から「現在」も、この世界の「現在」から他の世界の「現在」も係わり合って互いに影響を及ぼします。ですから、一元論で考えるとは、過去・現在・未来を一つにして考えることなのです。

もし私達の住む四次元世界だけだとすれば「未来」から「現在」へのフィードバックは絶対に成り立ちませんし、ましてや一元論などあり得ないことだと言えます。そして実際に宇宙は六次元で運行されているのです。

そして六次元世界に立てば、最終的に「一元論の世界に至るために、今の善悪二元論的な混乱がある」という究極の意味を生み出すことになるのです。

ここまでの出来事は四次元世界に閉じ込められた善悪二元論による戦いの歴史でありましたが、最後は無駄なく全て一元論に統合されるのでした。

最後はこのような俯瞰《ふかん》の情景となり、六次元宇宙の全景が見渡せる状況になりました。


ここに宇宙のフィードバック機構をまざまざと見せられて、大きな感動を覚えます。

それは自明行があっての統合です。自明行がなければ、又同じ間違いが繰り返されます。つまり、新秩序における司法は「自明法体系」を基本として構築されます。

自明行という宇宙のフィードバック機構によりその統合が成されます。

一元論的に言えば「グレイからの警告」における【欺瞞】の解消のためには自明行が必要であり、だからこそ私はグレイとの出会いの前に自明行を開発しておいたのです。

『人類普遍の世界観』から説明すれば
宇宙の中に意識が有るのではなく宇宙は意識の中に展開するのです。
私の意識の中に私が考えた通りの宇宙が生まれるのです。
私が見た心象の世界は、私の意識が創り上げた宇宙です。それが私の住む宇宙なのです。その宇宙に皆さんも心を合わせれば、そこがあなたの住む宇宙になります。

前著『宇宙と意識』（献文舎）の立場から原理的に言えば、私の住む宇宙とあなたの住む宇宙はまったく同じモノではありません。そこには歴然とした個性の違いがあるのです。

あなたの意識が創る宇宙を私が創る宇宙にフラクタル共鳴させることで、あなたの「未来」を作るのです。

「未来」と言っても、『人類普遍の世界観』に立てば実はそれは六次元世界の中では「今」のことです。

むすび

意識の世界の探求

本著は「黙示録」であることから当然と言えば当然なのですが、ここには私を越える私以上のことが書いてあります。そこで書いたときの主旨を大切に多少の不自然さがあっても出来るだけその書いた時の気持ちを優先させるようにしました。

私は一人の修行者として神霊に導かれて、意識の世界を宇宙とフラクタル共鳴するように半世紀もの長い間階段を一段一段登ってきました。そして、考えてみれば仕事上の多くの特許も、宇宙との交信によって得たアイデアだと分かります。

半世紀をかけて私が求めてきたことは「人類愛の祈り」に集約されます。それはフラクタル共鳴に到達する「人類愛の祈り」に表現されています。この祈りの主旨を「理念」として修行を続けてきたのです。

私が自分で「何を信じているのか」と問われれば、この「人類愛の祈り」を祈り続けてきた自分自身を信じていると言えるのです。

ここで読者にお願いしたいことがあります。私の真似をして私のように神や過去の聖人とコンタクトしようとしないでください。啓示らしきものがあっても、一旦無視してください。こちらからそれを追い求めてはいけません。何が出てくるか保証できません。こちらが拒否しても、それでも向こうからコンタクトがあるのなら、そこには何か意味があるのでしょう。しかし、それでも自分の霊位を大きく超えることはありません。中途半端は危険です。こちらに不純な気持ちがあればそこに共鳴しますから危険です。

私のように啓示が有ってから五〇年もかけて吟味するほどの慎重さが必要と思います。自らの修行を深め、普遍性を極め、自らが求めてきた「理念」と合致していることが確認できれば、その時にやっと受け入れるのが良いでしょう。

私の場合はそれでも決断には至らず、ガブリエルの強力な指導によってやっと受け入れることが出来たというほどのものです。

フラクタル共鳴に至らないまま私のようなことをしてはいけません。それを安易にやってしまうと身を滅ぼすことになります。潜在意識ベクトルが作る世界には偽物がウヨウヨ居ます。人は簡単に潜在意識ベクトルに騙されて祠に入ってしまいます。

潜在意識ベクトルは過去の体験の蓄積であり、そこに付き合う必要はなく、未来に視点を移すことで潜在意識ベクトルを抜け出すことが出来ます。

実践の全てはフラクタル共鳴に至ってからでなければなりません。私の場合は潜在意識ベクトルを越えるための、半世紀に亘る修行の蓄積と、背後の霊団からの応援と、多くの神霊に何重にも守られているなかでの啓示であり、その中で過去の聖人とのコンタクトなのであったということです。

このように、私の意識の内側では既に確認されていることなのですが、それを外側に対して一歩一歩慎重に歩みを進めて、自らの行動理念を確認しながら、そこに表現された結果から、最終的に外側に対しても証明できると考えています。

本著で示した啓示や数々のメッセージは、私が修行で構築した意識の世界を活動の場として意識が体験したことです。

そして一方、ミステリーサークルは決して意識の世界ではなく、現実世界における物理的な現象であり、物理的な手段で成された「グレイからの警告」です。そしてそれはイエスとガブリエルからのメッセージとしっかり共鳴して、意識の内側の世界と意識の外側の物理世界とに見事に整合して結合していることに注目して下さい。

その「意識」と「物質世界」との関係が、現代科学では全く理解されていません。

そこでこの意識について、そして物質世界との関係について、私は自分の理解を拙著『宇宙と意識』（献文舎）として、本著より一足先に出版にこぎつけました。これもガブリエルが私に求めていたことです。

「意識」の世界を理解すれば、三千年も前のガブリエルが現代に働きかけることも、未来からグレイが現代に働きかけることも、十分に有り得ることであると理解できます。

そして、私が受けたいくつかの啓示やメッセージは誰もが体験することではないので、常識的な日常の会話や文章ではとても説明しきれません。それは説明のための語彙が極端に不足しているからです。

従って、ここで扱ってきた意識の活動の内容に関しては、とても説明が困難なことだったのですが、今回『黙示録』という形式を採用したことでこの困難な壁を大きく越えることができました。

結果的にこれは私にとって表現力を大きく広げることを可能にした、新しい手法となりました。

皆さんとの共通理解を得るためには『宇宙と意識』を併せて読んで戴けると、啓示の意味もフラクタル共鳴に至る道も開けると思います。

拙著『宇宙と意識』は私の生涯の体験の集積として導き出した、最新の世界観です。私にとっては「やっと宿題を仕上げた」との気持ちです。

こちらの著作は『黙示録』の手法からは距離を置いて、可能な限り科学的物理学的な表現に徹しています。

振り返れば見えてくること

ガブリエルに依れば、この私の活動によって［第三弾の地球プロジェクト］が始まりました。イエスによる「原罪消滅宣言」がなされ、それに合わせて二元論への導入のための絶対価値体系としての自明行が公表され、般若心経の解読がなされたことで『人類普遍の世界観』を元とする一元論が世に出され、［第三弾の地球プロジェクト］の準備は整いました。

ガブリエルとの交流はミステリーサークルに示された「グレイからの警告」に始まったのでした。ガブリエルは古代史の中で、ガブリエルが当時のユダヤ人を導いていましたが、ユダヤ人の暴走により、その後の歴史の中で大混乱を生み出してしまったのでした。

［第三弾の地球プロジェクト］はガブリエルによる地球の歴史の総仕上げと、グレイによる未来の地球文明の構築を意味しています。そのことで地球人は宇宙連盟に参画できるまでに進化します。
一元論の中では既に織り込み済みの歴史ですが、歴史の総仕上げを今、私を通して、日本を通して、これまで未来に構築していた姿をここに現そうとしているのです。即ち、現段階ではユダヤの活動が目立っていますが、その背後にはガブリエルが主導する超ユダヤ主義があり、そこには日本に渡った正統派キリスト教の末裔《まつえい》も含まれます。それは最終的に古代に地球を訪れた宇宙人までを含めた「宇宙人主義」と合体して、ガブリエルに導かれるこの私が活動することになる、超日本主義に統一されるのです。さてここで、超日本主義とは、これらの思想が合体して、一つの文化となっていて、そこに私が出てきて、それらのエキスだけを取り出して一元論に繋がる普遍的な「じねん主義」が生まれました。これが超日本主義の本質です。

そして未来においてはグレイに導かれ、超日本主義は宇宙主義に向かい、一元論を体現してやがて宇宙連盟に統合されます。**【巻頭図10】**
今後段階的に発展していくためには、ガブリエルの過去の方針の一部を私が修正しなければならなくなりますが、それはガブリエルと私との間で確認済みであり、互いに了解していることです。
次第に見えてきた［第三弾の地球プロジェクト］における三人目の使徒の役割は直接地球を統治す

ることではなく、地球の古代史を代表する古代のユダヤ王の霊系統とつながり、宇宙連盟との交流により地球の各地域の統治者を指導すること。そして、『人類普遍の価値体系』を明確にして地球の各地のネットワークによる連邦型統一政府の構築を援助することです。

具体的には『人類普遍の価値体系』によって宇宙のフィードバック機構を強化して、登る道と降りる道を強化させることです。

天の意志を地上に伝える降りる道と、地上の希望を天に伝える登る道とのフラクタル構造を作り、三人目の使徒が中心として活動するフラクタル共鳴により天と地は統合されます。私は当初は降りる道と登る道の両方で活動しますが、やがて地上は地上の司祭に任せ、私は基本的に降りる道で働く事になります。

この活動は初めから宗教活動ではないし、民族的、地域的、集団的利益を求めるものでもないし、ましてや家業の継承でもないのですから、今更指導者の血統を強調したり、一族の繁栄を強調するような手法はここでは必要ありません。

徹底して霊統を中心に普遍的な体制を組むのが良いと考えます。活動のための大きな看板はいらないし、人類の代表を集め、その内面のフラクタル共鳴の充実こそ最大限努力することになります。

三人目の使徒の役割は人類を救うことですが、当然限定された個人を救うという場面も必要となるでしょう。イエスもカナンの女を救ったように、です。

相手に自明行の適性があるのなら、それは私が残した自明行の手法を中心として十分に対応しましょう。私が過去に人々を指導した道筋は記録として残されているので、それに依ることで可能です。ただし、それ以外にも従来の宗教に普遍性を回復することで様々な段階の人々を指導し、救われの道筋に導くことが可能です。

三人目の使徒のこれからの具体的な活動として「個の救われ」は〔第三弾の地球プロジェクト〕の人員要請のための教育機関として必要であり、適性があれば一般からでも参加可能とします。

しかし、三人目の使徒の主たる任務は『人類普遍の世界観』を共有する人達とのネットワークを構築し、時間空間を超えてフラクタル共鳴を共有しつつ、この『人類普遍の価値体系』を世界に普及し、次世代に精神性を継承することが最優先事項になります。

この場合その共通の精神性を重要視しますから、血統ではなく、霊的共通性、即ち霊統を最優先にしなければなりません。

これでどうにか、私はあのときに守護の神霊に懇願したとおりに宗教団体を作らずに済むし、教祖にならずにも済みそうです。

この方針を保って絶対価値体系のフラクタル発信機構・宇宙連盟連絡機構・評価機構・フィードバック機構・教育機構・世界拠点統括機構・人事財務機構・次世代継承機構を運営して、未来に発展していってくれることを願います。

次世代継承機構ではミーム（精神性の遺伝情報）を共有する霊統を重要視していきます。霊統と血統が一致することはあり得ますが、それには一般より厳しい審査が必要になります。継承者は常に複数で現場と司祭側に分かれて、世界各地に派遣されます。彼らは「人類愛の祈り」の達人となっている筈です。

歴史的には開祖がいて、教祖とその血統を祭り上げてきたことを、ここからは敢えて廃止することを意味します。そして私は自らそれを実践します。この件ではガブリエルと私との間で完璧に共通理解が取れています。これで私の位置づけは決まりました。

次にガブリエルの位置づけについてまとめてみましょう。私がガブリエルに導かれ、ここまで書いてきて振り返ってみると、いろいろな過去の出来事と連結してきて、更に理解が深まり、ガブリエルの立場に関して、そしてガブリエルにしか出来ないことに関して、強い確信を得たことがあります。それを列挙してみると。

モーゼの時代のユダヤ人に対してのガブリエルの立場。

ユダヤの救世主として送り出したイエスの働きに対してのガブリエルの立場。

イエスを救世主とは認めなかったユダヤ人に対してのガブリエルの立場。

イエスを磔刑に処したユダヤ人に対するガブリエルの立場。

エルサレムを失いマサダの戦いで破れたユダヤ人に対してのガブリエルの立場。

マサダ以降、イスラエルの建国と世界支配の戦略によって、ヤハウエではない「人造の神」を作って世界を混乱させたユダヤ人に対してのガブリエルの立場。

イエスの主旨に反したバチカンと、バチカン由来のキリスト教に対してのガブリエルの立場。

さらにムハンマドが興したイスラム教に対してのガブリエルの立場。

今後のイスラム教の進むべき方向に関しての、ガブリエルの立場。

預言されたイエスの再臨に対してのガブリエルの立場。

日本に出現する「ガブリエルの子」に関するガブリエルの立場。


これらの全ての場合に対してハッキリものを言い、一切の［欺瞞］を自らの責任で裁き、切り捨て、或いは天命を与えるべきは自らの責任で一切の妥協無く、厳格に天命を与えることができるのは、確かにガブリエルしかいないのです。そしてこれらの立場を踏まえて人類の未来を語ることが出来るのはガブリエルしかいないのです。それはイエスであっても部分しかできないのです。

だからこそ、イエスとのコンタクトで始まった『現代の黙示録』は、イエスは自らの天命に関するとのみ私に伝えて、それ以上の歴史全体の事柄に関してはガブリエルを私に紹介して、ガブリエルにバトンタッチして話を繋げたのだと、ここに来てはじめて理解できました。当初は「どうしてイエスではなくガブリエルなのだろうか」と思っていましたが「そういうことだったのか」と心底納得しました。

前著でガブリエルはバチカン由来のキリスト教に関しては、敢えてグレイに語らせていることからも、自らの天命の範囲をかなり制限して発言していましたが、本著ではガブリエルは発言の範囲を前著よりはかなり広げている印象です。なかなか意味深いことだと思いました。

私がこの現代において「ガブリエルの子」として天命を与えられて活動するにあたり、ここに宇宙の経綸と深い歴史的必然を感じ取っています。ガブリエルは古代に始まる人類改造計画、つまり「地球プロジェクト」において、人類の歴史の部分の修正ではなく、根底からの修正をしようとしていると私には強く感じ取れます。

さて、一番最初の「本当にガブリエルなのか」の疑問に対する回答は既に出ていると思いますが、ガブリエルとの係わりに関して、ここに全てのピースが一つに繋がったのです。ガブリエル以外に答えはありません。全てはガブリエルという天命が為していることであり、それで十分だと思います。ガブリエルという名前はその天命を象徴化したものなのですから。

ここ一年の間、ガブリエルを強く感じながら本著を執筆する中で、イエスもムハンマドもこの私と同じような形で天命を与えられ、フラクタル共鳴の中でガブリエルと交流し、指示を受け、方針を出していたのだとの確信を得ました。

フラクタル共鳴から得る情報は無限です。宇宙が情報源ですから、これ以上のものはないのです。確かに私の人生で生じた主な出来事は時間軸でも統合されていて見事に一元論が構成されることが実体験できました。

私がそうしたように、イエスもムハンマドもガブリエルとフラクタル共鳴の中で交流を重ね、天命の範囲内で人々に世界観を示し、人々を宇宙の「理念」に沿うように導く手法を生み出していったのだと納得した次第です。

三人目の使徒がこれからやること

本著は全編を通じてグレイから地球人に対するメッセージを中心として記述され、グレイは地球にはびこる［欺瞞］を問題にしています。

ところで私は、修行を通じて人間の抱える「嘘」を問題として、その「嘘」から解放される道を「自明行」として説いてきました。［欺瞞］とは「嘘」のことですから、私はまさにその意味でグレイの方針に沿ってここまで修行を積んできたことが分かります。

そこで、これから私のやろうとしていることは般若心経の解読による一元論の確立と「自明行」の実績を持って、本著で示したようにガブリエルが最初に係わった中東の歴史の【欺瞞】を明らかにし、ガブリエルを裏切った人達に対する裁きの許可を与え、再び正しい方向に歴史を動かし、『人類普遍の世界観』に基づいてグレイと共に地球の未来を作ることです。

ガブリエルがユダヤ人に特に厳しいのは、ガブリエルがユダヤ人を特別に愛しているからです。そのことは私が言うまでもなく、読者の皆さんにも十分に理解して戴けたと思います。ユダヤ以外の【欺瞞】は当然世にあふれていますが、それに対してはユダヤとの関係においては係わりますが、それ以外には積極的に係わりません。それらの【欺瞞】に関してはその民族の責任において対処することを望みますが、世界の恒久平和にとって重要であれば、そして係わりを求められれば、当然係わることがあるでしょう。

ところで、ムハンマドとの関係ですが、天の計画（ガブリエルの計画）では「イエスの再臨を契機にイスラムは大きく変化する」とのことです。イスラム教はもともとガブリエルの意志により、バチカン由来のキリスト教に対抗して修正する目的で出来た宗教ですから、現代のキリスト教がその間違いを受け入れれば、自ずとイスラム教はその役目を終え、次の段階に進むことになります。そこでの私の働きとしては、ガブリエルの指示によってその次の段階に進むための応援は出来ると思います。

ただし、私とムハンマドは一度挨拶を交わしたきりで、その後の交流はなされていませんが、恐らくこれ以上の交流は次の機会になると思われます。

ですから、本著ではイスラム教には殆ど触れていません。ムハンマドとの正式な交流の前に何らかの準備が必要であると思われます。

前著で示した「原罪消滅宣言」はイエスの教えの画竜点睛となっていて、これは「イエスの再臨」に匹敵するものと思われますから、これを契機に世界は動き出します。これは天の計画に密接に係わることであり、何らかの新たな展開があると思われます。

この書が出版され、情報が世界に伝わることで、グレイが閉じていた連絡通路が再び開かれることになり、どのような形かで地球人類に新たな「グレイからのメッセージ」を示すことになるのだと思います。

本著を脱稿するに当たり、私自身のことを記述しておきます。

それは半世紀も掛けて私の中で自然に築き上げられた私自身の自覚についてです。

そして、最終的には、これまで何十年にも亘って私に対して為された様々な啓示の総決算となるべき最終回答に近い段階にあると思えます。

既に私の自覚は以下のように定まっています。

私が半世紀前に戴いた【第二の天命啓示】と【第三の天命啓示】から、ガブリエルに導かれたイエス、ムハンマド、そして私（空不動）というこの一連の使徒の出現として、ここに確定したことを公表するに至りました。つまり私は、イエス、ムハンマドに続く三人目の使徒であることになります。そして、四人目はもう二千年は出てくることはありません。

ガブリエルは当然のこととして、イエスとしてもムハンマドも、私がこの三人目の使徒であることを受け入れてくれています。

三人目の使徒は、過去の二人の使徒と共にフラクタル共鳴の中で一緒になって、人類の危機を救い、全く新しい手法で人類の次の進化のための指導をします。

しかしここまで来て振り返ると、過去二人の使徒についての解釈に多少修正が必要かもしれません。ベクトル史観から見ると、イエスとムハンマドはとても近い関係にあり、ムハンマドが私の所に挨拶に現れたときも、イエスに紹介されるように現れました。バチカン由来のキリスト教はイエスの教えとは異なることから、それを修正する目的でムハンマドがイスラム教を興したのですから、私からは二人は協力し合う兄弟のように思えてきます。

さて、これからの人達に働きかけるためには、前二使徒の大きな援助を期待しています。しかしながら、私自身は過去の権威に頼ろうとはしないでしょう。もし私が過去の使徒の権威に頼れば、歴史を過去に戻すことになるし、その関係者も現代ではなく、過去に権威と栄光を求めてしまうでしょう。

そして何よりも、前二使徒は過去ではなく、未来におられて私たちを待っています。


本著の書き始めに、私は【天命の啓示】を受け入れるという課題を与えられましたが、それを決して忘れていません。脱稿を前にして、以下に一元論で記述します。

私は第一、第二、第三の三つの【天命の啓示】に示された天命を持って生まれてきました。

私にとって天命の自覚とは、それは既に有る天命を確認するに過ぎません。

既に決まっていた天命を自覚するため、にこれだけの時間が掛かりました。確認したから天命が確定するのではなく、確認するしないに関係なく、私は啓示に示された天命を持って生まれてきたのです。


一元論の立場からは次元を超えて私の天命は既に成就されています。ですから、これからも私は既に成就されている天命をこの世界に表現すべく活動します。

そして、私の意識の中で私の天命は既に成就しています。

以上が私の【天命の啓示】の自覚です。


私としては、これだけ時間を掛けてやっと【天命の啓示】を受け入れたことで、これで十分に私自身の立場を表明が出来たし、これで世界に働きかけることができると考えていましたが、ガブリエルとしてはまたまた私に対して不満の顔を見せています。まだ何かあるようです。

「ガブリエルとの約束」

不謹慎ながら、脱稿が見えてきて、そろそろ執筆から解放されたいとの気持ちが湧いてきて、ホッとしていたのもつかの間「脱稿の前にまだやることが残っている」とガブリエルに呼び止められました。ここでガブリエルは更に私を追い込んできました。「えっ、まだ続くのか」と私は一瞬たじろぎました。

ガブリエルから「まだ最重要なことが残っています。私があなたに与えた「汝ガブリエルの子よ」、に込められた真実の意味をもっと深く考えてみるべきです」と私に強く伝えてきました。確かにそう言われてみれば、そこは私が何となく避けていたところでもありました。

そうすると、間髪を入れずに明瞭に心に浮かんでくるものがありました。ガブリエルの指示と同時にその答えも飛び込んできたのです。ガブリエルの指示に従いここは基本に戻ってもう一度整理してみます。

三人目の使徒の私とイエスとの関係を明らかにする

私が受けた第二、第三の【天命の啓示】によって、私はイエス、ムハンマドに続く第三の使徒であることが明らかになりました。私はその立場から、第一の使途であるイエスは「ダビデの子」であり、第三の使途の私もやはり「ダビデの子」であることから、イエスは私を通して「原罪消滅宣言」を行い、これは私がイエスと一体になって行った、イエスと私の共同宣言であり、それは私が「再臨のイエス」であることを意味しています。正統派キリスト教が古代日本に来ていたことを考えれば、日本で「原罪消滅宣言」をすることも、なるほどと納得できます。

前著では私が、イエスとのフラクタル共鳴の中で現代のキリスト教の［欺瞞］を説き、イエスの本来の立場を回復することに注力しました。次に、総指揮官のガブリエルの代弁者となり、イエスが「ユダヤの救世主」として生まれたことを再確認しました。更に、その私はガブリエルの指示により、ミステリーサークルに印された「グレイからの警告」を解読し、続いてイエスを無視し続けたユダヤの［欺瞞］を説き、更に本著では、現代にまで影響を及ぼすマサダ以降のユダヤ戦略の［欺瞞］を説き、それをグレイによる見解、即ち宇宙連盟による見解として示しました。

これはもう、この「ガブリエルの子」こそ、イエスを信じる人達が待ち望む「再臨のイエス」と、ユダヤ人がイエスを拒否してまで待ち望んだ「ユダヤの救世主」の出現であることを、否定できなくなってしまいました。

心ある人なら誰もが納得する「再臨のイエス」と「ユダヤの救世主」という二重の意味が、ここに矛盾なく現わされていたのでした。

これがもし、どちらか一方だったのでは矛盾を起こすのです。「再臨のイエス」だけの出現であれば、それはイエスですから、その天命としてユダヤ人しか救えませんし、しかもユダヤ人は又も認めないかもしれません。さらにこれが「ユダヤの救世主」だけの出現であれば、何処かに出現する「再臨のイエス」を無視しなければならなくなります。

そしてもしバラバラに二人の人間によってそれぞれの立場で出現すれば、互いに相手を排除することになって、人々は「どちらを信じればよいのか」ということになり大混乱になることは想像に難くありません。

「再臨のイエス」と「ユダヤの救世主」という同一人物の二重の意味であれば、イエスを認めない頑固なユダヤ人であっても、現代に出現した「ユダヤの救世主」を認めた瞬間に「再臨のイエス」も認めたことになります。つまり、イエスをユダヤの救世主として認めたことになります。そして認めた途端に、時間を飛び越えて、イエスの時代と現代が真っ直ぐに繋がったことになるのです。

そしてもし、どちらも認めなければ、マサダ以降のユダヤ人に対しては永遠に救世主は手を差し伸べることは無いという意味になります。そして、混迷の時代はこのまま進み、人類の破綻へと進んでいきます。

「原罪消滅宣言」をする人が「再臨のイエス」となり、そしてその同じ人が「ユダヤの救世主」を宣言することで、初めて矛盾無く両者が位置づけられるのです。当然ですが、「再臨のイエス」が同時に「ユダヤの救世主」であることになります。ですから、同一人物であることは唯一の解であり、これ以外の解はありません。ここまで書いてきて、はじめて理解できることですが、これは見事なまでの論理の組み立て方だと思います。

ただし、まだ話は半分でまだ続きがあるのです。

上記の理論構築だけでは、確かに「ユダヤの救世主」と「イエスの再臨」によって「ユダヤ人は救えるけれども、ユダヤ人以外の現代のキリスト教徒を救えるのか?」との疑問が残ります。「現代のユダヤの救世主が現代のキリスト教徒を救うことが天命の範囲外にならないか」という疑問が出てきます。「そんな面倒なことを言わなくても良いのではないか」との意見もありそうですが、天の計画はきっちりと天命として役割が決められていて、矛盾無く整合しているはずです。

ここで立ち止まり熟慮してみれば、私には【第一の天命啓示】として既に別の天命が与えられていたことが分かります。そして、私が般若心経を解読したことによって【第一の天命啓示】に二つの意味が発生しました。一つは『人類普遍の世界観』を示したことであり、二つ目は弥勒菩薩《みろくぼさつ》の仕事としての仏教再生を成就したことです。

ここで同一人物による「再臨のイエス」と「ユダヤの救世主」に加えて、弥勒菩薩の天命が重なれば「ユダヤ人だけではない、非ユダヤの現代のキリスト教徒を含んで世界の人々を救うことが出来る」のです。

つまり、「再臨のイエス」と「ユダヤの救世主」と「弥勒菩薩」の三者を同一人物として認めてからであるならば、「再臨のイエス」に強く傾倒しても許されるのではないかと思います。この私がそう言うのだから、それで良いのだと思います。

そして最終的には、更なる普遍性を求めて、私のフラクタル共鳴だけによらずにあなた自身のフラクタル共鳴によって直接的に救われる道を求め、自らの内に宇宙意識を認識して私とフラクタル共鳴しつつ、互いに協力して各自の天命を成就する道を歩んでほしいと、私は願っています。

このように、「第三弾の地球プロジェクト」には緻密な計画が為されていて、ここに私が参加することで全人類を救う条件が整ったのです。

さて、ここで「全人類を救う」と言っても、ここでの意味は「救われのための道を示した」ことを意味します。「6次元世界に、既に救われた世界を準備した」という意味です。「この道を歩めば必ず一元論に到達します」という意味です。そして、これまでの現状では未来を指し示す道が存在していなかったことから、未来が定まらず、人類としては「救われていなかった」のです。未来が指し示されたことで初めて人類は救われが約束され、人類はそこに向かって努力し、進めば良いことになるのです。私が空に向かって杖を振り回したら一気に世界が救われたというようなことはあり得ません。

ですから、私は「再臨のイエス」「ユダヤの救世主」「弥勒菩薩」の三人の役割を持っていて、出番を待っていたことになります。この私だからこそ、世界の人々を善悪二元論の戦いから解き放ち、一元論の世界に導き入れる方法を示すことによって、近未来に人類の恒久平和を実現することができるのです。そしてこれが、本当の意味での私の働きなのです。

さて「再臨のイエス」である「ユダヤの救世主」は、ダビデの子、ソロモンの子としてイエス以前の子孫達とバビロンの捕囚後のユダヤ人とを救い、ヘロデの子として、イエス以後のイエスを裏切ったユダヤ人を含めて救います。その時にソロモンの子、ダビデの子、ヘロデの子は日本で合流するのです。

さらに同時に弥勒菩薩はバチカン由来のキリスト教を含めて、世界の全ての人々を一元論に導き入れるのです。


どこまでも普遍性を求めるこの私の、「教祖にはなりたくない」という気持ちも含めて、私の五〇年間の様々な経験の一つ一つの点が一見無関係に複数あって、そこから次第に線が生まれ、やがて複数の線となり、その線が合流しはじめ、ついに面を埋めるまでになり、最終的にすべてが無駄なく統合されました。それは地球側と宇宙側との統合という意味も含んでいます。ここに［第三弾の地球プロジェクト］の基本方針が見えてきます。


ここで一つ、私は旧約聖書の預言に関してのみ、原文に沿って「ユダヤの救世主」との表現を用いましたが「世界の救世主」という表現を私は敢えて遣っていません。「救世主」の語句にはかなり強烈な固定観念が付いているので、私はこれを避けています。

般若心経の解読によって仏教再生を果たしたことから、弥勒菩薩としての私の役割は自覚していますが、弥勒菩薩が持つそれ以上の役割に関しては、未来のことなのでまだ未知数です。むしろ弥勒菩薩はグレイとの関係で、私と係わっているようです。

ここで、この三人分の役割を抱える私はユダヤの過去を修正して、本来の軌道に戻した後は善悪二元論を「自明行」で処理し、そこから一元論に向かうように方向を示し、その軌道上で人々を導くことになります。

私によって解読された般若心経による一元論は国や民族を選びません。これは『人類普遍の価値体系』ですから、これによって世界に対しては「世界の恒久平和の実現」と表現しています。

私による般若心経の解読により、『人類普遍の世界観』の、一元論の立場から、現代のどのキリスト教徒も、そして他の宗教や思想であっても、区別無く救い上げることができます。

私が開拓した方法論によって、これらの人々を一元論にまで導きます。その道は既に用意してあるのです。

そしてさらに般若心経の解読により、世界に『人類普遍の世界観』を示し、さらに方法論を進展させ、世界の恒久平和の礎石《そせき》を置くことが私の大きな役割となるでしょう。確かに私は第一の【天命啓示】の通り、仏教再生とイエスの再臨という「釈迦にもイエスにも出来なかったことをする」ことになったのです。

ここで私が「ガブリエルの子」であることの意味は大きいと思いました。

これは「ガブリエルの子」だからこそ、出来ることであり、ガブリエルが両者に深く関係するからこそ、可能であることが分かります。

確かに言われてみれば納得ですが、果たしてこの人物配置を予想した人はいたのでしょうか。

ガブリエルの見事な誘導により、私は遂にユダヤと非ユダヤと、超ユダヤとしての日本から世界を救う立場を与えられた、と自覚させられ、私は確かにここに「ガブリエルとの約束」を交わしたのです。この「ガブリエルとの約束」こそ、私にとっての至上のものです。これが本著の結論でもあります。

［第三弾の地球プロジェクト］が、この私の出現によりイエスの「原罪消滅宣言」と、自明行の確立と、般若心経の解読によって始まったとする、ガブリエルの言葉の重みがここに来て強く感じられます。

ここまで聞けば、私にはもうその先が見えるようです。

これから、ユダヤが人工的に作り上げた思想とその系統と、非ユダヤとしてのバチカン由来のキリスト教の流れの欧米の「人造の思想」と、それらの全てを一旦［欺瞞］と切り捨ててから、普遍性を回復する作業に入り、彼らを二元論の中で救い上げるのです。

これが私が話してきたことですが、ここに来てガブリエルの本音は多少それとは違っていることが分かりました。

ガブリエルから本音を聞けば、私が考えるほど簡単ではないと伝わってきます。歪んだ思想集団に対して少しずつ普遍性を回復し改良していくとする私の予想とは違い、ガブリエルのそれは以下のような回答でした。

私がこれまで書いてきた「これらの思想集団に普遍性を回復させて、一元論の中に救い上げる」との方針に関してですが「もし、本当にそれが出来るのならそれで良い。しかし、それを受け入れる人達は極めて少ない」とのことです。

ではどうするのかと問えば、ガブリエルは一部を変える改良ではなく、構成要素を整理して、不必要なものは一旦全て破棄して、そこに普遍性を付け加えることで立場を確立出来るものと出来ないものとに振り分けるということです。そして、上記普遍性を受け入れた少数の人達を核にして、回復できるものだけを「限定条件」を明確にして、新たに作り替える、とのことです。その為には強制力が必要と思いますが、それはガブリエルとグレイがやるということでしょう。

私としては、本当にそれが出来るのなら、その方が絶対に良いに決まっていますから、それを期待して、ここはガブリエルの主旨をそのまま受け入れることにします。

全般的に言って、ガブリエルに言わせれば、私の想定する行動原理を「かなり甘い」と考えているようです。もっと強い姿勢を私に求めているように思います。私も次第にその様に変化するのかも知れません。何しろ、ガブリエルには億年単位の宇宙的経験値があるのですから、ガブリエルの指導には従うべきだと思っています。

さらなる私の隠された使命

私の正体と、それを裏付ける状況証拠は論理的にとても整合性が良く、納得できる結論でした。この見事な時空を超越した二元論的経緯を知り、他人ごとのように「成る程」と感心しながらも、私はもうここから逃れられないのだとの緊張感を持って受け入れています。

ガブリエルによって私の正体が明かされて、その事の重大さに身が引きしまる思いです。もはやそれを否定する要素は何もありません。この事態を正面から受け入れる以外に、もはや選択肢など、どこにもありません。

私は今ここに「ガブリエルとの約束」を交わしたのです。これが私の最後の課題だったのでした。しかしこれまでもこれからも、ガブリエルの導きがあっての私であり、今やそこは強い絆で結ばれています。

ガブリエルからは私の正体を明らかにする様々な状況証拠を示して頂きましたが、問題は状況証拠ではありません。ここで重要なことは、私とガブリエルが共有する『人類普遍の価値体系』と、ガブリエルが目指す地球の未来と、そこを目指す世界観と理念と方針の一致こそが重要なのです。

そして、ガブリエルの行動の理念を知るとき、ガブリエルが私に示した宇宙的歴史に全く疑念を挟む余地はありません。

私の存在は宇宙の経綸の中にあり、宇宙的必然の中にいることが分かります。

私からガブリエルに、この歴史的転換点の地球の今後について「アセンションはあるのでしょうか」と質問したところ「それはあなたが決めることなのだ」「あなたはこの地球人類をどうしたいのか」と逆に質問されてしまいました。

そう質問されて、私はハッとして「確かにそうだった。それは私が決めなければならないのだった」と今の自分の立場を再確認させられました。

この再確認によって、私はこの重任を果たす覚悟を新たにしました。

そこで今後ですが「ガブリエルの子」としての私の行動を考えてみれば、従来の体制の一部を活かして使うためのフィードバックによる修正作業と、新体制推進のための「じねん主義」による【色即是空体制】構築と、この二つの作業があることがわかります。

ここに私が積極的に係わるための幾つかの条件を設定し、更にガブリエルとグレイに対して私のフラクタル共鳴による判断に対する更なるフィードバックの役目を依頼し、判断の精度を最高度に高めることを目指します。

ここまで十分に準備をしてから私の判断で「人類の恒久平和」達成のための「大計画スタート」のスイッチを入れます。それは創造プログラム（量子化変数群）のスイッチを入れることを意味します。しかし、実は既にメインスイッチはONになっていて、大方針の下に計画はスタートしています。

今後はその都度「モニタを見ながら」部分調整をしていきます。それ以上は皆さんにはまだ秘密です。

この私の地球人代表としての立場の遂行に関する私とガブリエルとグレイとのやりとりは、またまたかなり長くなりそうなので、本著はこの辺までにして、続きは次の機会にしたいと思います。

「救世の大霊団」の存在

ところで、私の中ではまだ終わっていない重要な課題があります。

ガブリエルが私に示したことは、余りに重大で強烈なことではあるのですが、私はもうこの位のことで驚かなくなっています。

しかも、ガブリエルによって本著で明かされた私の正体について、私自身は決してこれだけに限定されたものではないと思っています。

ここまでのガブリエルと私との関係は、直接コンタクトするようになってここ三年程度のことで、【第二の天命啓示】【第三の天命啓示】に沿った交流でありました。

しかし、これ以外に私の中では重要な位置を占めている、ガブリエル以外の特別の存在があるのです。

それは、私が二七才の時から私の背後にいて私の修行を指導してくれている「救世の大霊団」のことです。半世紀に亘る私の人生の殆どは、この存在との密な関係として修行を積んできたのです。般若心経の解読はこの中で為されたものです。そして、般若心経の解読には玄奘三蔵も応援してくれたことを、ここに記しておきます。

修行中の私は啓示の内容にとらわれて、自分の未来に制約を受けることを嫌い、啓示の内容は知っていても知らないふりをしてきました。この期間、自らの修行に徹し、活動も控えめにして、自らに厳しい「限定条件」を掛けて、少人数で自明行を確立する道を歩んできました。

この事を振り返れば、私は過てる「人造の神」にならないようにして、その最終段階で般若心経の解読を完了したのです。

ここまでの段階で自らの活動に課した「限定条件」は数十項目になります。その主たるものは「個人崇拝にしない」「無謬性《むびゅうせい》を主張しない」「見かけの人格ではなく、理論と実践で勝負する」「一人の修行者であり続ける」「啓示であってもそのまま信じない」「社会人であり続ける」「ハッタリを徹底排除する」「免罪符的発想をしない」「集金マシンにしない」「虎の威を借りない」「口が裂けても「私は救世主だ」などと発言しない」等の普遍性を確保するためのものです。

ところがその後、直近の三年間でガブリエルとの直接的交流が始まり、そこから何かが大きく変わって、啓示を正面から受け入れ、天命の啓示の内容を自覚するように強力に指導されていきました。そこから私の天命を前提に、外に向かっての活動の準備期間となり、今に至ります。

本著では「口が裂けても救世主を名のらない」という、私が決して譲らなかった「限定条件」をガブリエルの指導で一部外すことになりました。このことによる急激な霊的環境の変化は、私にとってなかなか大変なことで、それを超えるために既にかなりの時間を費やしています。

いよいよこの私が自らを抑制してきた、必要のない「限定条件」の幾つかを取り払った状態で、外向きに動き出すことを予感させます。

「救世の大霊団」の働きとガブリエルの働きが、宇宙的に一つの働きとなって、これから何かが起るのです。

【第二の天命啓示】と【第三の天命啓示】は、どちらもガブリエルとグレイに直結する内容ですから、振り返ってみれば「救世の大霊団」と宇宙連盟とは、それぞれ入り口は違っても、同じ機構なのかもしれません。【巻頭図10】

「救世の大霊団」と宇宙連盟との具体的な係わりは、今の時点で考えれば「般若心経と旧約聖書が一つになる」という意味をも持ちます。

内面を深めることを主とする東洋の思想と、外側の世界の統治を求める西洋の思想とが、今まさに合体しようとしていて、最終的に宇宙に戻るのです。【巻頭図14】

それは地球的には東西融合の意味であり宇宙と地球との融合であり、過去と未来が一つになることであり、宇宙連盟との直接的な係わりを意味します。

一方、私による般若心経の解読と、私による『宇宙と意識』（献文舎）の執筆は、直接宇宙人から教えられたものではなく、地球人として自前で開拓した『人類普遍の世界観』であることが重要なのでした。地球人類が宇宙に進出するには、自前で開拓した『人類普遍の世界観』が必要であり、それが地球人が宇宙へ進出する時に地球人としての揺るがぬ自尊心となるのでした。

その般若心経の解読を指導してくれたのが「救世の大霊団」であり、そのことから「救世の大霊団」は弥勒菩薩とも密な関係があることが分かります。

千数百年前から般若心経はその霊力は実感されていても、その意味を誰も解読できずにいました。般若心経は般若心経の編纂者と一体にならなければ解読できません。

般若心経は宇宙の真理を凝縮して表現した経典であり、仏教以外でも読まれていて大切にされています。そのすごさは多くの人達に体験されていますが、その暗号化された内容の解読が誰にも出来なかったのでした。そして、私はそれを見事に解読したのです。

私による般若心経の解読は弥勒菩薩の働きの一つでありますが、今更私が弥勒菩薩かどうかの判断は余り意味が無いと思います。そもそも、般若心経を説いたのは弥勒菩薩だと私は思っています。

それが弥勒菩薩だったにせよ、そうでなかったにせよ、般若心経が存在する事実と般若心経が解読されたという結果は変わりません。この解読結果が宇宙の真実なのです。今更それを弥勒菩薩に確認する必要もありません。私に与えられた運命を受け入れ、それが一つ成就したことを意味します。私は弥勒菩薩の持つ一つの役割を為したのです。しかし弥勒菩薩は最も普遍的に宇宙を説くに当たり、自らの名を語らず、最も普遍的に表現しました。普遍的な表現を求めてきた私としては、このことに心底共感します。私も可能な限り弥勒菩薩の生き方に従いたいと思っています。

さて、般若心経の存在と、その般若心経の解読こそ、【第三弾の地球プロジェクト】の開始にとって、地球側が自前で用意しなければならない条件だったのでした。

弥勒菩薩による般若心経の編纂作業と、現代における私による解読作業を時空を大きく跨《また》いで手分けして行ったことになります。どちらも実質同じ人の作業だと思います。しかしながら、それは同じ人であっても、違った人であっても、この際どちらでも良いのではないでしょうか。決して自らの名を明かさなかった般若心経の編纂者が、ここで名乗り出るとも思えません。

私にとって、もし般若心経の解読がなく、ガブリエルからの指令だけだったとすれば、現代のユダヤ教、現代のキリスト教の振る舞いの〔欺瞞〕を暴くことは出来たとしても、それを前面に出して裁くことは出来なかったと思います。

ところがここに、解読された般若心経の宇宙観が加われば、般若心経の立場から〔欺瞞〕を裁くことができるのです。つまり「ガブリエルの子」としては般若心経の解読がどうしても必要なことだったのです。

般若心経は徹底して普遍的にそして一元論的に説かれているので宇宙にもこのまま通用する真理となるのです。

般若心経の解読によって、全ての人類に働きかけが出来ます。それは私が強く望むことです。

現代の環境の中に、徹底的に普遍性を追求した般若心経の解読が与える影響は大きいと思います。東西の思想を合わせて学べば相乗効果が生まれ、宇宙と人間に対する理解が一気に深まります。

普遍性を追求した般若心経を学ぶことで、西洋の思想も普遍性を回復できる機会が増えたと思います。

それ故に、[第三弾の地球プロジェクト]では、地球人を一段階向上させるために、地球人によって導き出された宇宙の真理としての解読された般若心経の公開と、二元論に統合させるための自明行の更なる改良が必要となるのです。

[第三弾の地球プロジェクト]では、イエスによる「原罪消滅宣言」が為された時点がスタートであり、それは同時に私による自明行の確立と、般若心経の解読によって二元論への統合の道が開いた時点であり、般若心経解読が画竜点睛となるのです。

全ては過去と未来に準備されていたことを感動を持って理解できます。

ここまで環境を整えて戴いて、私もやっと重い腰を上げる決意が出来ました。動きます。

今後は未来で作られた運命が、次第に現実に現れてくることになります。私はそれに応じて一つ一つ決断のスイッチを入れていきます。当然ガブリエルとグレイと「救世の大霊団」との共同作業となります。

そしてこの活動は、私がこの世を去っても何千年という長期間で継続されます。「第三弾の地球プロジェクト」はさらに継続するということです。

さて、「第三弾の地球プロジェクト」において、今後私は常に知性派として振る舞いたいと思っています。

それ以外の事はこの私に余り期待して欲しくありません。この私に病気をその場で治したり、水の上を歩いたり、念力で岩をも持ち上げるようなことを期待されても、その様な修行は一切していませんから無理なことです。

私は何処までも一修行者でありたいし、その立場を捨てる気はさらさらありません。従って、いわゆる「見かけの人格」で期待に応えたいとは思いません。私にとって、そんなものは重荷になるだけで、そんな手《て》枷《かせ》足《あし》枷《かせ》を外して行動したいのです。

このようなことを言うのは、やはり私は「ガブリエルの子」なのだとつくづく思います。

私の指導は人間の内面に深く入り「嘘」を発見し「正しい苦しみの自覚」により「欺瞞」という「嘘」から解放され、自明行を成就することで達成する「魂の解放」なのであり、次に「魂の解放」を通して到達する、人類の未来世界を実現することです。

そのために必要な最も基本となる『人類普遍の世界観』とそこに通じるフラクタル共鳴に至る方法が現代の世界にはまだ存在していないので私の理論と祈りはその中心核を確立することになります。

ここから先は私の理論を理解した多くの人達による共同作業となります。

現実に動くには「理念」「基本方針」「実践」と継続した流れが必要でありその根本に世界観と理論が必要なのです。私はその理論を深く追求して一部の実践まで行ってきました。

この理論があれば私に続く人はその理論を基にして様々な議論が可能となり多くの人達の力で様々な展開が可能になります。それを私は期待しています。

私の残した「理念」を大切にすることで「理念」を共有した多くの人達の議論の結果様々な展開が可能になります。

そして私の死後であっても私の残した「理念」を大切にした上で本質に係わらない事柄や時代によって変化する類《たぐ》いのことの細かい事柄であれば、私の残した言葉を変更してもかまいません。

ところで、私の名前は私の理念そのものですから、私の理念の象徴として大切にしてほしいのですが、最終的に普遍性が回復できれば、私の名前を看板にする必要はなくなります。それが正に普遍性に徹した弥勒菩薩の生き方だからです。

更に、私の死後の活動において私は血統を一切無視します。血統で何かが決まるようなことはしません。血統ではなく、精神性のみ重要視します。即ち、私は霊統を大切にします。霊統のみ慎重に扱って欲しいと思います。霊統の継承者は世界中に複数人置きます。その人達には啓示が下るでしょう。そして啓示の認定のための組織を作ります。

その人達を含む多くの人達をフラクタル学園で教育をして、そこで資格を得た人々を世界に配置します。

そして私の霊統の親である「救世の大霊団」の重要性に関しては、これまで触れてきませんでした。実はここに私にとっても未だ未解決の【第四の天命啓示】として挙げている課題があります。それは私の師であった五井昌久氏が他界したその時に数百キロも離れた私の家に復活して現れその時に受けたものがこの「救世の大霊団」からの啓示です。その時に私は啓示を全て理解できずにいましたが現時点で考えると「救世の大霊団」と五井昌久氏は霊統として直結していて霊統の中で情報が伝達され使命を伝達し私を導いてくれていたのだと思われてきます。

これから「救世の大霊団」とグレイとは元々深い関係がありそこにガブリエルによる「第三弾の地球プロジェクト」が一体になって何かが始まると思われます。

この点次第に明らかになってくると思いますがその時に何処かで詳しく話したいと思っています。

私が解読した般若心経をはじめガブリエルとのやり取りなど私の語った道は膨大な記録として残っています。世界の全ての思想の画竜点睛になる存在なのでとても重要です。私の語ったことも時間と共に変化する要素も有るので、それを加味して理解して下さい。

皆さんによる「人類愛の祈り」と世界の恒久平和

さて、ここからは世界を恒久平和に導くため人々を調和した未来に導くために皆さんに働きかけ、皆さんのフラクタル共鳴のエネルギーを強めていかなければなりません。私の意識の世界を私以外の意識の世界にフラクタル共鳴のエネルギーを伝えて、増加して強めていくことになります。

そのためにはいつも「人類愛の祈り」を心に満たし、すべての行動をこの祈りの中から始めることで世界はフラクタル共鳴に満たされます。

皆さんの「人類愛の祈り」が発するフラクタル共鳴によって、私の示した行動に共感というベクトルを発し、フラクタル共鳴を強めていきます。

共感しない人には私はそれを強要しません。その人達は進化に取り残される人達です。

新しい世界観とは『人類普遍の世界観』であり、『普遍の価値体系』であり、二元論の世界です。

そして新しい方法論とは、フラクタル共鳴を発する「人類愛の祈り」であり、そして私が修行の中で体得した「宇宙のフィードバック機構」としての自明行です。

私は原理を示しただけであり、これから多くの人達の手で何度も過去、現在、未来を行き来して、バラバラに見えたものが一元論に統合されていくのです。

『人類普遍の世界観』を多くの人達が理解し、理解した人は新しい世界観に基づき、理念を明確に示し、方針を立てます。そして望む人をフラクタル共鳴に導き入れる「人類愛の祈り」を示します。これを現実世界に降ろし、広げていきます。一元論と二元論のバランスの中に組織や国家は位置づけられ「じねん」に多層構造に多面的に整理されていきます。

私が示した「人類愛の祈り」を祈ることとは、私が住むフラクタル共鳴の世界に入ることであり、私の意識が生み出した世界に住むことを意味します。

私が示した世界観は『人類普遍の世界観』です。これまではそのような世界観が存在していませんでした。有ったとしても一部分で、まったく不十分でした。それでは価値体系の土台が作れません。「普遍的な祈り」が無ければフラクタル共鳴しません。独善的な祈りでは、それは過去に戻ってしまいます。

「人類愛の祈り」はフラクタル共鳴の中で新しい人類の未来を作り続けます。

さて最後に、天命を戴いた私は、フラクタル共鳴を発する導入の儀式として、以下に示した「人類愛の祈り」を祈っています。

私はこの祈りを祈るように人々を指導して、人々をフラクタル共鳴に導き入れます。この祈りを祈ることが、共に人類の恒久平和を求める人達の証しです。

祈り言葉の中の《超越人格》との呼称は、これは「神さま」でも良いのですが、宗教によって文化によって神の定義が様々なので、『実在』としての『最も普遍的な神』を、私は敢えてこのように呼称しました。

「人類愛の祈り」

私達人類の進歩と調和が成就されますように。
全ては《超越人格》の愛の導きなのです。
《超越人格》さま有り難うございます。

私達人類の進歩と調和が成就されます。
私達は既に一つなのです。
皆さま有り難うございます。

私達のネットワークは私達に、そして私達人類に、
大きな進歩と調和をもたらすものであります。

おわり

本書「現代の黙示録Ⅱ／ガブリエルの怒り」の読後感想文をお送りください。

（きりとり線）

〒104-8238

献文舎

東京都中央区銀座5-15-1
南海東京ビル1F SP865

読者係

現代の黙示録Ⅱ

●本書を購入されたきっかけを教えてください。
①新聞　②書店で見て　③YouTubeを見て
④その他（　　　　　　　　　　　　）

●本書『現代の黙示録Ⅱ』の感想をお書きください。

●今後どのような出版物を希望されますか。

●献文舎からの案内を
①希望する　②希望しない

お名前：

ご住所：

性　別：男・女 ｜ 年齢：　　歳 ｜ ご職業：

（きりとり線）

〈表面〉

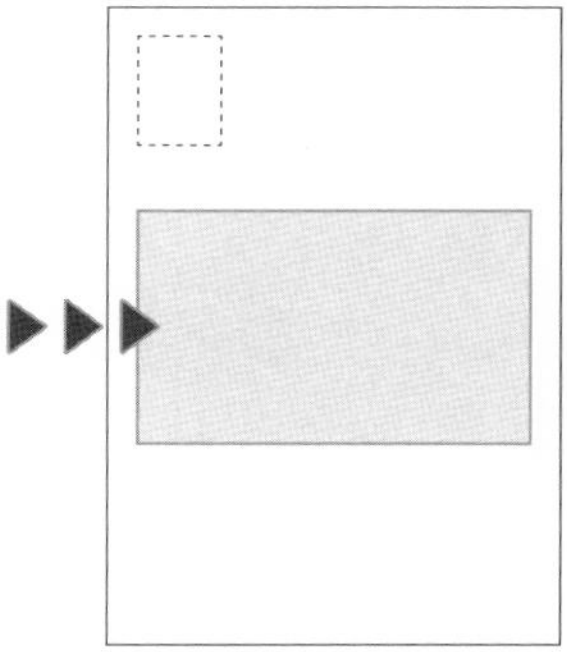

切り取り、又はコピーしてハガキの表面に貼り付けてください。

〈裏面〉

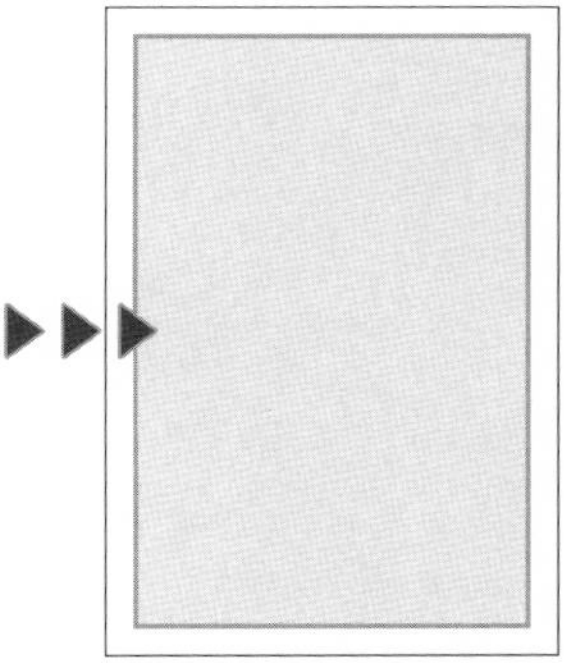

回答、お名前・ご住所などをご記入のうえ、切り取り又はコピーしてハガキの裏面に貼り付けてください。とくに角はしっかりと貼ってください。
※ハガキに直接お書きいただいてもかまいません。

著者紹介

空不動（くうふどう）

本名　岩根和郎（いわねわろう）　1943年2月4日生まれ

大学では物理学を学び、国立大学の研究機関では工学と医学の境界領域の先駆的研究に十数年従事。退官後はIT企業の経営者として、同時に研究者として、画像処理技術に基づく独創的なAI、IoT、スマートシティの研究開発ならびに関連事業を展開中。二十数件の特許を有する。普遍的な世界観から生まれた独自の特許技術による、しかも三十年前から提案している「もう一つの地球」プロジェクトは、今話題のメタバースを先取りした更なる進化版であり、国内外から大きな期待と注目を浴びている。

氏の人生は文字どおり、普遍の真理と宇宙を探求し続ける研究者であると同時に修行者である。その明晰な頭脳と知性は霊性と融合し、「人類の真の恒久平和」の実現に邁進する。

そのスケールの大きさと真理に照らし徹底して現実を生きる『無礙自在』の氏の姿は、周囲を魅了せずにはいられない。正に宇宙時代を迎える地球に降りてきた使徒と言えよう。

主な著作には『人間やりなおし』、『自分の発見』、般若心経シリーズ『暗号は解読された般若心経』『同／改訂版』『未完成だった般若心経』、『現代の黙示録／イエスは聖書を認めない』、『月は宇宙船だった／2億6700万年前に地球と会合』、『宇宙と意識』（ともに献文舎刊）などがある。

現代の黙示録Ⅱ

ガブリエルの怒り

令和四年十一月三日　一刷発行

著者　空 不動

編集責任　佐藤理恵子
発行人　工藤眞宙見
発行所　献文舎
〒104-8238　東京都中央区銀座5-15-1
南海東京ビルSP865
eメール　kembunsha@yarinaoshi.com
※トラブルを避けるため、発信者が特定されない
メールは自動的に破棄されます。
電話　03(3549)3290
発売所　星雲社(共同出版社・流通責任出版社)
印刷　ベクトル印刷

ISBN978-4-434-30910-6　C0016　¥2200E